U0630617

李淳朴◎主编

好父母带孩子去的368个地方

北京卷·增强版

北京理工大学出版社

BEIJING INSTITUTE OF TECHNOLOGY PRESS

版权专有　侵权必究

图书在版编目（CIP）数据

好父母带孩子去的368个地方. 北京卷：增强版 / 李淳朴主编. —北京：北京理工大学出版社，2016.8

ISBN 978 - 7 - 5682 - 2662 - 2

Ⅰ . ①好…　Ⅱ . ①李…　Ⅲ . ①旅游指南—北京市　Ⅳ . ①K928.9

中国版本图书馆CIP数据核字（2016）第171912号

出版发行 / 北京理工大学出版社有限责任公司
社　　　址 / 北京市海淀区中关村南大街5号
邮　　　编 / 100081
电　　　话 / （010）68914775（总编室）
　　　　　　（010）82562903（教材售后服务热线）
　　　　　　（010）68948351（其他图书服务热线）
网　　　址 / http://www.bitpress.com.cn
经　　　销 / 全国各地新华书店
印　　　刷 / 北京市雅迪彩色印刷有限公司
开　　　本 / 880毫米×1230毫米　1 / 32
印　　　张 / 9　　　　　　　　　　　　　　责任编辑 / 高　坤
字　　　数 / 355千字　　　　　　　　　　　文案编辑 / 高　坤
版　　　次 / 2016年8月第1版　2016年8月第1次印刷　责任校对 / 周瑞红
定　　　价 / 39.80元　　　　　　　　　　　责任印制 / 马振武

图书出现印装质量问题，请拨打售后服务热线，本社负责调换

前 言

这里是北京 —— 亲子游快乐首选

送给孩子的贴心礼物之一，就是陪伴他们来一次快乐旅行。

好的旅行足以改变孩子对这个世界的认知。对大千世界的向往和旅途中的见闻，将为孩子增添更丰富的阅历和见识，这些在说教式的书本中是收获不到的。无论双休日还是寒暑假，都可以全家出动，与大自然来个亲密接触。旅行的第一站，当然要选择北京。

让孩子亲自游览在课本里出现的首都，是再好不过的事情。北京，既经历了历史朝代的更迭兴衰，又留下过近代革命先烈的足迹。它像精神矍铄的老人，将烽烟炮火的年代娓娓道来；它又像朝气蓬勃的年轻人，向来往的游客诉说这座时尚名城的魅力。在这里，皇家气息和古都文化巧妙融合，是中外游客观光地的最佳选择。

北京是文化氛围很浓的名城，暂且不提大学城里的各所百年名校，街巷胡同里渗透出的浓郁老北京韵味，也不说蕴涵着中国千年文明的故宫博物院，体现现代高新科技水平的科技馆等，单单是老字号小吃，或者一道色香味俱全的正宗北京烤鸭，都包含了文化和历史典故，让人大开眼界。

假期，带着孩子走进北京，来体验一场文化之旅。在天安门广场前驻足，感受新中国成立的峥嵘岁月；攀登八达岭长城，展现少年的意气风发；去一次奥运会场馆，回味承办奥运会时的骄傲；流连于北大未名湖畔，体会当年大师们的文人风采……

本书将走入孩子的内心世界，挖掘他们最喜欢、最需要的东西，介绍京城最适合他们的玩乐、观赏、购物、美食场所。看升旗，赏动物，逛公园，北京游玩全攻略；游名胜，穿胡同，观名校，体验古今文明的融合；进农场，去乐园，乐享度假村，享受北京新生活；买图书，品艺术，丰富孩子知识储备；吃烤鸭，尝小吃，入主题餐厅，吃遍地道美食；游河北、游天津、游山西，北京周边省市景点全搜索……

携带本书，将奉献家长孩子都满意的亲子之旅。按照游玩的类型和特点划分景点，做到更清晰直观，即去即翻，方便好用。另外，书中配置了大量精美的景点实地图片，还附有温馨小贴士，向家长和孩子提供更多的旅行小知识。

它将成为北京亲子游的好助手，请收入囊中，踏上畅游首都的快乐旅途吧！

参与本书编写的成员有：李淳朴、李洁、李良、郭红霞、霍秀兰、霍立荣、杨春明、张来兴、陈鹤鲲、顾新颖、陈方莹、薛翠玲、杨佩薇、宋刚、任晓红、张慧丽、徐丽华、王鹏、李洋、宋飞、张文艳、王超、谢吉瑞、王金丽、张丽、齐海英、顾兵、张建华等。

本书图片由华阳文化、达志影像、微图、顾兵先生、李彩燕女士等提供，特此感谢。

目 录 CATALOGUE

第6章　水上世界游
——清凉与玩乐的绝佳组合

第5章　儿童乐园游
——快乐童年的首选去处

第7章　人文故居游
——走进老北京的别样情怀

第8章　景区度假游
——全家共享假期休闲时刻

第9章　运动娱乐游
——放松身心动起来

第10章 动物观赏游
——游览的同时学会保护

第11章 农场采摘游
——享受自己动手的乐趣

第12章　名寺庙宇游

——开阔眼界学知识

第13章　艺术文化游

——在艺术殿堂陶冶情操

第14章　特色美食游

——舌尖上的味道之旅

附录：
北京周边地区旅游景点

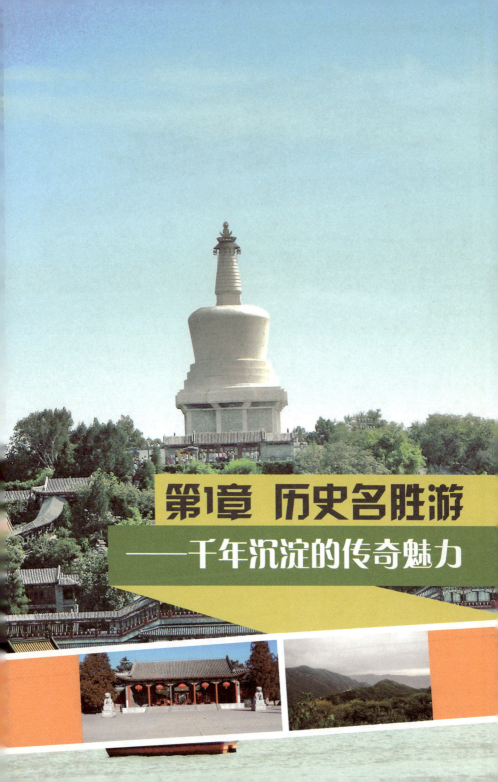

第1章 历史名胜游

——千年沉淀的传奇魅力

Top1 天安门

名片

天安门为明清两代北京皇城的正门，最初名为"承天门"，蕴涵"承天启运"之意。其建造之初只是一座三层楼式的木牌楼，牌楼正中悬挂着"承天之门"的匾额。之后两次毁于大火，直到清朝顺治年间重修，才建成了今天的样式。

它和天安门广场隔着长安街相望，处于北京市的中心位置。1925年国立故宫博物馆设立之际，天安门开始对外开放。1949年在这里举行了世界瞩目的开国大典，它因此成为国徽中的一部分，成为国家的象征之一。

亲子游景点笔记

天安门作为国家的象征之一，每个孩子从小就非常熟悉。如果父母要带孩子游北京，可以说这里是必来之地，这也是它被评为"Top 1"的原因之一。

金水桥：金水桥由7座汉白玉雕栏石桥组成，中间一座桥面最为宽阔，名为"御路桥"，是专门供皇帝行走的。在踏上金水桥的时候，和孩子一起到御路桥上感受一下当年皇帝专属的"威风"，摸一摸金水桥上光滑的白玉雕栏，

会给孩子提供一次很好的体验经历。

天安门城楼：城楼是一座重檐歇山式的建筑，上面覆盖着黄琉璃瓦顶。当年开国大典时，毛泽东主席就在这里向全世界庄严宣布了新中国的成立，我们带孩子游览的时候可以重点讲述这段历史故事，增强孩子的爱国情感。

华表：在天安门城楼的后面，竖着的几根"石柱子"，那就是华表，上面刻满盘龙与云朵。华表也是中华民族的象征之一，在北京许多旅游纪念品上都可以见到它。带孩子游玩时，多多注意，孩子就可以牢牢记住它了！

亲子游攻略

最佳旅游季节：全年

地址：东城区东长安街天安门广场

门票：城楼15元/(人·次)

交通：乘坐17、20、22、48、59、66、67、69、71、120、729、特4、723路等公交车至前门下车

电话：010 – 63095630

Tips：登天安门城楼有严格的安检，所以必须先存包，把诸如打火机之类的东西放好，不要带在身上

Top2 故宫

名片

故宫，也就是人们常说的紫禁城，在这里，曾经居住过明、清两代二十多位皇帝，现在已经更名为故宫博物院。作为世界现存最大、最完整的木质结构古建筑群，故宫堪称中国建筑史上的瑰宝，被联合国教科文组织列为"世界文化遗产"。

故宫有一条中轴线贯穿宫城南北，所有的建筑都沿着这条轴线排列，呈左右对称的布局。按照"前朝后寝"的古制，整个故宫内分布着太和殿、中和殿、保和殿，以及帝后居住的乾清宫、交泰殿、坤宁宫。

亲子游景点笔记

作为中国明清时代皇帝居住和处理国家大事的宫殿，故宫无疑是神秘的，也是游客所向往的。

太和殿：也称金銮殿，是古代皇帝举行大典的地方。汉白玉台基每个栏杆下都有排水的龙头，暴雨时可形成千龙喷水的景象。带孩子来这里游览，可以引导孩子了解一些古代皇帝大婚的礼节。

乾清宫：这里是皇帝处理日常政务、批阅奏章的地方，后来这里还用来接见外国使节。每逢重要的节日，皇帝便在此举行朝礼和赐宴。可给孩子讲讲殿中宝座的象征意义，以及为什么皇帝的衣服都是黄色的。

御花园：以建筑为主体的宫廷花园，园中亭台楼阁、山石树木、奇花异石，是观赏美景的好地方。主要建筑为钦安殿，明朝时这里供秋季大享及祭祀玄武大帝使用，清代改为寺庙。让孩子通过植物的铭牌认知树种，在游玩中增加知识储备。

养心殿：清朝皇帝大多住在这里，在同治帝、光绪帝两朝，养心殿东暖阁是慈禧与慈安垂帘听政的场所。给孩子讲述慈禧和慈安两位皇后在中国历史上的是非功过，相信会引起孩子的兴趣。

亲子游攻略

最佳旅游季节：4月下旬－6月上旬，8月下旬－11月底

地址：东城区景山前街4号

门票：旺季（4月1日－10月31日）60元/（人·天），淡季40元/（人·天）；珍宝馆和钟表馆门票各10元/（人·天）

交通：乘坐1、2、10、20、82、120、37、52、126、99、728路以及专1路公交车至天安门东站；5、22、205路公交车至天安门西站；101、103、109、124路无轨电车至故宫站；地铁1号线在天安门东站或天安门西站下车

电话：010－85007422；010－85007421

Tips：故宫内只有快餐店，建议自带食品或游览完后在外就餐，餐后垃圾请不要随地乱丢

Top3 圆明园遗址公园

名 片

圆明园也被称为"圆明三园",是清代行宫式御园,紧邻颐和园。它继承了中国三千多年的优秀造园传统,既有江南水乡园林的秀丽多姿,又有宫廷建筑的雍容华贵,从而达到了一种极致的和谐之美。

圆明园历经浩劫,被洗劫焚烧。现圆明园遗址公园是在古遗址上建造而成,保存了先前圆明园的山形水系、建筑基址以及园林布局。游人行走其间,仍然能够欣赏到精美的假山叠石、雕刻着美丽图案的残垣断壁,清新中流露出了浓重的历史气息。

亲子游景点笔记

圆明园除了优美的景色之外,还记载着一段屈辱的中国近代史。这座当时世界闻名的皇家园林被英法联军洗劫一空、焚烧殆尽,众多文物流失海外。和孩子游览这里的时候,可以回溯那段历史,培养孩子的爱国主义情操。

九州景区:位于圆明园的西部,清朝时皇帝在这里居住和处理政务。在历史上,这里集建筑、收藏、艺术之大成,是整个圆明园的核心地带。陪着孩子重点游览九州清

晏——这座园内最大的人工岛,这里曾经是皇帝和嫔妃们居住的地方,风景优美,古迹众多,相信孩子一定会在这里找到自己的兴趣点,在幽静的景色中陶冶情操。

大水法:为石龛式建筑,里面有一座水盘,共分为七级,最顶端有一个大型的狮子头,给整个建筑增添了一丝雄壮之气。欣赏水盘喷水形成的七层水帘,共享嬉水之乐趣,满足孩子亲近水流的天性。另外,还可以给孩子讲讲十二兽首的故事以及它们现在各自的下落。

亲子游攻略

最佳旅游季节: 全年
**地址: ** 海淀区清华西路28号
**门票: ** 成人10元/(人·天),学生5元/(人·天)
**交通: ** 乘坐365、432、656、664、717、743、814、982、特4、运通105、运通205路公交车至圆明园东门站;319、320、331、432、438、498、601、626、628、690、697、696、801区间、826、特6路公交车至圆明园南门站下车
**电话: ** 010 – 62628501;010 – 62543673
**Tips: ** 除了在废墟上留影,圆明园还有大片的荒野林地和湖水,很适合全家一起徒步游玩

Top4 八达岭长城

名片

八达岭长城是中国古代伟大防御工程——万里长城的重要组成部分，是明代长城的一个隘口，是明长城中保存最好也最具代表性的地段，史称"天下九塞"之一。保存完好的八达岭长城已经成为中国的象征，于1987年被联合国教科文组织列为世界文化遗产。

八达岭长城险峻雄奇，作为北京的屏障，这里山峦起伏，地势险要。气势磅礴的城墙在群山峻岭中盘旋延伸，抬眼望去，不见尽头，是令人向往的地方。正所谓"不到长城非好汉"，长城不仅是中国游客向往之地，也是国外游客来中国必到的景点之一，尼克松、里根、撒切尔、戈尔巴乔夫、伊丽莎白等三百多位外国首脑和世界名人曾前来八达岭长城游览。

亲子游景点笔记

万里长城已经成了中华民族的象征，而八达岭长城则是长城中的精华部分，是保存比较完好的一段明代长城。依山势向两侧展开的长城雄崎危崖，陡壁悬崖上古人所书的"天险"二字，确切地概括了八达岭的军事重要性。带孩子来此，对培养他们的历史观以及人生观有

着莫大的帮助。

古炮：在八达岭关城内登城入口处的马道旁陈列着五尊明代火炮，是当时最先进的武器。其中最大的一尊古炮炮筒长2.85米，口径105毫米，射程达千米以上。当孩子围着古炮参观的时候，可以给他们讲解火炮在历史上的发展。

关城：分设东、西关门，西面城墙之下用10余层花岗岩条石垒砌，在此基础上砌大城砖；四面筑宇墙垛口。关城建造非常结实，游览此处除了观看风景之外，最重要的是要感受历史的沧桑，开阔孩子的胸怀。

亲子游攻略

最佳旅游季节：春季、秋季
地址：延庆县军都山关沟古道北口
门票：旺季（4月1日–10月31日）45元/（人·天）；淡季（11月1日–次年3月31日）40元/（人·天）
交通：乘坐919路公交车直达八达岭长城脚下，普通车7元/人，快车12元/人
电话：010–69121423；010–69121017
Tips：游览的时候最好自带饮用水，以便及时补充水分，保持体力

Top5 颐和园

名 片

颐和园，是中国清朝时的皇家园林，也是我国至今保存最完整的园林，和承德避暑山庄、苏州留园以及苏州拙政园并称为"中国四大园林"。颐和园以其悠久的历史文化背景以及优美的风景闻名于世，被联合国教科文组织列为"世界文化遗产"。

颐和园景点主要分为三大区域——以威严庄重的仁寿宫为中心的政治活动区，以玉澜堂、乐寿堂、宜芸馆等庭院为代表的生活区，以万寿山和昆明湖等组成的风景游览区。它既有北方园林的优点，又汲取了江南园林的某些设计手法，是中国少有的一座大型天然山水园，也是现今保存最完整的一座皇家行宫御苑，是中外驰名的游览胜地。

亲子游景点笔记

颐和园有着其独特的静美，更有深厚的历史底蕴。徜徉其中，既能欣赏优美的景色，感悟大自然的静美，又能体味一种悠闲意境，可谓修身养性的最佳处所。

万寿山：万寿山上的建筑依山而建，前山以佛香阁为中心，组成了一个巨大的主体建筑群。佛香阁曾经是慈禧居住的地方，带孩子游览的时候，可以讲讲关于慈禧的故事，丰富孩子的历史知识。

昆明湖：颐和园的3/4都被昆明湖所占据，面积约为2 200 000平方米。前湖区烟波浩渺，湖中有一道西堤，堤上桃柳成行，更有十七孔桥横卧在湖上；再加上湖中三座岛屿上面各式各样的古建筑，使得昆明湖景色秀丽不可方物。讲述昆明湖边铜牛的传说，让孩子了解这处湖泊不仅美丽，而且充满了爱情的圣洁气息。

亲子游攻略

最佳旅游季节：4月初－10月底
地址：海淀区新建宫门路19号
门票：旺季（4月1日－10月31日）30元/（人·天），淡季20元/（人·天）；佛香阁10元/（人·天）；苏州街10元/（人·天）；文昌院20元/（人·天）；德和园5元/（人·天）
交通：乘坐209、330、331、332、346、394、712、718、726、732、696、683、801、808、817、926路公交车至颐和园站；乘地铁四号线，北宫门站下车
电话：010－62881144；010－62881144－209
Tips：颐和园面积比较大，建议以参观著名的景点为主，这样可以在体能允许的情况下最大限度地领略整个园林的特色

Top6 香山公园

名片

香山公园占地面积160公顷，是一座著名的具有皇家园林特色的大型山林公园。这里遍地文物古迹丰富珍贵，亭台楼阁仿如天上的星辰一般散落在山林之间，景色甚为精美壮观。

在公园中，有"燕京八景"之一的"西山晴雪"，又有为了迎接六世班禅建造的行宫"宗镜大昭之庙"，既有新中国的建立者毛泽东在北京最早居住和办公的"双清别墅"，又有世纪伟人孙中山的衣冠冢……可谓自然景观和人文景观的绝佳组合。

亲子游景点笔记

香山公园在北京是一处非常特别的存在，它景色优美，在历史上曾经和众多名人有过交集，在中国近现代史上留下了浓重的色彩。和孩子在这里游览，可以在欣赏美景的同时，进一步感受浓郁的人文气息，得到一笔宝贵的知识财富。

香山红叶：为香山公园的著名景色。每到秋季，10万株黄栌如火如荼，满山红叶分外妖娆。和孩子一起收集红叶，带回去作书签。当然，也可以让孩子背诵一首和红叶相关的古诗，给观赏红叶之旅增添乐趣。

双清别墅：在香山公园中有一处非常别致的庭院，院中有两道清泉，常年流水不断，这也是"双清别墅"名字的由来。这里留下了开国领袖毛泽东的足迹。让孩子重温那段峥嵘岁月，有助于培养其爱国精神。

碧云寺：是西山风景区中最精美的一座古刹。最初名为"碧云庵"，后修建碧云寺罗汉堂，形成了轴线对称的格局，奠定了现在的建筑格局和规模。家长带孩子游览此处，可以跟孩子讲解这座寺庙的建筑风格：它既有明代佛寺的禅宗特点，又吸收和发展了佛教密宗的特色。

亲子游攻略

最佳旅游季节：每年4月1日－11月15日

地址：海淀区买卖街40号

门票：淡季票价15元/（人·天）；旺季票价20元/（人·天）

交通：318、331、360快、360慢、696、698、714路公交车至香山站下车；563路公交车至香山公园东门站下车

电话：010－62591155

Tips：观赏红叶之时正值秋季，早晚温差大，出发前应给孩子带件厚衣服

Top7 十三陵

名片

明十三陵是中国明朝皇帝的墓葬群。自明朝永乐皇帝到最后一位皇帝——崇祯帝，230多年的时间，先后修建了13座皇帝的陵寝、7座妃子的陵墓、1座太监墓。明十三陵共埋葬了13位皇帝、23位皇后、2位太子、30多名妃嫔、1位太监。

在中国传统风水学的指导下，陵墓从一开始的选址到规划设计，都非常看重陵寝建筑和周围山川、河流、植被的和谐统一，追求的是一种"天人合一"的完美思想和境界，展示出了中国传统文化的丰富内涵。

亲子游景点笔记

十三陵是明王朝的皇家墓地，埋葬在这里的都是明朝历代的帝王，所以不管是从规模上还是礼制上来看，都达到了封建社会墓葬的顶峰。和孩子来此游玩，可以在引导孩子欣赏庞大的帝王陵墓之时，感受封建社会皇权的至高无上。

神道：最初神道是为长陵而建，是长陵的前导性建筑，后来朱棣的子孙们在长陵附近建了各自的陵园，而且各陵的神道均由此分出，故人们称之为明十三陵的总神道。神道左右各有龙山和虎山把守，两山之间的神道全长7千米多，自南向北依次建有石牌坊、大红门、长陵神功圣德碑亭、石像生、龙凤门、七空桥等建筑。结合神道两边的山体和建筑布局，给孩子讲讲十三陵的"风水学"，让孩子对神道何以如此布局有一个更深层次的认知。

长陵：是明朝第三位皇帝朱棣和皇后徐氏的合葬陵墓，是十三陵中建筑面积最大、修建时间最早、至今保存最好的陵墓。长陵呈现出前方后圆的布局特点，由前后相连的三进院落组成。游览此处时，可以给孩子讲讲朱棣如何登基做皇帝的故事，使其了解这位在历史上颇有建树的皇帝的另一面。

亲子游攻略

最佳旅游季节：春季、夏季、秋季

地址：西北昌平区十三陵特区办事处往北2千米

门票：（旺季）明定陵60元/（人·天），明长陵45元/（人·天），明昭陵30元/（人·天），明神道30元/（人·天）；（淡季）明定陵40元/（人·天），明长陵30元/（人·天），明昭陵20元/（人·天），明神道20元/（人·天）

交通：乘坐游2、游3、游4路车可直达明十三陵

电话：400 - 799 - 7955

Tips：为了做好安全防火工作并加强文物保护，陵区内定为非吸烟区，严禁一切烟火

Top8 北海公园

名片

　　北海公园与中海、南海合称北京"三海"，属于中国古代皇家园林。整个公园以北海为中心，既有水面的旖旎风光，又有陆地的秀美景色，是令人神往的去处。

　　这里早在辽、金、元时期就建有帝王的行宫，明、清时期开辟为帝王御苑，是中国现存最古老、最具代表性的皇家园林之一。现为中国重点文物保护单位，国家4A级风景旅游区。

饰有日、月及火焰花纹，象征佛法如日月一样永远普照大地。唐山地震时白塔被毁，后来人们重建此塔时发现塔心中藏有一个小盒子，内装舍利。可给孩子介绍一下什么是舍利，以及它在佛教中的重要地位和象征意义。

亲子游景点笔记

　　北海公园是皇家园林，巧妙地将自然景观和人文景观融合在了一起，体现了美轮美奂的园林艺术。和孩子游览北海公园，既能在大自然中拉近亲子之间的关系，又能让孩子在丰富的人文历史中了解历史。

　　古柯亭：亭内有一株古槐，枝叶繁茂，年代久远，相传为辽、金时期所植。和孩子手拉手环绕古槐，并讲述它和光绪皇帝间的故事：因为这里环境非常优雅，清末时光绪皇帝曾经在此处读书。

　　北海白塔：是一座藏传喇嘛塔，上圆下方，充满了动态美。塔顶设有宝盖、宝顶，并装

亲子游攻略

最佳旅游季节：全年

地址：西城区文津街1号

门票：旺季门票10元/(人·天)，联票20元/(人·天)；淡季门票5元/(人·天)，联票15元/(人·天)

交通：乘坐5、101、103、109、124、685、614、619路公交车至北海公园站下车；5、609路公交车至西板桥站下车；地铁6号线北海北站下车

电话：010－64016935

Tips：每年春节期间，北海公园会举办迎春祈福文化节，在这段时间前来，会体验到浓郁的人文风情

Top9 什刹海

名片

什刹海也写作"十刹海",最初因为它的周围有十座佛寺,故此得名。元代时,这里是一条宽而长的水道,之后逐渐缩小,后来渐渐形成了西海、后海、前海。三海水道相通,景色优美。

什刹海自古以来就被誉为"北方的水乡",是民众休闲娱乐和感受历史的胜地。历史上,什刹海是元、明、清三代北京城市规划和水系建设的核心。这里海面碧波荡漾,岸边垂柳依依,远处山色如黛,是北京胜景之一。

亲子游景点笔记

什刹海地处北京的中心位置,其环境异常优美,周边自然景观和人文景观众多,水景堪称北京一绝。和孩子在这里游览,可以重点感受水的灵动气息,当然,也不要错过那些名人故居。

郭沫若故居:位于什刹海前海西岸,原本是恭王府中的马号,著名文学家郭沫若曾经在这里居住了15年。家长带孩子游览这座四合院的时候,可以给孩子讲讲郭沫若的生平,特别是他在文学史上的地位,以及他所写的文学作品,提高孩子的文学素养。

醇亲王府:位于什刹海后海北沿44号,前身为大学士明珠的宅第。其坐北朝南,东部为王府本身。西部为王府花园,景色非常优美。建国之后这里是宋庆龄在北京时的住所。带着孩子在这里参观,可以给他们讲讲王府的最初主人——清朝大臣明珠的故事,以及宋庆龄在新中国历史上的地位和功绩。

恭王府:坐落于什刹海西北角,是一处典型的王府花园。它既有古代建筑典型的中轴线,也蕴涵着对称手法。作为北京保存最完整的清代王府,它堪称"什刹海的明珠"。这里曾是乾隆时期大臣和珅的府邸,后来改赐为恭亲王奕䜣的王府。有些红学家认为王府后的花园是《红楼梦》中大观园的原型,不妨给孩子讲述《红楼梦》的经典故事,丰富孩子的文学知识。

亲子游攻略

最佳旅游季节:全年
地址:西城区羊房胡同
门票:免费
交通:乘坐13、42、107电车、111电车、118电车、609、623、612、701、90(外环)路等公交车至北海北门站下车
电话:010-66127652
Tips: 如果感觉体力不支,可以坐三轮车,也可租用自行车,参考价为10元/小时

Top10 天坛

名片

北京天坛始建于明朝永乐年间，是中国明清两朝历代皇帝祭天的地方。天坛总面积为273公顷，比紫禁城还要大。1961年，国务院公布天坛为"全国重点文物保护单位"；1998年被联合国教科文组织列为"世界文化遗产"。

天坛中的主要建筑集中分布在中轴线的南北两侧，从南向北依次分布着圜丘坛、皇穹宇、祈年殿和皇乾殿等古建筑；另有神厨、宰牲亭和斋宫等建筑和古迹。整个天坛建筑群落设计巧妙，色彩非常调和，给人一种庄重感。

亲子游景点笔记

作为北京的标志景点之一，天坛不仅建筑高大巍峨，而且其中很多地方都很有趣味性，能够激发孩子们的参观热情，在欢声笑语中收获更多知识。

圜丘坛：是一座露天的三层圆形石坛，主要为皇帝祭天之用。坛分上中下三层，每层栏板望柱及台阶数目均是九的倍数，暗喻"九五"之意。家长带孩子在这里游玩的时候，可以站在最上层中心的太阳石上，大声呼喊或者敲击，这个时候会出现回声效应，声音听起来会非常浑厚。

皇穹宇：最初名为泰神殿，坐落于圜丘坛的北侧，整个建筑坐北朝南。在南面设有三座琉璃门，除了主殿之外还有东西两座配殿，是供奉圜丘坛祭祀神位的场所。让孩子站在第一块石板上击掌，能听到一声回音，站在第二块石板上击掌则能听到两声回音，依此类推，非常神奇。此时顺便讲讲回声的原理，是再好不过了。

祈年殿：坐落于天坛的北部，是天坛建筑群中修建最早的建筑。祈年殿中24根金丝楠木，里圈的4根象征着春夏秋冬四季，中间一圈12根象征着一年中的12个月份，外面一圈12根则寓意一天中的12个时辰和周天星宿。可给孩子讲一下古人将一天分为哪12个时辰，让孩子对古代人的时间观念有一个初步了解。

亲子游攻略

最佳旅游季节： 全年

地址： 东城区天坛内东里7号

门票： 淡季票价（每年11月16日－次年3月31日）10元/（人·天）；旺季票价（每年4月1日－11月15日）15元/（人·天）

交通： 乘坐17、36、特11、快1路公交车至天坛站；6、34、35公交车至天坛北门站；2、20、71、826路公交车至天坛西门站；525、610、814路公交车至天坛南门站下车

电话： 010－67028866

Tips： 静馆静园后，要立即出园，不要翻越、毁坏围墙和围栏

古崖居遗址

名片

古崖居遗址是北京地区现今发现的最大古代洞窟聚落遗址，共有洞穴117个，整体开凿在崖壁上的花岗岩石上。现今为全国重点文物保护单位，每年都吸引着众多的游客前来。

亲子游景点笔记

古崖居，一个千古之谜的遗址，是一个充满神秘色彩的人文遗迹。带孩子在这里游览，可以让孩子了解古代先民的生存环境，叹古思今，启发他们珍惜现在的优越生活，好好学习。

古崖居：由众多的石室构成，分布呈楼层状态，层与层之间由石梯、栈桥相连。可走进某一间石室切身感受一下先民生活的艰苦环境，让孩子谈一谈现在的生活环境，从而学会珍惜。

官堂子：为当时首领居住之所，建造非常精巧。在这里，家长可以和孩子一起寻找石桌、石凳、石坑、石柱，让孩子体会石头建筑的简单美，培养孩子的审美能力。

亲子游攻略

最佳旅游季节：全年
地址：延庆县张山营乡东门营村
门票：40元/(人·天)
交通：乘坐919路公交车至延庆东关站，换乘920路公交车至古崖居路口站下车
电话：010 – 69110333
Tips：攀爬的时候要注意安全，最好手拉手一起游览

周口店遗址博物馆

名片

周口店遗址博物馆是一座人类遗址博物馆，著名的"北京猿人"头盖骨化石就是在此地挖掘出土的。现为世界文化遗产，国家4A级景区，全国重点文物保护单位。

亲子游景点笔记

周口店文化遗址是人类起源的一个缩影，对研究整个人类的发展有着举足轻重的作用。

猿人洞：著名的"北京猿人"化石出土地点。大约二十万年前，北京猿人的遗骨、遗物、遗迹和洞顶塌落的石块、洞外流入的泥沙，在洞内一层又一层填充起来，形成巨厚的堆积，现在只剩下一土洞。参观此处时，可为孩子介绍一下当年考古的坎坷历程，让孩子对"北京人"有一个更加详细的认知。

展品：发掘出来的石器、头骨等珍贵文物。通过观察这些珍贵文物，还原当年"北京人"生活的场景，鼓励孩子想象那个时代先民的生活状态，有利于发挥孩子想象力。

亲子游攻略

最佳旅游季节：全年
地址：房山区周口店
门票：30元/(人·天)
交通：乘坐917、616路公交车至良乡西门站，换乘38路中巴至周口店遗址站下车
电话：010 – 69301278；010 – 69301080
Tips：在参观博物馆时，叮嘱孩子勿按压展柜、勿触摸、损毁展品

元大都城垣遗址公园

名片

元大都城垣遗址公园是在元朝首都大都土城遗址基础上建造起来的，园内树木葱茏，鸣禽四翔，富有郊野风光，非常值得前往。

亲子游景点笔记

小月河是元大都城垣遗址公园的对称线，公园以小月河为中心分为河南岸土城遗址保护区、河北岸绿化景点建设区。土城遗址保护区内历史气息浓厚，绿化景点建设区内景色优美，空气清新。

"双都巡幸"：浮雕墙生动地反映出了元帝春秋往返、百官迎送的场面。和孩子欣赏浮雕墙壁的时候，可以告诉孩子，在中国历史上，除了元朝之外，还有哪些朝代同时有两个首都，丰富孩子的历史知识。

"四海宾朋"：浮雕反映了元代是个对外开放的国家，世界各国前来朝拜的政治特点。元朝是中国历史上疆域最辽阔的朝代，对比清朝的割地赔款，让孩子懂得"落后就要挨打"的道理。

亲子游攻略

最佳旅游季节：全年
地址：朝阳区安外小关街甲38号
门票：免费
交通：遗址公园共分七个地块，乘车路线各有不同
电话：010－84648252
Tips：在山道、台阶、码头等行走时要慢行，以防不慎跌伤

箭扣长城

名片

箭扣长城坐落于北京怀柔区西北八道河乡境内，这里山势富于变化，险峰断崖上的长城也显得更加雄奇险要。箭扣长城因整段呈现为W状，形似满弓扣箭而得名，是明代万里长城中最著名的险要地段之一。

亲子游景点笔记

箭扣长城的走势富于变化，充满了韵律感，再加上其修筑在雄奇陡峭的群山之上，从而使这里成为摄影爱好者最喜欢的取景地点。其墙体由坚硬的白云岩建造而成，非常醒目。不管在一年中的哪个季节，在这里都能看到优美的景色。

牛犄角边：整个长城从山腰一直延伸到山顶，在山顶上设立了一个敌楼之后，又突然下降，延伸至山腰，然后又突然升起，一直到海拔940多米的地方。这段长城绕了一个大弯，和牛犄角极为形似，远远看去苍劲雄浑，所以被称为"牛犄角边"。可给孩子详细讲解长城险要的关口有哪些，让孩子对长城有更加深入的了解。

亲子游攻略

最佳旅游季节：全年
地址：怀柔区西北八道河乡境内
门票：20元/(人·天)
交通：乘坐916快车到怀柔杨家园站下车，换乘去慕田峪方向的中巴到辛营，再换小巴到珍珠泉下车即到
Tips：这里山高地势陡峭，最好带一根拐杖，攀登的时候可借力

先农坛

名片

先农坛建造于明朝时期，是祭祀先农诸神的建筑。明、清两朝时期，每年开春时节，皇帝都会率领满朝文武大臣在这里行藉田礼。整个建筑群庄严肃穆，外观辉煌华丽，现为国家重点文物保护单位。

亲子游景点笔记

在崇尚自给自足的封建社会，农业无疑占有非常重要的地位。为此皇帝每年都在这里亲自祭祀掌管农业的神灵。游览此处，可以从这一点入手，让孩子了解农业方面的知识。

庆成宫：庆成宫是皇帝行藉田礼后休息和犒劳百官随从之地。行至此处，说一说皇帝祭祀农神的过程，引导孩子寻找一些和农业生产有关的事物，激发他们的游览兴趣。

一亩三分地：皇帝亲耕的田地。我们可以给孩子讲讲现在常说的熟语"一亩三分地"，它就是由此引申而来的。这样既能活跃气氛，又能让孩子对景点有一个更深层次的认知。

亲子游攻略

最佳旅游季节：全年
地址：西城区东经路21号
门票：16元/(人·天)
电话：010-81959504
交通：乘坐17、20、36、54路公交车至先农坛站下车
Tips：西城区有一些物美价廉的住宿场所，可根据实际需求选择

居庸关长城

名片

居庸关长城是著名的古关城，修建在一条长达15千米的山谷中间，两边山峦起伏，是古代北京西北的重要屏障，地势险要。早在金代时，这里就被列为"燕京八景"之一，称为"居庸叠翠"，景色雄壮瑰丽。

亲子游景点笔记

游览居庸关长城最不能错过的是高大雄伟的关城、连绵起伏的垛口，以及云台精美石雕。这些景点浓缩了整个居庸关长城的建筑精华，雄伟质朴。

关城：呈圆周封闭形，里面有书院、城隍庙、衙署、庙宇等建筑。和孩子一起看看关城中和儒学有关的建筑设施，比如供读书学习的泮宫和叠翠书院，让孩子了解一些儒学的相关知识。

云台：坐落在关城的中心，是一座雕刻精美的汉白玉石台。石台上有很多兽类浮雕，雕刻极为精致，让孩子认真观察浮雕样式，培养其艺术欣赏能力。

亲子游攻略

最佳旅游季节：全年
地址：昌平区南口镇居庸关村
门票：旺季40元/(人·天)；淡季35元/(人·天)
交通：乘坐345快车至沙河站；919路南口区间车至南口东街站；地铁13号线龙泽站下车后，换乘昌68路公交车至居庸关站下车
电话：010-69771665
Tips：须特别叮嘱孩子不要攀爬长城，以防坠落

慕田峪长城

名 片

　　慕田峪长城是新北京十六景之一，享有"万里长城慕田峪独秀"的美誉。这里设有国内一流的登城缆车，建有"中华梦石城"和"施必得"滑道，形成了独特的长城文化和石文化。

亲子游景点笔记

　　慕田峪长城拥有著名的箭扣、牛角边、"鹰飞倒仰"等著名景观，可谓汇聚了整个万里长城的精华。游览此处，既能满足孩子欣赏大山高城的愿望，又能在壮丽的景观中开阔心胸，培养豁达的人生态度。

　　箭扣：位于慕田峪长城西段，从高处望去，这座大山很像一张弓，故而得名"箭扣"。当孩子仰望四周美景的时候，可以指点一下箭扣形状的特殊之处，让孩子猜猜得名"箭扣"的原因。

　　正关台：三座敌楼并立，在长城建筑史上非常罕见。游玩此处时，可以适当讲解古代

时这座观台重要的战略地位：一边是塞外匈奴驻地，一边是入京通道，一边又是进入皇陵的捷径。这样一来，孩子的印象就十分直观清晰了。

亲子游攻略

最佳旅游季节：全年
地址：怀柔区渤海镇慕田峪村
门票：45元/(人·天)
交通：乘坐916路公交车至富乐北大街站下车，步行至怀柔北大街站；乘坐怀24区间车至辛营站下车，换乘936支至慕田峪长城站下车
电话：010－61626022
Tips：攀登慕田峪长城时需带上登山鞋或运动鞋、手电、雨具，水适量，既能缓解登山疲劳，也能在天气变化时御寒、防雨

景山公园

名 片

　　景山公园是我国至今保存最完整的宫廷园林之一，在历史上曾经是皇宫的重要组成部分。1928年这里被开辟为公园，现为全国重点文物保护单位，国家4A级景区。

亲子游景点笔记

　　站在景山公园的最高处，除了能够欣赏公园的美景之外，还能俯瞰整个京城的全貌，欣赏古老的紫禁城以及现代感十足的北京高楼群。

　　景山：处于北京中轴线上，为公园最高点。假如孩子有攀登的兴趣，不妨一起登上山顶，俯瞰四周的美景。

　　崇祯自缢处：景山东麓有一株低矮倾斜的老槐树，是公园中最著名的人文景观。当年大明朝覆灭了，崇祯皇帝逃到景山，自尽于歪

脖子槐树上，为这棵平凡小树添上了一段不平凡历史。我们可以给孩子讲一下明亡清兴的故事，丰富孩子的知识储备。

亲子游攻略

最佳旅游季节：全年
地址：西城区景山西街44号
门票：2元/(人·天)
交通：乘坐111电车、124电车至景山东门站下车；5、609路公交车至西板桥站下车；101电车、103电车、109电车、124电车、609路公交车至故宫站下车
电话：010－64038098；64044071
Tips：景山海拔比较高，秋冬时节需带上厚衣物御寒

中山公园

名片

中山公园是一座景色庄重典雅、古朴的纪念性坛庙公园。这里不仅景色如画，而且文化底蕴非常深厚，现为全国重点文物保护单位。

亲子游景点笔记

中山公园之美，美在景色，更美在人文。美景可以令孩子心情舒畅，而浓厚的人文气息则可以丰富孩子的知识储备。

社稷坛：俗称五色土，坛身为三层方台，上面铺着黄、青、红、白、黑五色土，暗合传统的"五行"。相生相克的五行文化自古流传至今，家长不妨让孩子简单了解一下。

古柏：是辽代"兴国寺"旧址遗物，其中最大的一棵树，树干周长竟达到了惊人的6米多。和孩子手拉手环抱古柏，猜测这株古柏的年龄，告诉孩子松柏在中国文化中的象征意义。

亲子游攻略

最佳旅游季节：全年
地址：东城区中华路4号
门票：2元/(人·天)
交通：乘坐1、5、10、22、52、99、728路公交车至天安门西站下车
电话：010-66054594；010-66052635
Tips：乘船游览时需按规定租退游船，叮嘱孩子不要在船上乱动，以免造成游船倾覆

地坛公园

名片

地坛又名方泽坛，是古代北京城"五坛"之中的第二坛，是明、清两朝帝王祭祀"皇地祇神"的地方，也是我国现存的最大一座祭祀之坛。

亲子游景点笔记

古代"天圆地方"之说风行，所以在作为祭祀大地神灵的地坛，处处都能感受到正方形的存在。可以陪孩子登上石台，点出地坛建筑方和圆的建筑特点，让孩子自发去思考，这样既增加了游览的趣味性，又锻炼了孩子的思维能力。

方泽坛：整个地坛的中心建筑，是古代皇帝祭祀大地之神的主要地点。让孩子仔细数一数每层石台上内外圈的石头数，他们一定会得出一个有趣的结论：都是双数。

宰牲亭：祭祀宰杀牲畜的地方。最好给孩子讲讲古代祭祀方面的知识和寓意，让他们感受到古代人们对大地之神的敬畏之情。

亲子游攻略

最佳旅游季节：全年
地址：东城区安定门外大街地坛公园
门票：2元/(人·天)
交通：乘坐104、108、27、13、116、684路公交车，由南天门入园
电话：010-64272221
Tips：每年春节期间会举办地坛庙会，届时会以古坛风貌为依托，开展一系列颇具民族、民间、民俗特色的精彩活动。此外，一年四季的四次书市也是这里的一大看点

日坛公园

名片

日坛是北京市著名文物古迹"五坛"之一，原本是明、清两代帝王朝拜太阳神的地方。整个公园内现存古树44株，具有静、雅、趣、幽、美的特色。现为国家级文物保护单位，国家3A级旅游景区。

亲子游景点笔记

日坛公园虽然面积不大，但是空气清新，景色优美。几个湖泊带来了水的灵动气息，非常适合孩子游玩。

具服殿：为一方形院落，有正殿三间，配殿六间，四周有宫墙环绕。在古时，皇帝祭祀太阳神之际，休息和更衣等都在这里完成。

玉馨园：整个园区占地面积3 000平方米，景色优美。特别是具有40余年树龄、胸径为1米的悬铃木，枝繁叶茂，使人感受到勃勃生机。给孩子说一说识别树龄的方法，让孩子明白，树木和人一样，也是有年龄的。

亲子游攻略

最佳旅游季节：全年
地址：朝阳区朝外日坛北路6号
门票：免费
交通：乘坐1、9、43、99、120、126路公交车至日坛路站下车；地铁2号线（内环）至建国门站下车
电话：010 – 85622612；010 – 65025555
Tips：园内可认养古树，可以以孩子的名义认养一株

月坛公园

名片

月坛公园是北京著名的古典园林，公园内的钟楼、天门以及神库等古代建筑均保存完好。现月坛公园分为南园和北园两部分，南园以山石水池著称，北园则以红砖绿瓦的古建筑闻名。为国家重点文物保护对象，著名的北京五坛之一。

亲子游景点笔记

月坛是明、清两朝历代皇帝祭祀夜明神和天上诸星神的场所。整个公园景色优美，人文气息浓厚，适合全家休闲旅游。

月坛：又名夕月坛，坛高约四尺六寸，满白琉璃，有六级台阶，全部由白石筑成。祭坛周围有壝墙，壝墙四面各开棂星门一座。为孩子讲讲古人根据月亮的圆缺程度给它起的名字，可以极大丰富孩子的知识储备。

钟楼：共两层，绿琉璃筒瓦歇山顶，檐下彩绘旋子彩画。第二层原来有一尊铸造于明代的黄铜大钟，后来被移至大钟寺保管，现在里面的大钟是按照原来大钟的形制做的。家长可以说说大钟的作用，并朗诵《枫桥夜泊》这首诗，让孩子感知钟声的美好。

亲子游攻略

最佳旅游季节：全年
地址：西城区南礼士路西侧
门票：1元/（人·天）
电话：010 – 68020940
交通：乘坐13、15、19、42、56、623路公交车至月坛公园下车
Tips：游览月坛公园，除了可以让孩子欣赏到月坛的怡人美景，还可以带孩子去月坛大厦品尝海鲜美食

八大处公园

名片

　　八大处公园因为园内建有八座古寺而得名，其最初建造于隋末唐初，后历经宋、元、明、清修建而成。八大处公园还以天然而成的"十二景"闻名于世，自古就有"八大处之美在于天然，其天然之美又过于西山诸胜"之说。

亲子游景点笔记

　　八大处公园三面环山，造就了这里特有的冬暖夏凉的气候。得益于这样的气候特点，八大处公园内风光明艳动人，一年四季风景如画，堪称孩子的乐园。

　　灵光寺：是八大处公园现存最重要的一座寺院，山门殿中供奉着释迦牟尼佛铜胎贴金造像。在这里游玩，可以上香、拜佛、转塔，还能够爬山锻炼身体。　这里有一个"释迦牟尼割肉饲鹰"的故事，给孩子讲讲，为旅行增添趣味。

　　大悲寺：整个院落为三进四合，山门殿有石额"敕建大悲寺"五个字，为清康熙帝御笔。山门殿内有四大天王塑像，山门殿后为大雄宝殿，殿前有明代古竹两池，青翠欲滴。结合孩子熟悉的《大闹天宫》，为他们讲解四大天王的"分工"，使其对这些传说人物有一个更加清晰的认识。

亲子游攻略

最佳旅游季节：全年
地址：石景山区西山风景区南麓(近八大处路)
门票：10元/(人·天)
交通：乘坐347、389、598、972、958路公交车至八大处站下车
电话：010-88964661
Tips：乘坐八大处索道之时，要看护好孩子，注意安全

团河行宫遗址公园

名片

　　团河行宫遗址公园是清代皇帝前往南海子打猎时修建的四所行宫中最豪华的一座，后八国联军入侵，将团河行宫洗劫一空，"七七事变"时此地又遭日军轰炸，成为一片废墟。新中国成立后，北京市政府于1983年建团河行宫花园。

亲子游景点笔记

　　团河行宫遗址公园内有植物数百种，总计10万多株，可谓花和树的海洋。带孩子前来此处游览，给他们一个亲近大自然的机会，让孩子在清新的空气中敞开心扉，相信是一个非常难忘的体验。

　　翠润轩：俗称敞厅，是团河行宫中的御花园，专供皇帝在此纳凉小憩、赏花观鱼。和孩子在此游览，一起欣赏屋梁上的彩绘，培养孩子的绘画兴趣。当然最有趣的还是赏花观草，在红花绿叶之中放飞童心。

亲子游攻略

最佳旅游季节：全年
地址：大兴区西红门镇团河路
门票：免费
交通：乘坐676、485、957、369、兴16路公交车至团河行宫站下车
电话：010-61285873
Tips：这里植被众多，路线比较复杂，须叮嘱孩子不要乱跑，避免迷路走失

太庙

名 片

太庙最初建造于明朝永乐年间，是明、清两朝皇帝祭祀祖先的家庙。这里建筑宏伟庄严，内部的装饰奢华富丽，处处生有苍翠的古柏，现为北京著名的游览胜地。

最"可爱"的柏树，展开想象，看看这些树姿和什么事物最形似。

亲子游景点笔记

太庙作为明、清两朝皇帝的家庙，其建筑之雄伟，文化之深厚，无与伦比。

太庙主殿：主体建筑为三大殿，整个建筑呈长方形，分为三层封闭式庭园。大殿两侧各有配殿十五间，东配殿供奉着历代的有功皇族神位，西配殿供奉异姓功臣神位。家长可以给孩子讲一下历史上比较有作为的明、清皇帝，以及这些帝王的功过得失。

古柏：在太庙中随处可见，树龄大都高达数百年。和孩子一起寻找姿态最"怪"或者

亲子游攻略

最佳旅游季节：全年
地址：东城区长安街天安门广场东北侧（午门广场东面）
门票：2元/(人·天)
交通：乘坐2、10、82、90外、120、126路等公交车至天安门东站；5路公交车至南长街站；地铁1号线至天安门东站下车
电话：010－65252189
Tips：太庙四周停车位紧张，最好乘坐公共交通前去

国子监

名 片

中国封建社会的教育管理机构，也是古代教育体系中的最高学府。国子监街两侧槐荫夹道，大街东、西两端和国子监大门两侧牌楼彩绘，是北京仅存的建有四座牌坊的古建街。

彝伦堂：为单檐悬山顶，面阔七间，后带抱厦三间，为国子监的藏书处。可以对比学校的图书馆，跟孩子讲解一下这座建筑在当时的功能，鼓励孩子以后多去图书馆，多看书。

亲子游景点笔记

国子监作为古代的最高学府，在曾经的学子心目中有着至高无上的地位。其整体建筑也独具特色，在中轴线上分布着集贤门、大学门、琉璃牌坊等建筑，构成了传统的对称格局。

国子监辟雍：坐北向南，平面呈正方形，四角是攒尖重檐顶，黄琉璃瓦覆盖在顶部，上有鎏金宝珠；四面各开辟一门，四周以回廊和水池环绕，池周围有汉白玉雕栏围护，池上架有石桥。这里其实就是古代的大学教室，鼓励孩子好好学习，将来也能坐在这样的大学中，实现自己的梦想。

亲子游攻略

最佳旅游季节：全年
地址：东城区安定门内国子监街(原名成贤街)15号
门票：30元/(人·天)
交通：乘坐13、116、807路公交车至国子监站；地铁2号线或5号线在雍和宫站下车
电话：010－84027224；010－84011977
Tips：国子监周一闭馆，周二到周五开放时间为13:00－18:00，建议记好时间

雍和宫

名 片

雍和宫是北京市内最大的藏传佛教寺院，占地面积大，共有殿宇千余间，距今已有三百多年的历史。其正殿高大巍峨，重院深藏，具有鲜明的汉、满、蒙、藏特色。

亲子游景点笔记

雍和宫在古代的北京城可谓"龙潜福地"，整个殿宇为黄瓦红墙，和紫禁城的规格等同。清帝雍正笃信佛教，建造了这座藏传佛教圣地。

雍和宫大殿：大殿建筑异常雄伟肃穆，殿中供奉着三组铜质三世佛像。这里既有西方极乐世界的阿弥陀佛，又有东方净琉璃世界的药师佛，可谓处处皆佛像，相信孩子可以从中认识很多佛教人物。

永佑殿：为单檐歇山顶，"明五暗十"构造，即外面看似是五间房子，实际上是两个五间合并在一起改建而成的。王府时代，永佑殿是雍亲王的书房和寝宫。来到此处时，可以给孩子讲讲帝王书房的用途。

亲子游攻略

最佳旅游季节：全年
地址：东城区雍和宫大街12号
门票：25元/(人·天)
交通：乘坐13、116、117、684、机场2线至雍和宫站下车
电话：010－64049027
Tips：藏传佛教有着自己特殊的礼仪制度，进入雍和宫后要尊重其礼仪规范，且保持安静与卫生

恭亲王府

名 片

恭亲王府是清朝后期恭亲王奕䜣的府邸，现在为国家重点文物保护单位。王府花园在20世纪90年代作为旅游景点对外开放，而府邸建筑也在北京奥运会举办时修葺完毕，全面对外开放。

亲子游景点笔记

恭亲王府在清代时是规模最大的一座王府。它如同一部史书，记载了清王朝由盛而衰的过程，所以有"一座恭王府，半部清代史"的说法。

银安殿：殿堂屋顶采用绿琉璃瓦，异常威严气派。作为王府的正殿，只有逢重大事件、重要节日时才打开。屋檐下的彩绘金龙惟妙惟肖，为孩子介绍一下"彩绘"这种自古流传的艺术形式，培养孩子关于美的认识。

锡晋斋：大厅内有雕饰精美的楠木隔段，为和珅仿紫禁城宁寿宫式样。和孩子参观此处，可以给孩子讲讲贪官和珅聚敛财富、索取贿银、最后被赐死的故事。

亲子游攻略

最佳旅游季节：全年
地址：西城区前海西街17号
门票：普通票为40元/(人·天)，老年票、学生票为20元/(人·天)，联票为70元/(人·天)
交通：乘坐107电车、111电车、118电车、13、701路公交车至北海北门站下车
电话：010－83288149
Tips：建议跟随导游游览，讲解有助于我们更翔实地了解背景信息

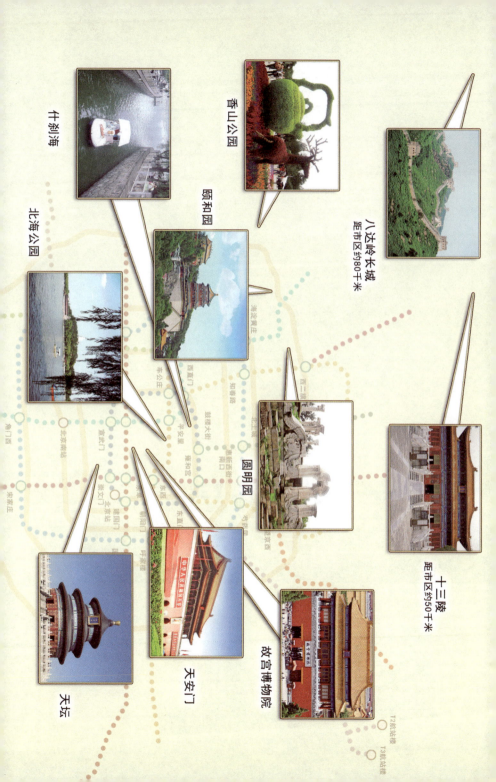

什刹海

香山公园

颐和园

北海公园

八达岭长城
距市区约80千米

十三陵
距市区约50千米

圆明园

天坛

天安门

故宫博物院

T2航站楼
T3航站楼

第2章 爱国教育游

——重温红色革命岁月

Top1 毛主席纪念堂

名片

毛主席纪念堂是一座具有我国民族风格的纪念性正方形建筑。大门正上方镶嵌着"毛主席纪念堂"汉白金字匾，金色的琉璃重檐屋顶使整个建筑看起来庄严肃穆。在这座举世瞩目的恢宏殿堂里，安放着毛泽东主席的遗体。

整个纪念堂由北大厅、瞻仰厅以及南大厅组成，内部布置简洁而又庄严，处处体现出共和国伟人生前的风采。

亲子游景点笔记

作为一代伟人的安息之地，人们在这里可以瞻仰毛主席的容颜，感受浓郁的革命情怀。对孩子来说，在此参观绝对是人生之中的难忘一次回忆，可获得鼓舞自己前进的力量。

北大厅：是瞻仰毛主席遗容前举行悼念活动的场所，大厅中央是三米多高、用汉白玉雕塑的毛泽东主席坐像，坐像背后墙上悬挂着一幅描绘祖国山河大地的巨型绒绣。和孩子一起瞻仰大厅中央的毛泽东汉白玉坐像，向孩子讲述他的伟大功绩，以此培养孩子

的爱国情怀。

瞻仰厅：是纪念馆的核心大厅，中央花丛中安放着水晶棺，毛主席的遗体上覆盖着党旗。瞻仰伟人遗容，须严肃敬畏，可以用自己的实际行动做孩子的榜样，使他／她了解伟人那份不朽的革命情怀。

南大厅：是纪念堂的出口大厅。大理石墙壁上镌刻着毛主席诗词手迹，全部为银胎鎏金字体。给孩子解读毛泽东的诗词，让孩子感受这位伟大政治家的文采。

亲子游攻略

最佳旅游季节： 全年
地址： 东城区天安门广场南端
门票： 免费
交通： 乘2、5、120、专2路公交车至天安门广场西站下车；乘8、20、44外、673路公交车至前门东站下车
电话： 010-65132277
Tips： 进入毛主席纪念堂，不得携带照相机、摄像机、饮料、书包等物品，带有上述物品者请先到存包处寄存

Top2 人民英雄纪念碑

名片

人民英雄纪念碑坐落在北京天安门广场中心，和天安门、正阳门形成了和谐一致的建筑群。其庄严肃穆的雄姿，具有我国独特的民族风格。现为国务院公布的第一批全国重点文物保护对象，是北京乃至整个中国的象征标志之一。

人民英雄纪念碑高 37.94 米，碑座分为两层，下层座为海棠形，上层为方形，台座上是大、小两层须弥座。四周环绕着汉白玉栏杆，四面均有台阶。这样的建筑布局给人一种庄严华丽的美感，带来强烈的视觉冲击效果。

亲子游景点笔记

作为新中国成立以来耗时最长的大型艺术项目，人民英雄纪念碑凝聚了众多革命先烈的丰功伟绩和热血精神，可谓中国近代革命历史的一个缩影。纪念碑能使孩子感受到浓烈的爱国情怀，有助于培养孩子对国家、社会、家庭的热爱之情。

浮雕：纪念碑下层须弥座四面镶嵌着八块巨大的汉白玉浮雕，非常精美。不管是久远的"虎门销烟"，还是新中国成立前夕的"顺利渡长江"，都浓缩着一段历史，代表着一种抗争精神。给孩子详细讲述那段历史，让孩子对昔日多灾多难的中国有一个大体的认知，培养孩子的爱国之心。

碑身巨石：纪念碑碑身为完整的一块大石料，重达百吨，堪称中国建筑史上少有的完整的花岗岩。这块巨石采自山东青岛，经过长途铁路运输到北京，最终成为人民英雄纪念碑的主体部分。讲讲巨石的来历，帮助孩子理解当时中国人民的建设热情和爱国之情。

碑文：碑身正面（北面）镌刻着毛主席的题词"人民英雄永垂不朽"八个鎏金大字；背面是由毛主席起草、周总理题写的碑文。和孩子一起阅读碑文，感受其中蕴含的革命先辈的不屈精神，鼓励孩子做一个对国家有用的人。

亲子游攻略

最佳旅游季节：全年
地址：天安门广场中央
门票：免费
交通：乘1、5、10、22、52、728路等到天安门西站；2、59、82、120、126路等到天安门东站；地铁1号线天安门东、天安门西站下车
Tips：须在人民英雄纪念碑底层护栏以外瞻仰，未经批准，不得进入护栏以内

Top3 卢沟桥

名片

卢沟桥因为横跨卢沟河而得名，最初建在于1189年，是北京市现存的最古老的石造联拱桥。有桥墩十座，桥孔11个，桥身全部为石体结构，在关键部位都有银锭铁榫连接，为华北最长的古代石桥，现为国家重点文物保护单位。

卢沟桥建造精美，在桥身左右的石雕护栏上，各有望柱140根，柱头上雕刻着精美的石狮子。桥东的碑亭中则立有清朝乾隆皇帝题写的"卢沟晓月"汉白玉石碑，"卢沟晓月"为古代著名的"燕京八景"之一。

含义。最好能一一描述"燕京八景"，对孩子全面了解北京城有着很大帮助。

石狮子：狮子是整个卢沟桥上的一道亮丽风景，其数量众多，姿态各异，再加上造型精美，使它们成为卢沟桥上的"精灵"。和孩子一起行走在桥面上，可一起数一数桥上的狮子，满足孩子的童心、童趣。

亲子游景点笔记

卢沟桥作为中国抗日战争的起点之地，在中国抗战史上有着非常重要的地位。这里除了精美的石桥建筑之外，还处处充满令人振奋的爱国主义精神元素，是培养孩子爱国情感和民族自豪感的绝佳之地。

白玉碑：为清朝乾隆皇帝亲笔所提"卢沟晓月"的汉白玉石碑，造型精美，为卢沟桥著名景点。假如孩子对此石碑感兴趣，可为其详细讲述石碑的悠久历史，以及"卢沟晓月"的

亲子游攻略

最佳旅游季节： 全年

地址： 丰台区卢沟桥城南街77号

门票： 20元/(人·天)

交通： 乘77、301、310、313、452、693、715路等公交车或旅游车至抗战雕塑园站下车；乘309、339、392、458、459、624、661、662、843、952、971、978、983路公交车至卢沟新桥站下车

电话： 010-83894614

Tips： 在桥头合影时，要叮嘱孩子不要攀爬栏杆，避免损坏文物或出现意外

Top4 中国人民抗日战争纪念馆

名片

中国人民抗日战争纪念馆属于社会科学类专题历史纪念馆，是为了纪念中国人民获得抗日战争的伟大胜利而建造的。现为全国首批重点红色旅游经典景区，全国首批爱国主义示范基地。

馆内分为综合体厅、日军暴行厅、人民战争厅和抗日英烈厅四个展厅以及半景画馆。各个展厅都用丰富的实物、图画以及文字等形式，从各个方面展示了中国人民的英勇以及日军的暴行。随着科技的发展，展馆也开始运用科技复原现场，力图生动再现那个时代的真实状况。

油画，讲讲那段黑暗的历史，让孩子体会战争的残酷以及和平的珍贵。

半景画馆：以模型和实物相结合，通过声、光、电的控制，真实而又艺术地再现了中国军队在卢沟桥河畔与日本侵略者生死搏斗的场景。在这里，引导孩子在欣赏外在声光效果的同时感受顽强抗争的民族精神，激发孩子的爱国热情。

亲子游景点笔记

作为全面展示抗日战争时期中国人民顽强抗争精神和日军暴行的展馆，这里给每一个前来参观的人都留下了深刻的印象。和孩子来此，可重点参观各展厅中的实物和图片，使孩子对那场带给中华民族深重灾难的战争有一个直观的认识，激发孩子的爱国热情和民族自豪感。

日军暴行馆：从轰炸、焚烧、抢掠、屠杀、残害妇孺等多方面揭露日军在中国土地上犯下的暴行。和孩子一起观看《南京大屠杀》大幅

亲子游攻略

最佳旅游季节：全年
地址：丰台区宛平城内街101号
门票：免费
交通：乘309、310、339、624、715路公交车至抗战雕塑园站下车
电话：010－83892355－207/281、83891485
Tips：半景画馆每天播放六场，每场限60人，参观者请到接待中心领票，凭票入场

Top5 陶然亭公园

名 片

陶然亭公园是以北京城南的燕京名景陶然亭为中心规划建造的一座城市园林。于1952年建园。因为陶然亭是中国四大名亭之一，所以整个公园得名"陶然亭公园"。公园内保存有自战国以来多个朝代的历史文物和多处古寺观祠，这里还留下了李大钊、毛泽东、周恩来等革命先驱革命活动的足迹，在中国革命史上书写了灿烂的一笔。

园林内古迹众多，景色优美，是绝佳的游览胜地。其西北有龙树寺，古代常有社会名流在此聚集；东南有黑龙潭、龙王亭等著名建筑；西南则有风氏园。这些历史古迹年代多早于陶然亭，在历史上都有着自己的辉煌。

亲子游景点笔记

陶然亭公园自建立起，就以其优美的景色和浓郁的人文气息成为人们争相游览的胜地。来北京旅游，这里是绝不能错过的。更重要的是，这里曾经留下了李大钊、毛泽东等革命伟人的战斗足迹，对培养孩子的爱国情操非常有帮助。

慈悲庵：创建于元朝，距今已经有700余年的历史。整个建筑布局严谨，瑰丽而又庄重。

在近代，这里一直是革命家进行革命活动的重要场所。和孩子一起参观革命陈列馆，讲解五四运动之后李大钊、毛泽东、周恩来等老一辈革命家在这里的革命活动，揭示这所古寺的革命意义。

文昌阁：木质的梁檩栋枋外露部分，以及亭、廊的天花板，都绘有精美的彩画，华丽而精美。虽然阁楼规模比较小，却有一种飘逸灵秀的气质。另外，阁中供奉的是掌管考生文运的神灵，可给孩子讲讲相关故事。

云绘楼：为皇家园林建筑，双层楼廊，画檐雕梁，玲珑秀丽，是当时皇帝登楼观赏太液清池，写字、绘画、吟诗、作曲之处。讲一下建筑的细节，对丰富孩子的知识储备很有帮助。

亲子游攻略

最佳旅游季节： 全年
地址： 西城区太平街19号
门票： 2元/(人·天)
交通： 乘14、40、66、102电车、106电车、613路等公交车至太平街站下车
电话： 010－63532385
Tips： 公园周边停车位紧张，自驾车去的话，需要提前规划好停车场所

平西抗日战争纪念馆

名片

平西抗日战争纪念馆坐落在北京西南十渡旅游风景区内，距离市区约 100 千米。整个纪念馆内展出了大量的平西抗战史料，其中包括珍贵的历史照片以及历史文物等。

亲子游景点笔记

抗日战争中，平西人民为创建和巩固平西抗日根据地做出了重要贡献和重大牺牲，纪念馆正是为了纪念这些因保卫祖国而献出宝贵生命的革命先烈而设立的。和孩子在这里游览，无时无刻都会感受到浓郁的爱国情怀。

展区：陈列了丰富的图文历史资料，全面展示出平西人民的抗战风貌。假如孩子对此感兴趣，可一起参观，小声阅读，感受那段峥嵘岁月，体会抗日军民的伟大。

雕塑：在纪念馆中有很多抗日军民形象雕塑，栩栩如生，非常传神。和孩子一起欣赏，体会不屈的精神，鼓励孩子在今后的生活和学习中不断坚持自我、百折不挠。

亲子游攻略

最佳旅游季节：全年
地址：房山区十渡村
门票：免费
交通：游10路公交车直达；在天桥乘长途汽车或乘6路到终点站下车，到莲花池换乘长途汽车直达；北京南站乘火车至十渡站下车
电话：010－61340702
Tips：这里领票方式比较灵活，提前领票、现场领票、电话预约均可

中国民兵武器装备陈列馆

名片

中国民兵武器装备陈列馆于 1998 年建成并向社会开放，同年被北京市政府命名为"北京市国防教育基地"。陈列馆由兵器博览中心、人民战争史馆、山地野战炮阵、仿真射击场、国防教育基地等 14 部分组成。其展品之多、品种之全，堪称世界兵器陈列之大观。

亲子游景点笔记

男孩子对枪炮的喜爱难以用言语表达，陈列馆中的各式展品正好满足了孩子的这种天性，相信一定能给孩子带来无与伦比的乐趣。

轻兵器展示区：展示有全球 50 多个国家生产的手枪、步枪、冲锋枪以及轻机枪等 5 000 件以上。可和孩子讲解各种枪械的产地、规格以及射程等，如果有可能，讲一讲这些枪械在中国的使用情况，对孩子了解抗争时期的斗争形势有很大帮助。

楼炮厅：展示小口径炮、火箭以及侵华日军所使用的山炮。可和孩子一起逐个观赏，解说炮的种类区别，增加孩子的军事知识。

亲子游攻略

最佳旅游季节：全年
地址：通州区永顺镇焦王庄村
门票：30元/(人·天)
交通：乘坐615、667路到通州刘庄下车，步行354米
电话：010－89590788
Tips：自觉爱护公共设施，请勿触摸展厅内的文物、橱柜等设施

长辛店"二七"革命遗址

名 片

长辛店"二七"革命遗址坐落在丰台区长辛店火车站西侧，于1973年筹建，1977年由北京建筑设计院设计，由全国总工会、铁道部及北京市政府共同筹建。遗址占地面积为6 600平方米，建筑面积2 300平方米，于1987年正式向游人开放。

亲子游景点笔记

1923年，京汉铁路工人在中国共产党的领导下，举行了震惊中外的"二七大罢工"。这座遗址纪念馆就是为了纪念这次工人运动而建造的，游览这里有助于孩子进一步了解历史，培养孩子的爱国情操。

中式门楼：为钢筋混凝土仿木结构，整体设计非常别致。在这里参观，可以给孩子讲讲"二七大罢工"的详细经过，让孩子对这个遗址有全面的了解。

史料和文物：在大厅和展柜中陈列着各种文件、油画和模型。和孩子细细品味，了解在那个风云变幻的时代工人顽强的抗争精神和浓浓的爱国情怀。

亲子游攻略

最佳旅游季节：全年
地址：长辛店花园南里甲15号
门票：2元/(人·天)
交通：乘339、391、459、662、830、831、837路等公交车至长辛店南口站下车
电话：010－63876355
Tips：由于馆内展示革命先烈事迹，气氛较为严肃，须叮嘱孩子参观时不要嬉闹。

焦庄户地道战遗址纪念馆

名 片

焦庄户地道战遗址纪念馆建造于1964年，最初定名为"焦庄户民兵斗争史陈列室"，现为北京市重点文物保护单位。纪念馆一共分为三个展区，即展馆参展区、地道参观区以及抗战民居参观区。

亲子游景点笔记

抗日战争期间，人们发明了"地道战"这种武装斗争方式来打击日本侵略者。地道战遗址纪念馆对孩子来说，吸引力应该是非常大的，这里四通八达的地道正好满足他们的好奇心。可以利用这一点，带孩子在这里体验当年的战争环境。

地道参观区：供游客参观的地道长830米。和孩子一起走进地道，体验在地下穿行的神奇感觉，在行走的过程中为孩子讲述地道战的故事。

抗战民居参观区：主要展示当年抗战的历史遗迹。一起探寻当年抗日军民的生活环境，感受那个时代的百姓生活。

亲子游攻略

最佳旅游季节：全年
地址：顺义区龙湾屯镇焦庄户村
门票：免费
交通：从东直门外站乘坐934路到龙湾屯站下车
电话：010－60461906
Tips：参观地道时需提醒孩子弯腰，避免碰头

北京新文化运动纪念馆

名 片

北京新文化运动纪念馆于 2002 年 5 月正式对外开放，其馆舍建筑原本为北大红楼，是一座具有光荣革命传统的近代建筑。整个楼房全部采用红砖红瓦，所以被称为"红楼"，楼面为典型工字型，砖木结构，现为全国重点文物保护单位。

亲子游景点笔记

作为新文化运动以及五四运动的发源地，这所纪念馆承载了中国近代史上轰轰烈烈的文化思想解放运动。和孩子来此参观，能够从中感受到浓郁的革命主义情怀。

红楼：纪念馆主体建筑，现为全国红色旅游景点景区。带孩子参观红楼，可重点讲解它和北京大学的渊源，联系五四运动的历史，培养孩子正确的人生观和价值观。

展馆陈列：为新文化运动陈列专题展览，展示新文化时期的各种文物。可带孩子参观鲁迅先生当年在这里讲课的桌椅，了解这位新文化干将的功绩。

亲子游攻略

最佳旅游季节：全年
地址：东城区五四大街29号
门票：免费
交通：乘坐101电车、103电车、109电车、111电车、112电车、685、609路公交车至沙滩路口西站下车
电话：010－64020957
Tips：免费参观请提前一天预约，观众凭有效证件和预约号领票参观

保卫和平石牌坊

名 片

保卫和平石牌坊坐落在中山公园南门内，为汉白玉制成的四柱三楼蓝瓦虎殿顶式石牌坊。"保卫和平"四个字由郭沫若亲自题写，镌刻在正楼的额枋上，引人注目。

亲子游景点笔记

石牌坊所在的中山公园景色优美，来保卫和平石牌坊参观，绝对是一种非常美好的体验。整个石牌坊造型高大精美，建筑巧妙，富有民族特色。最重要的是，这座石牌坊历史上曾经给中华民族带来了屈辱，也展示了荣光，经历多次改名，才有现在的名称。石牌坊造型精美，可远观，也可近品。可给孩子讲解一下这座石牌坊建立的故事，让孩子了解那段屈辱的历史：义和团运动期间，德国驻华公使被打死，事后清政府按照德国的要求修建了这处石牌坊。引导孩子认知"落后就要挨打"的历史铁律，所谓"弱国无外交"，只有国家强大了，个人才会有尊严。

亲子游攻略

最佳旅游季节：全年
地址：北京市中山公园内
门票：5元/(人·天)（中山公园）
交通：乘坐1、5、10、22、37、52、99、728、专1路等公交车至天安门西站下车
电话：010－66055431
Tips：石牌坊坐落于中山公园内；如果随身携带食品，包装袋请不要随便乱丢

李大钊烈士陵园

名片

李大钊烈士陵园于 1983 年建成并对外开放，里面有李大钊的汉白玉全身雕像，其后是李大钊烈士及其夫人赵纫兰之墓，墓后为纪念碑，由邓小平同志亲笔题写碑文。现为全国爱国主义教育和革命传统教育的重要基地。

亲子游景点笔记

作为中国共产主义的先驱人物，李大钊在中国革命史中具有举足轻重的地位。和孩子来此参观，可全面了解李大钊的生平经历，感悟其高尚的革命主义情怀，升华思想。

陈列室：图文全面展示了李大钊一生的功绩，以及陵园发展的轨迹，可和孩子一起感受那个时代革命先烈浓郁的爱国情怀和无私的奋斗精神。

石碑：碑身两侧有党和国家领导人朱德、陈毅、李先念、林伯渠、何香凝等缅怀李大钊烈士的题词，为陵园内重要的革命文物。到此处时，可以给孩子讲解一下这块石碑身后的故事。

亲子游攻略

最佳旅游季节：全年
地址：海淀区香山东万安里1号万安公墓内
门票：免费
交通：360、737路公交车至香山站下车
电话：010 - 62591044
Tips：烈士陵园气氛庄严肃穆，应叮嘱孩子不要大声喧哗

"一二·九"运动纪念亭

名片

"一二·九"运动纪念亭由三座三角形小亭子组成，坐落在北京植物园内，为共青团北京市委员会和北京市学生联合会募捐建造。

亲子游景点笔记

"一二·九"运动在中国革命史上有着重要的地位，是学生集体爱国情怀的一次集中爆发。和孩子参观运动纪念亭之时，不妨多讲讲运动中的故事。

纪念亭：由三座三角形小亭子组成。三个三角形组成了一个立体的"众"字，象征着广大民众的觉醒和人民群众众志成城抵抗侵略的决心。大小三组建筑表示革命传统代代相传，革命事业后继有人。和孩子谈论一下学生革命群体的特点以及他们在中国革命史上的地位，会让孩子觉得亲切有趣。

中心纪念碑：为黑色大理石建筑，上有由彭真亲笔题写的"一二·九运动纪念亭"几个鎏金大字。和孩子看一看上面苍劲有力的大字，一起阅读上面有关"一二·九运动"的文字。

亲子游攻略

最佳旅游季节：全年
地址：海淀区香山南路卧佛寺路
门票：免费
交通：乘331、634、696、运通112路至北京植物园站或卧佛寺站下车
电话：010 - 62591561
Tips：此处地势比较高，应提前给孩子准备好厚衣服，以免着凉

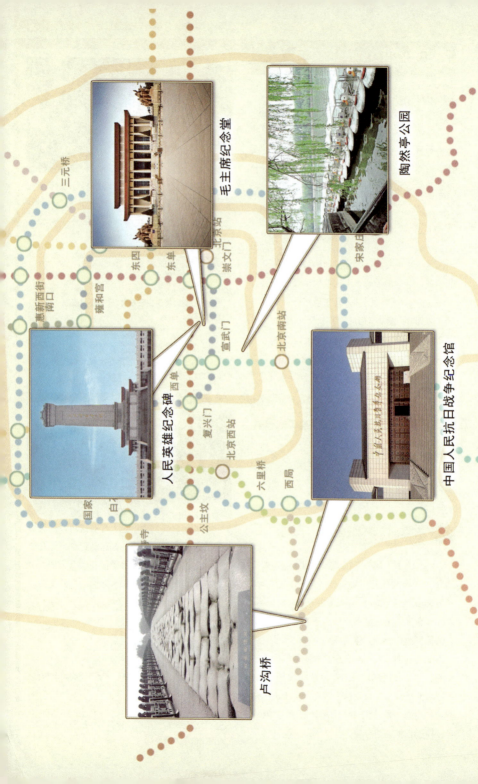

三元桥

毛主席纪念堂

陶然亭公园

东四
东单

北京站
崇文门

宋家庄

惠新西街
南口

雍和宫

宣武门

北京南站

人民英雄纪念碑

西单

复兴门

北京西站

中国人民抗日战争纪念馆

六里桥

西局

国家
白石桥

公主坟

卢沟桥

第3章 自然公园游

——领略独特的风景灵秀

Top1 上方山国家森林公园

名片

上方山国家森林公园坐落于京郊西南房山区境内，距离北京市区 65 千米，其主峰海拔为 860 米，是一座具有 2 000 年历史的佛教文化名山，它集佛教、自然山水以及溶洞景观于一体，展现出了浓厚的综合性景观，是北京最著名的森林公园之一。

上方山森林公园有九洞十二峰等著名景观，早在东汉时期，就有佛教僧人在这里修筑草庵，精研佛理。之后历代僧人不断开山建寺、抚育山林，最终形成了独具特色的自然景观和人文景观，成为历代文人墨客歌咏的对象，被冠以"南有苏杭，北有上方"之美称。

亲子游景点笔记

上方山国家森林公园树木葱郁，处处都充满了绿色的芳香。更令游人难忘的是，这里古洞众多，都是大自然的馈赠，绝无一丝人工开凿痕迹。和孩子在这里游览，一起探究幽深的溶洞风光，可谓人生最美好的经历之一。

云水洞：洞中有 108 处自然景观，是华北地区最早开放的溶洞，素有"幽燕奥室"之称。相信这里的景观一定能深深吸引孩子

的注意力，可和孩子一起探究洞内的景观，给孩子解说这些景观的名称。另外，一定不要错过第二厅中的"擎天柱"，它高 38 米，是亚洲第一、世界第三大石笋。更有趣的是，洞中的石鼓、石钟等能够敲击出悦耳的音乐，有音乐基础的父母不妨给孩子演奏一曲。

兜率寺：始建于隋朝，五进殿宇居于山正中，群峰环拱，看起来异常雄伟。可和孩子一起欣赏雕刻在大殿后墙石壁上的《佛说四十二章经》，这里面归纳了佛经中的四十二段语录，是佛教宗旨的精髓所在，为孩子细细讲解，对丰富孩子的宗教知识很有帮助。

亲子游攻略

最佳旅游季节：全年
地址：房山区韩村河镇圣水峪
门票：40元/(人·天)
交通：乘917路公交车至良乡站或房山站下车，换乘房山15路车直达
电话：010 – 61315542
Tips：云水洞内道路比较曲折，参观之时须看好孩子，避免走散

Top2 玉渊潭公园

名片

玉渊潭公园是北京市属十一座大型公园之一，早在金代，这里就是金中都西北郊的游览胜地，优美的风景吸引着众多达官贵人前来。清代乾隆年间，又在这里开掘了玉渊潭湖系，吸引了大批的禽鸟，景色更加优美。

其主要由西面的樱花园、北面的引水湖景区以及东面的留春园和南面的中山岛等组成。这里山长水阔，得天独厚的环境少有人工开发，因此这里完整地保持了大自然的原色——山上洋槐林立，潭边垂柳依依，湖边的水草在微风下舒展身姿，带来了浓浓的野趣。

亲子游景点笔记

相对于北京城的喧嚣，这里看不到任何人工雕琢的痕迹，处处展现着一种悠闲的情调。和孩子一起感受这都市中难得一见的碧绿，体验现代城市和大自然的完美结合。

樱花园：以樱花为特色的园中之园，有2 000余株樱花，花开的时候树树绯云绛雪，堪称公园中最美的景色。这里每年的春季都会举办"樱花赏花会"，期间花开烂漫，人流如织，此时可和孩子来公园游览，绝对能带给孩子美

的体验。

留春园：位于公园东部，以中心开阔的草坪、环绕的廊亭以及高大的树木、花卉为主，是一座园中园。和孩子游览此处，品味草坪、树木以及富有人文气息的亭廊，感受这里长驻的春之气息，也是一件非常美妙的事情。

中山岛：位于公园西南，坐落在八一湖和西湖之间，整个岛屿长800米，宽约80米，是贯穿东西的一道高低起伏、宽窄不一的狭长的山故地。可与孩子一起参观岛上的中国少年英雄纪念碑，给他们讲述这块纪念碑身后的故事，培养他们的爱国精神。

亲子游攻略

最佳旅游季节：全年

地址：海淀区西三环中路10号

门票：2元/(人·天)，樱花节时10元/(人·天)

交通：乘坐37、56、121、335、336、603、612、619、645、746、运通106路在马神庙站或白堆子口西站下车；或坐地铁9号线到白堆子站下车D口出

电话：010－88653800

Tips：3月底至4月底这段时间是公园内樱花开得最烂漫之时，可和孩子前来赏樱花

Top3 蟒山国家森林公园

名片

莽山国家森林公园面积有六七百公顷，森林覆盖率达到86%以上，因为其坐落在十三陵水库大坝的东面，所以又称为十三陵林场。整个莽山森林公园山势如同一条大蟒蛇，其最高峰海拔659米，有人工林13万亩、树木花卉176种，终年苍翠，四季锦绣，现为北京市最大的国家级森林公园。

莽山国家森林公园有四奇：山上树多，石雕大佛；北京最长的登山台阶；最高的仿明古塔和彩绘长廊。可谓容纳了北京的美景，聚天地钟秀于己身。

亲子游景点笔记

莽山国家森林公园是植物的乐园，是北京市的"天然氧吧"。这里集大自然钟爱于一身，不仅景色优美如画，而且气候宜人。和孩子在这里参观嬉戏，可谓人生一大乐趣，堪称亲子游的最佳去处。

首长植树区：顾名思义，这里是首长植树的地方，植树区内有邓小平等党和国家领导人在此栽植的树木。另外这里还有百块名人绿化

碑廊以及蟒山观景亭，秋季还可观赏到红叶。和孩子可重点参观国家领导人亲手种植的树木，感受他们的绿化意识，培养孩子的环保习惯，让孩子学会主动亲近大自然。

大佛景区：主要有弥勒大佛和十二生肖，供游人观赏。假如孩子对这些塑像感兴趣的话，可和孩子逐个观摩塑像的神态；另外还可一起参观90米长的彩绘长廊，在感受浓郁艺术气息的同时，培养孩子的艺术欣赏能力。

亲子游攻略

最佳旅游季节：4月初－10月底
地址：昌平区蟒山路2号
门票：20元/(人·天)
交通：安定门乘643路、西客站乘845路空调车、德胜门乘919路区间车至十三陵水库终点站；德胜门乘345支线，到昌平东关终点站，换乘643、845、919、城乡6路到终点站；德胜门乘坐888路公交车至蟒山国家森林公园站下车即到
电话：010－60711866
Tips：公园内的植树时间为每年3月12日－4月28日，单独付费

---
①1亩≈666.67平方米。

Top4 云蒙山国家森林公园

名 片

云蒙山又被称为"小黄山",古称"云梦山",是北京郊区著名的风景游览胜地。云蒙山国家森林公园总面积为 2 208 公顷,主峰云蒙山海拔1 414 米。公园内景观资源异常丰富,森林茂盛,是夏季避暑的好地方。

这里山谷幽深,异峰奇石多姿多彩,更有飞瀑流泉遍布山野,云雾变幻莫测,树木幽香馥郁,自然风光十分优美。前来此处,不仅能享受到极致的视听感,而且能让心灵宁静、忘却凡俗,是真正令人向往的家园。

在爬山过程中,和孩子之间的互动更能加深亲子关系,加深情感交流。

潭瀑:公园内清潭飞瀑众多,景色灵动。亲近水流是孩子的天性,特别是夏天的时候,和孩子在清潭瀑布周围游玩嬉戏,看水花四溅,烟云渐起,别有一番情趣在心头。

森林:公园内森林覆盖率极高,各种类别的树木都有。可和孩子一起在森林中采摘山果,体味无穷的野趣,感受自然的慷慨馈赠。

亲子游景点笔记

公园内一直有"四多"为人津津乐道:奇松怪石多,古洞仙山多,流泉飞瀑多,瑶草瑞木多。和孩子在这里游览,既能感受到泰山的雄伟,也能体会到华山之险、黄山之奇、峨眉之秀,可谓钟灵神秀,集大自然之美景于一身。

奇峰:云蒙山山势雄奇,自然风光优美。可和孩子一起攀爬,体会在都市中所不能体验的登山之乐趣,对孩子来说,这是一次亲近大自然、锻炼身体的好机会。更重要的是,

亲子游攻略

最佳旅游季节: 每年4月初－10月底

地址: 丰宁公路81千米处(走京密路过怀柔雁栖湖向北)

门票: 35元/(人·天)

交通: 东直门、西直门、木樨园、广渠门马圈、马甸等长途站班车在云蒙山公园站下车,或者乘916到怀柔总站换乘10路或云蒙山专线到达;前门游客集散中心,云蒙山专线直达。

电话: 010－61622481; 010－61622381

Tips: 景区内水流比较多,山也比较高,要注意孩子的安全

Top5 西山国家森林公园

名片

西山国家森林公园坐落在北京西郊小西山上，以北京西山试验农场为基础，总面积为5 970公顷，是北京郊区风景区的重要组成部分，也是距离北京市区最近的一座国家级森林公园。现为北京市民游览的必去之处，一年四季风景如画，人流如织。

西山国家森林公园属于太行山余脉，是低山区，其北坡比较陡峭，南坡则较为平缓。这里不仅风景优美，而且历史遗迹比较多，著名的有明景泰帝的陵墓，还有明朝万历皇帝七位妻子的陵墓，也就是人们常说的东四墓。

亲子游景点笔记

西山森林公园四季景色优美如画，早已名扬京城。这里春天满山坡的桃、杏，夏季林木葱郁，秋季则红叶飘飘，冬季松柏常青。早春的时候人们可以观赏桃花、杏花。三月，花满西山，格外鲜艳，令人目不暇接。另外，秋天和孩子一起观赏满山红叶，也是绝佳的体验。小西山的红叶面积约667万平方米，不仅色泽艳丽，而且种类多样，登高远望，但见层林尽染，令人们感到无穷惬意。在这里可以彻底放

松身心，感受大自然的神奇。

"金沙碧树"：西山国家森林公园内有沙峰，其上生长高大的古松，挺拔苍翠，树形极为健美。可和孩子一起在公园内寻找樟子松，这些树的树龄一般都在百年以上，属于国家保护树种。孩子一定会对园内生长的一棵直径1米以上、树龄近500年的古樟子松树王感兴趣。可一起手拉手环抱该树，感受那勃勃生机吧。

侵华日军工事遗址：名人峰南侧的多处侵华日军工事遗址，当时被称为沙松山阵地，是侵华日军在中国东北15处筑垒地域之一。和孩子寻找当年战场的遗迹，感受战争的破坏力，让孩子珍惜眼前生活，发奋图强。

亲子游攻略

最佳旅游季节：全年
地址：海淀区西郊小西山
门票：10元/（人·天）
交通：乘360、318、698、962路南河滩站下车
电话：010－62720290
Tips：观赏红叶时正直秋季，山上气温比较低，应给孩子带件厚衣服

Top6 北宫国家森林公园

名片

北宫国家森林公园坐落在北京丰台西北部山区，是典型的丘陵形态自然风景区。之所以名为"北宫"，是因为古代帝王曾经在这里小憩。整个公园建造于2002年，2005年被国家林业局正式批准为国家级森林公园。

整个森林公园面积为9.145平方千米，由西部、中部、东部三大景区和北宫山庄、茗盛楼两组配套设施组成。公园内共有塔、阁、楼廊、亭等人文景观12处，小江南、芳泽溪、枫林路、桦林沟等15处自然景观。整个公园绿化面积达到了3 000亩，其中优质树种和野生花卉为数众多，植物种类达到了253种，形成了北京西部生态建设中的亮点。

亲子游景点笔记

北宫国家森林公园内既有色彩斑斓的枫林路、远近闻名的京西神泉、鬼斧神工的徽派建筑茗盛楼，又有诗情画意的小江南、红似晚霞的烟霞岭、沁人心脾的森林浴、明清建造的古石桥、恢宏壮观的北宫山庄……不管是自然风光还是人文景观，都能给我们以美的感受，使身心融入这个神奇的空间之中，尽情地放飞自我。

东岭旭日：是鹰山景区的最东侧，海拔为128米。峰顶上就建有东岭旭日亭，为全木质结构六角亭，山脚下就是波光粼粼的永定河水。站在这里看旭日东升的壮丽场面，是在都市中长大的孩子一次难得的经历；还可以在这里远眺中央电视塔以及石景山、门头沟等不同的风景。登高远望，最能开阔孩子的心胸。

小江南：为森林公园内最具特色的风景区。让孩子亲身感受到江南水乡的婉约灵动，但见此处野鸭嬉戏，鱼儿跳跃，垂柳随风摇曳。和孩子一起寻找属于自己的乐趣，在幽深婉约的景色中交流情感。

亲子游攻略

最佳旅游季节：4—11月
地址：丰台区长辛店镇大灰厂东路55号
门票：旺季（4月1日—11月30日）门票为10元/（人·天）；淡季（12月1日—3月31日）价格为5元/（人·天）
交通：丰台乘310路至辛庄站下车，或乘385路至化工七厂路口站下车
电话：010-83840830
Tips：上下山时尽量走石阶，少走山面斜坡，安全又省力

Top7 鹫峰国家森林公园

名 片

鹫峰国家森林公园之所以得名"鹫峰"，是因为山顶上的两座山峰宛若振翅欲飞的鹫鸟，颇为生动。其地处西山山脉中部，北临燕山山脉，南连太行山，犹如一颗绿色的巨龙，守卫着北京。

鹫峰国家森林公园山峰雄伟，怪石嶙峋，其中多珍奇的树木和花草，引来众多赞誉，是闻名京城的风景游览胜地。其主要有三大景区：鹫峰中心区，以古道、奇石以及众多文物古迹为主；寨儿峪沟壑区，主要景点为古香道；萝芭地山顶区，以高山林海和草甸为主要景观。

距离地接触大自然。

山石：为鹫峰最大的看点，这些山石或扑或卧，或喜或怒，或形神兼备，或刀削斧劈，往往形似某种事物。和孩子一起讨论某一块山石的形状绝对是非常好的亲子互动，这种对话不仅可以提高孩子的游览兴趣，而且可以挖掘孩子的想象力。

云岫亭：坐落在鹫峰山脊之上的一座小亭，小巧别致，是观景的绝佳之处。可和孩子在这里与大自然亲密接触，感受美如画卷的景观。对孩子来说，山花烂漫的云岫亭是有别于都市喧嚣气息的"梦境"。

亲子游景点笔记

鹫峰森林公园树多、古迹多，山奇，景优。徜徉其中，仿佛置身梦中，呼吸着清新的草木气息，观赏着姿态各异的树木和石峰，身心将得到彻底放松。和孩子一起行走其间，探索未知的"秘密"，不失为一次神奇的亲子之旅。

森林浴场：地势平缓，以针叶林、阔叶林为主，主要有白皮松、测柏、元宝枫等。场内绿树成荫，空气清新。漫步在林间，空地绿茵似毯，环境幽雅，自然和谐。可以让孩子们近

亲子游攻略

最佳旅游季节：4－11月
地址：苏家坨镇北安河村西
门票：10元/(人·天)
交通：乘968路到温泉换346路；乘651路，到温泉换346、848路可达
电话：010－62455825
Tips：爬山时注意节省体力，最好能匀速前行，这样才能保持足够的体能攀登到山顶。

紫竹院公园

名片

　　紫竹院公园是北京较为传统的景点之一，因公园内建造有明、清时代庙宇"福荫紫竹院"而得名。紫竹院的格局为两岛、一堤、一河、一渠，景色优美，结构精巧，自然活泼。

亲子游景点笔记

　　作为一座自然园林公园，这里富有都市生活中难得一见的清新风景。公园以水景为主，很有江南园林之特色，处处闪烁着婉约之气。

　　青莲岛：坐落于公园中部。可和孩子一起在这里欣赏八宜轩和竹韵景石风光，给孩子朗诵几首有关竹子的诗词，让孩子明白竹子在古诗中的象征意义。

　　儿童乐园：里面有各种适合孩子玩耍的设施，和孩子在这里一起玩耍，在欢声笑语中增

进亲子情感，是一件非常美妙的事情。另有明月岛、荷花渡等著名景点，可和孩子一起参观游览。

亲子游攻略

最佳旅游季节：全年
地址： 海淀区中关村南大街35号
门票： 免费
交通： 114、118、334、360、362、482、534、87、特5、运通104路至紫竹院南门站；地铁4号线至国家图书馆站下车
电话： 010－68425851
Tips： 爱护大自然美景，不乱扔垃圾

双龙山森林公园

名片

　　双龙山森林公园自然生态环境优越，公园内森林茂盛、瓜果飘香，另有奇花异草、藤萝伞盖，处处散发着浓郁的野趣。因其两侧山石壁立、双峰并列，所以有着"京西小黄山"称号，是采摘绿色果品的绝佳去处。

亲子游景点笔记

　　双龙山森林公园景色之美在于其天然，在倡导"无污染环境"的今天，这里无疑成为最适合亲子游的地点之一。

　　情侣桥：公园中很著名的一座小桥，可以给孩子讲关于这座桥的神话传说。

　　百米荫棚景区：树木不仅繁茂，而且高大。可和孩子一起欣赏众多野生蔓藤爬满大树的形似"伞盖"的奇景，让孩子了解大自然神奇的"创造力"。

　　观峰台：坐落于白龙山之上，站在此处可一览周围山水奇景。在这里和孩子一起"一览众山小"，开阔心胸。

亲子游攻略

最佳旅游季节：全年
地址： 昌平长陵镇碓臼峪村西
门票： 20元/(人·天)
交通： 德胜门乘345支、345、845路到昌平转乘5路碓臼峪下车，西行2千米
电话： 010－89722163
Tips： 采摘果实不要爬得太高，以免摔伤

通州大运河森林公园

行走在公园的各个景区，感受运河沿岸多变的景色，实在是一件很快乐的事。

"枣红若涂"：公园著名景点之一，描述的是古代通州运河两岸枣树成片的景致。现在这里重现昔日的美景，可和孩子一起欣赏数百亩的枣树林。

"茶棚话夕"：一座古朴的茶棚，公园内另一著名景点。为孩子讲讲此景点成名的缘故，让孩子进一步了解这座公园的历史。

名 片

通州大运河森林公园具有"一河、两岸、六园、十八景"的整体布局，这些优美的风景沿着运河两岸一字排开，呈现出浓厚的生态之美，是非常值得游览的景点。

亲子游景点笔记

作为北京新建成的运河森林公园，这里的生态之美令每一个前来游览的人惊叹。和孩子

亲子游攻略

最佳旅游季节：全年
地址：通州区北运河两侧
门票：免费
交通：乘坐805、810、通13、通20、通21、通22、通38、通9、通州森林公园1路至张辛庄村站下车
电话：010－82043085
Tips：森林内比较凉爽，夏日前去时也需携带厚衣服，以免着凉。

世界花卉大观园

所。和孩子一起徜徉其中，欣赏各种各样的花朵，谈论和植物有关的话题，绝对是一次不错的经历。

德国式花园：花园中主要种植德国花朵矢车菊、飞燕草、胡椒木等，园区内还种有草坪，周围栽种特色植物，显得清新、自然。假如孩子对此感兴趣，可给孩子讲解德国的气候特征和风土人情。

热带植物馆：外观精美，是热带植物的大展区。和孩子一起感受热带植物奔放的生命气息。

名 片

世界花卉大观园是北京四环之内最大的植物园，由十五个温室和十五个花园广场组成，其中包括凡尔赛花园、荷兰式花园、德国式花园等，各温室内的植物千奇百怪、各具特色。现为国家4A级景区。

亲子游景点笔记

作为北京最大的植物园之一，这里是花和树的海洋，是孩子们亲近大自然的绝佳场

亲子游攻略

最佳旅游季节：全年
地址：丰台区南四环中路235号
门票：50元/（人·天）
交通：乘坐646、377、556路等到世界花卉大观园站下车
电话：010－87500840
Tips：不要近距离闻花，避免出现花粉过敏症状

奥林匹克水上公园

名片

北京奥林匹克水上公园坐落在北京顺义境内,是北京奥运会和残奥会水上项目的比赛地,在这里举办过马拉松游泳、激流回旋、皮划艇、赛艇等比赛。公园自南而北分别为灯塔广场、世帆赛基地、万平口生态广场以及水上运动基地。

亲子游景点笔记

作为 2008 年奥运会比赛场地,这里无疑也是热爱运动的孩子的向往之地。和孩子在这里游览,让孩子在水的环绕下体会奥林匹克精神,实在是难得的经历。

广场:中间为喷泉,两边是充满奥运特色的玻璃墙。可为孩子讲解公园的设计特色以及环保理念,让孩子明白"绿色奥运"的含义。

水系:整个公园的水系充满了运动的激情,为公园内最有特色的景观。可和孩子一起体验奥林匹克水上比赛项目,划船嬉水,对孩子来说绝对是非常有趣的活动。

亲子游攻略

最佳旅游季节:夏天
地址:白马路19号
门票:20元/(人·天)
交通:乘915路到达顺义,换乘奥运公交专线到达水上公园
电话:010 – 89482008
Tips:进行水上活动要提前做好安全防护,活动中需要十分注意安全

南海子公园

名片

南海子公园是北京四大郊野公园之一,也是现今北京市最大的湿地公园。它是北京落实城南行动计划的第一个重大生态工程,其中有湿地景观,有皇家文化展示和麋鹿保护等功能区。

亲子游景点笔记

南海子在历史上是北京城外最大的湿地,这里曾经是历代皇帝的皇家猎场和苑囿。很久之前,"南囿秋风"就被列入"燕京十景"之一,成为人们津津乐道的美景。和孩子来此,可重点体味这里的皇家文化气息,欣赏这里的动物资源。

观鹿台:以青砖石为主要的建筑材料,仿照旧城墙形制,古朴而又雄伟。鹿是温柔美丽的,是孩子喜爱的动物。和孩子登上此台,感受"游人置身其中,动物游离其外"的自然之美。

亲子游攻略

最佳旅游季节:全年
地址:大兴区瀛海镇瀛海路口东两千米黄亦路南侧
门票:免费
交通:乘快速1路在德茂庄站下车,再换乘453至姜场村站下车
电话:010 – 68635058
Tips:这里面积非常大,游玩的时候最好选择典型的景点参观

半壁店森林公园

名 片

半壁店森林公园内拥有北京市现今面积最大的一片森林，占地面积约180公顷，以田园式风光闻名京城。整个公园草木清新，空气湿润，是北京的"天然氧吧"。

亲子游景点笔记

森林公园内有杨、柳、槐、柏、桑、松等树种，而且种植有苹果、桃、梨等果树。在这里，孩子能感受到浓郁的乡野气息，非常适合亲子游。

"纪念林"：主要是元宝枫树，间杂有杨树、枫树、柳树等。可和孩子一起在这里种下一棵树，以孩子的名字命名，并亲手培育；有时间多来看看，给孩子寄托1份牵挂，父母与孩子的情感也就在人和自然的交流中不断加深了——亲情在这一刻变成了永恒。

亲子游攻略

最佳旅游季节：全年
地址：大兴区黄村南10千米半壁店地区
门票：6元/(人·天)
交通：在木樨园乘坐366路公交车至黄村，转乘841路星明湖东线到半壁店森林公园
电话：010-89231397
Tips：种植树木需要事先掌握好种植技巧，这样才能保证树木的成活率

硅化木国家地质公园

名 片

硅化木国家森林公园坐落在北京"夏都"延庆境内，距离北京城区100千米。这里生态环境优良，地质遗迹丰富，山清水秀，气候宜人，是我国境内唯一一所以木化石为主题的地质公园。

亲子游景点笔记

公园内的一大特色就是古木化石群，它们历经亿万年，如今以古老的身姿呈现在人们面前，使每个人都情不自禁地追忆远古时代的沧桑。和孩子在这里参观，观赏美丽景色的同时，不妨多给孩子介绍与化石形成相关的知识。

木化石：以其"化腐朽为神奇"的特点享誉世界，形象逼真，且年轮清晰可辨。不妨和孩子仔细数一数化石清晰的年轮，猜测一下这些古老树木的年岁。

亲子游攻略

最佳旅游季节：5-10月
地址：延庆县东北部的千家店镇
门票：75元/(人·天)
交通：在德胜门乘919路公交车至延庆县城，转乘925支2线古家窑站下车
电话：010-60188559
Tips：这里地形比较复杂，游览期间应多注意孩子的安全防护

五座楼森林公园

名片

五座楼森林公园坐落在云蒙山系的东端，和密云水库以及黑龙潭连接。五座长城观楼雄踞在峰顶，历史气息浓郁，也是公园得名的原因。这里素以山岳高俊、森林茂盛、潭深瀑险而著称，是北京周边游人最喜爱的去处之一。

亲子游景点笔记

在五座楼森林公园登高远眺，密云水库尽收眼底。这里既有明代长城遗迹，又有年代久远的象形石刻。和孩子来此，面对浩浩云海，碧波万顷，可在观赏美景的同时开阔心胸。

长城关楼：五座废弃的长城关楼，相互对峙，气贯长虹。和孩子仔细观赏这五座明代长城建筑，感受其沧桑气息，并讲解明代长城的作用，以及烽火台在战争中的应用。

亲子游攻略

最佳旅游季节：全年
地址：密云县城北20千米处
门票：16元/(人·天)
交通：从东直门乘长途车至密云，转乘去番字牌或者四合堂方向的汽车，梨树沟下车，全程两个多小时
电话：010－69050018；010－69012552－2133
Tips：叮嘱孩子保护长城建筑，不要任意毁坏或涂抹

柳荫公园

名片

柳荫公园是北京市内唯一一座具有田园风光的山村野趣公园。整个公园占地面积为17.47公顷，其中水域面积为7公顷。经过多年的开发，这里形成了两大特色：山村野趣和以"柳"取胜。

生活的纯真之风，让孩子切身体会乡村和城市的不同。

亲子游景点笔记

柳荫公园是一处非常适合孩子游玩的地方，这里处处充满了都市中难得一见的野趣之美，特别是各种形态的柳树，每一棵都是一个景点。在这里，孩子能和大自然亲密接触，感受自然之美。

"又一村"：将大自然山脚下的村庄浓缩于咫尺园林，其中"牧童放牛"石雕体现了山村野趣、田园风光的建园构思。和孩子在这里游览，一起品味充满野趣的田园之美，感受乡村

亲子游攻略

最佳旅游季节：全年
地址：东城区黄寺大街甲8号
门票：免费
交通：乘113、123路外馆斜街站下车可到达公园北门；乘18、104电车、108电车、113路等在蒋宅口站下车，向西步行一百米
电话：010－64211357
Tips：为保护水质，公园水域禁止垂钓，所以游览之时切莫违规

龙潭公园

名 片

龙潭公园坐落于北京城东南二环之内，建于1952年，水上面积为19.47公顷。因为它和著名的龙须沟形成了首尾之势，故得名"龙潭"，是北京非常有名的一座特色公园。

亲子游景点笔记

龙潭公园内风光秀丽，文化内涵丰富，融合了北方古典园林建筑和现代造园艺术的精华，将中华民族的"龙文化"彰显得淋漓尽致，是不可多得的亲子游场所。

龙潭景区：坐落于公园北部，巍峨的龙山，景色优美。假如孩子对这里感兴趣，可一起欣赏那14座身姿各异的山峰，体验青山绿水的乐趣。

莲塘花屿景区：采用南方造园手法，廊桥荷花争艳。和孩子在这里赏荷花，欣赏廊桥的美丽，体味江南的秀美，别是一番滋味在心头。

亲子游攻略

最佳旅游季节：全年

地址：东城区龙潭路8号

门票：10元/(人·天)

交通：乘561、8区间、8路在龙潭湖站下车；乘12、684、750路在龙潭湖游泳池站下车

电话：010－67120046

Tips：春节期间这里将举办龙潭庙会，这期间前来，能够感受到浓郁的文化氛围

团结湖公园

名 片

团结湖公园是一个具有江南园林风格的公园，既有北方的庄重，又有江南的婉约，亭台楼榭，素雅别致，曾获得"全国部门造林绿化400佳单位"称号。

亲子游景点笔记

团结湖公园不仅景色优美，而且有许多儿童游乐设施，如碰碰车、仿真海滨乐园、游船、儿童游戏场等。相信孩子一定能够在这里找到自己喜欢的游乐项目，度过一个欢快的假期。

湖中三桥：横亘在湖中，造型各异，风格独特。和孩子行走其上，体会"人在湖中行"的水乡情调，培养孩子乐山好水的悠闲心态。

石雕鱼：公园中的一种鱼类雕刻，在公园中都能看到，是公园的象征。不妨拉着孩子的手一起寻找散落在园中的石雕，来一次"寻宝"游戏。

亲子游攻略

最佳旅游季节：全年

地址：朝阳区团结湖南里16号

门票：免费

交通：115电车、718路公交车至团结湖公园站下车；113、405、402、730、750、601、运通107、特3、特8路到白家庄站下车

电话：010－85973603

Tips：乘船游览要提前做好安全防护，以免发生危险

百望山森林公园

名片

百望山森林公园位于颐和园北约3千米处，当地人称之为"望儿山"，是距离北京市区最近的森林公园。这里乔木和灌木交错生长，空气格外清新，素有北京"城市氧源"之称，现为国家2A级景区。

亲子游景点笔记

这里堪称北京的"绿肺"，登高远眺满眼都是青山绿树，蓝天白云更是令人心旷神怡，豪气顿生。和孩子来此绝对是一个不错的选择。

首都绿色文化碑林：沿着山势布置景点，景中设置碑亭，因内有国家领导人所植的树而闻名。带着孩子参观国家领导人以及社会知名人士的提名，鼓励孩子将来也能有所成就。

佘太君庙：相传是杨六郎和辽军大战之时佘太君观战之地，整个庙宇气势非凡，很有观赏价值。可给孩子讲述杨家将的故事，一起重温那段战火纷飞的岁月，体会杨家爱国之豪情。

亲子游攻略

最佳旅游季节：全年
地址：海淀区黑山扈北口19号
门票：6元/(人·天)
交通：乘330、933、697路到黑山扈北口站下车；722、特6路到百望山站下车
电话：010-62884508
Tips：山上有沙石坡，需叮嘱孩子不要攀爬，避免滑倒滚落

海淀公园

名片

海淀公园建于昔日皇家园林"三山五园"之一的畅春园遗址上，建造风格秉承了畅春园的自然雅致，是北京市独具特色的公园。

亲子游景点笔记

海淀公园承载了北京悠久的历史和深厚的文化积淀，堪称北京历史的见证和缩影。和孩子在这里游览，欣赏美景的同时又可体会浓厚的文化气息，可谓一次非常有价值的体验。

淀园花谷：西花园中的小湖开满荷花，山谷湖畔生长着奇花异卉，景色异常优美。置身花的海洋，欣赏这里各种各样的花儿，身心都变得舒爽起来。

承露亭：坐落于代西花园西南一隅的土山上。和孩子游览此处，可以讲讲当年汉武帝祈求雨露，和着玉屑服用，以求长生不老的故事。

亲子游攻略

最佳旅游季节：全年
地址：海淀区新建宫门路2号
门票：免费
交通：特5、384、362、634、708、725、817、968、996、933、664、651、992、运通108路等至海淀公园站下车
电话：010-62850569
Tips：公园周边停车位紧张，自驾车的话，需提前预约车位

北京植物园

名片

北京植物园是以收集、保存和展示植物资源为主的园林，主要由植物展览区、名胜古迹人文景观、自然保护区以及科研区组成。现为国家 4A 级景区、国家林业科普基地，是北京首批精品公园。

亲子游景点笔记

走进植物园，犹如走进了植物的海洋，这里汇聚了全球各种植物，是最适合对孩子进行科普教育的地方，可以在满足他们好奇心的同时，使其获得丰富的植物知识。

牡丹园：主要收集和展示牡丹品种，在这里汇聚了世界各地几乎所有的牡丹花品种，堪称一个真正的"牡丹王国"。相信孩子一定会对各种品类的牡丹花感兴趣，可和孩子一起寻找最大、最艳丽的牡丹花。

芍药园：主要收集和展示芍药品种。和孩子一起坐在园内的挽香亭，欣赏姹紫嫣红的芍药花，谈论芍药的种种故事，也是不错的亲子活动。

亲子游攻略

最佳旅游季节：全年
地址：海淀区香山卧佛寺路
门票：10元/(人·天)
交通：乘坐331、563、696、运通112路到北京植物园站或卧佛寺站；乘坐360、318、714、698路等到北京植物园站下车
电话：010－62591283
Tips：植物园面积很大，植物种类繁多，参观的时候应选择重点区域

莲花池公园

名片

莲花池公园紧邻北京西客站，属于北京市一级古遗址公园。它还是北京城的发祥地，自古以来就有"先有莲花池后有北京城"的说法，至迄今已有 3 000 多年的历史。

亲子游景点笔记

莲花池风景优美，湖面面积为 15 万平方米，公园绿化面积为 24.5 万平方米。一年四季都能享受到宁静，体会到绿色带来的勃勃生机，非常适合全家休闲旅游。

垂钓区：坐落于莲花池南岸，专供游人在此垂钓。在这里享受钓鱼乐趣，手把手传授孩子钓鱼的要点，让孩子在感受到钓鱼的快乐的同时，也有助于其修身养性，体会淡然的生活情调。

赏荷花：湖中有大片荷花，美不胜收。荷花在中国传统文化中独具象征意义，不妨讲给孩子听。

亲子游攻略

最佳旅游季节：全年
地址：丰台区西三环中路38号
门票：2元/(人·天)
交通：乘坐特1、300、309支、730、830、845、937路等公交车至六里桥北里站下车即到
电话：010－63972892
Tips：公园夏天举办莲花池荷花节，冬季则有莲花池庙会，在这两个季节前来，收获的惊喜会更多

汉石桥湿地自然保护区

名片

汉石桥湿地自然保护区坐落在京东平原地带，是北京市平原地区唯一的大型芦苇沼泽湿地。湿地风景如画，是休闲娱乐的首选之地。

亲子游景点笔记

汉石桥湿地自然保护区除了优美的景色之外，还有各种动物资源，堪称动物的天堂。和孩子一起来此观赏平时难得一见的植物、鸟类或鱼类，对孩子来说吸引力是非常大的。

湿地野钓：野钓区水面广阔，区内鱼类资源丰富，内有钓位100个，供游人垂钓。和孩子一起享受钓鱼的乐趣，欣赏芦苇摇曳的美景，相信孩子一定会乐在其中。

游船：可游览保护区内的大水面以及群岛水域，在行船的过程中和孩子观赏水生植物及鸟类，讲讲有关它们的知识。

亲子游攻略

最佳旅游季节：全年
地址：顺义区杨镇地区汉石桥村
门票：免费
交通：乘918路公交车至顺义杨镇三街站下车，换乘顺18路可达
电话：010－61411200
Tips：观看鸟类时需安静，不要大声喧哗惊吓动物

云蒙山国家森林公园

西山国家森林公园

蟒山国家森林公园

鹫峰国家森林公园

北宫国家森林公园

怀柔区

延庆县

昌平区

顺义区

平谷区

房山区

第4章 博物展馆游

——欣赏人类文化遗产收藏

Top1 中国国家博物馆

名片

中国国家博物馆坐落于天安门广场东侧，和人民大会堂呈对称布局，是一座系统展示中华民族文化历史的综合性博物馆，也是世界上最大的博物馆之一。博物馆中展品数量为100余万件，种类多，精品多，参观价值大。

中国国家博物馆总建筑面积近20万平方米，展厅数量48个，不管是建筑面积，还是藏品数量，在世界博物馆中都位于前列。它不仅是中华文物收藏量最丰富的博物馆之一，而且在世界博物馆中也占有重要地位。

时社会的发展水平，帮助孩子直观深入地感受古代中国灿烂文明。

"复兴之路"：展示中国从屈辱走向复兴的历史。可和孩子一起欣赏图片、模型、绘画以及雕塑等，给孩子讲解鸦片战争之后的中国，使孩子懂得珍惜现在，知道"落后就要挨打"的道理，这对他们今后的人生发展会有很大帮助。

亲子游景点笔记

中国国家博物馆可谓是一本世界历史书，尤其是中国历史文化的大百科全书——它系统地将历史展现在我们面前。和孩子一起参观这所博物馆，全方位感受人类文明进程，对增加孩子的知识储备是非常有利的。

古代中国陈列：展览见证古代中国历史的众多珍贵文物。可和孩子一起参观石磨盘、人面鱼纹彩陶盆、船形彩陶壶、玉龙、骨笛等文物，了解从远古时期一直走到现在的人类历史发展轨迹，帮助孩子从陈列的文物背后了解当

亲子游攻略

最佳旅游季节：全年

地址：天安门广场东侧

门票：免费

交通：17、20、22、48、59、66、67、69、71、120路等公交车至前门站下车

电话：0086 – 10 – 65132801

Tips：国家博物馆会有专题展览，观众可以拍照留念，但请勿使用闪光灯和三脚架

Top2 北京自然博物馆

名片

北京自然博物馆背靠世界文化遗产——天坛公园，面对现代化的天桥剧场，有着特殊的文化环境。它是我国第一座大型自然历史博物馆，具有古生物、动物、植物以及人类学等领域的标本收藏、科学研究以及科学普及功能。现为"青少年科技教育基地"，国家一级博物馆。

自然博物馆有四个基本陈列和一个恐龙世界博览。整个博物馆馆藏文物、化石和标本10余万件。其中大型整体古哺乳动物化石数量居世界第二，黄河古象化石、恐龙化石名扬海内外。

亲子游景点笔记

作为一座大型自然博物馆，这里可谓汇集了整个自然的精华，从远古时代的恐龙到现今难得一见的珍贵植物，应有尽有。相信这些都是孩子的兴趣所在，当孩子走进自然博物馆的那一刻，他们一定会深深喜欢上这里的。

动物陈列：按照动物的系统发育顺序，展示了各个动物种群的繁衍历史，反映了从单细胞到多细胞、从水生到陆生、从简单到复杂的演化过程。和孩子一起体验神奇的动物演化过程，在趣味中帮助孩子了解更多的自然规律，使他们形成良好的学习习惯。

植物陈列：展示了原核生物的细菌、蓝菌，真核生物的藻类、真菌、裸子植物、被子植物等的大量标本及生态照片，再现了植物演化的历程，反映了植物对动物、人类的生存所具有的不可缺少的作用。和孩子讨论植物和人类之间的关系，启发孩子认识植物对人类生存的重要价值，引导孩子形成正确的自然观，在生活中爱护植物、珍惜植物。

恐龙世界：利用高科技手段将恐龙时代的面貌复原，配以声光电，使观众仿佛回到了亿万年前的远古生态环境中。相信这样的展示一定能引起孩子的兴趣，使他们将这里视为乐园。另外，可讲解一下恐龙灭亡之谜，启发孩子在参观的同时学会思考。

亲子游攻略

最佳旅游季节：全年
地址：东城区天桥南大街126号
门票：免费
交通：乘坐2、120、特11、93、20、69、17、729路等到天坛西门站；乘坐69、71、729、17、106、110路等到天桥站下车
电话：010－67024431
Tips：参观之前需要提前预约，游客可电话订票，到达之后取票

Top3 首都博物馆

名片

首都博物馆是北京市大型综合性博物馆，坐落于中华第一街——长安街西的延长线上。博物馆中藏品主要表现了恢宏壮丽的北京文化以及不断递升的首都发展历史，现在已经成为创建中国一流博物馆的品牌陈列展馆。

馆中文物已有 25 万件之多，其中有青铜器、陶瓷以及竹木牙角器、玉器等，还收藏有众多的民间工艺品。这些藏品中不乏享誉海内外的珍品、孤品，其展示价值和收藏价值无疑是巨大的。

亲子游景点笔记

首都博物馆是一座建筑外观现代大气的综合博物馆，是北京市政府投资兴建的面向 21 世纪的大型设施，也是新世纪北京的标志性建筑之一。和孩子在这里游览，对全面深入地了解北京历史文化有很大帮助，对首都的地位会有更加深刻的认知。

董鼎：出土于北京郊区琉璃河的周代铜器，通高 62 厘米，重 41.5 千克，内壁有铭文 4 行 26 字，对研究北京古代历史有重要作用。和孩子一起观赏这件青铜器，同时讲解一下周朝的历史人物（如姜子牙），丰富孩子的历史知识，增加孩子参观的兴致。

乾隆御制碑：为博物馆镇馆之宝，分为碑身、碑帽和碑座三部分，碑身和碑帽各有两件，一共五件。为孩子详细讲解这座石碑的价值——碑身上是罕见的乾隆皇帝正楷手书，有满汉两种文字，生动形象地体现了他的治国思想；乾隆御制碑对研究那个时代的历史有着巨大价值。

乾隆御玺：属于乾隆私印。和孩子一起仔细观赏，给孩子讲解这方玉玺的由来——首都博物馆 2004 年在香港拍卖会上购入此玺，其经历颇为曲折。另外可以告诉孩子，乾隆皇帝曾在很多著名书画上都用过这块玉玺，所以乾隆御玺也可作为鉴别书画真伪的依据之一。

亲子游攻略

最佳旅游季节：全年
地址：西城区复兴门外大街16号
门票：免费
交通：公交4、52、728路工会大楼站下车；26、45、114、308、319、937路白云路站下车；特1路木樨地站下车
电话：010-63370491
Tips：除星期一休息外，其他时间都开放

Top4 中国地质博物馆

名 片

中国地质博物馆创建于1916年，是中国成立最早、目前亚洲规模最大的国家级地质学博物馆，在中国博物馆界享有盛名。其悠久的历史、丰富的收藏以及精美的陈列，使这家博物馆成为知名的游览胜地，每年都吸引着众多的游人。

这座博物馆不仅具备典藏、社会教育和科学研究三大传统功能，而且富有时代特色，将科研和休闲功能融为一体，所以其社会影响力日益广泛。这里有世界上最高的恐龙化石——巨型山东龙，以及周口店地区发掘出土的石器、骨针等文物。更令游客惊叹的是，博物馆宝石厅中展示的宝石璀璨夺目，令人叹为观止。

亲子游景点笔记

作为一座专业性的地质博物馆，这里堪称地球演化的"大百科全书"，以其详尽的图文和丰富的馆藏生动展现了大地的沧桑和神奇之处。和孩子在此参观，相信孩子一定会对这个神奇的地质世界感兴趣，会被大地的多姿多彩深深吸引，将这里视为自己的天堂。

巨型山东龙：堪称博物馆镇馆之宝，为世界上发现的最高恐龙化石。和孩子一起参观，体验遥远的恐龙时代，探索恐龙没有延续生存下来的缘由，启发孩子对地球演变有一个更深层次的认知，从而增强其环保意识。

宝石厅：分宝石、玉石、彩石、砚石四部分。分别展示了常见宝石的原石和成品，我国玉石、彩石的传统品种和新近开发的一些品种及工艺品，我国有名的和常见的一些石砚及其砚石等，是我国建立最早、目前规模最大的宝石陈列。在这里欣赏美丽的宝石，给孩子科普一下宝石形成的原因，让孩子对这种大地孕育的珍宝有一个全面的认识。

亲子游攻略

最佳旅游季节：全年
地址：西城区西四羊肉胡同15号
门票：成人30元/(人·天)，学生15元/(人·天)
交通：乘13、22、38、47、68、101、102、103、105、109、124、409、603、709、726、806、808、812、814、823、826、846、850路公交车至西四站下车即到
电话：010－66557858
Tips：地质博物馆有些展厅的藏品特别贵重，不允许拍照，参观时需要留意馆内提示

Top5 中国人民革命军事博物馆

名片

中国人民革命军事博物馆筹建于1958年，是向国庆10周年献礼的首都十大建筑之一。它是我国境内唯一一座大型综合性军事历史博物馆，其占地面积为6万多平方米，主楼高94.7米，大门两侧竖立有陆海空三军战士以及男女民兵两组汉白玉石雕。

馆中陈列分为基本陈列和临时展览，基本陈列有土地革命战争馆、抗日战争馆、全国解放战争馆、抗美援朝战争馆、古代战争馆、近代战争馆、兵器馆和礼品馆等。展品种类多，军事色彩浓厚，历史教育功能突出。

亲子游景点笔记

对孩子们来说，特别是男孩子，对军事知识的渴求是非常强烈的，所以中国人民革命军事博物馆是孩子们游览的一处乐园。在这里，他们能够了解革命先烈的革命精神，同时，对武器有一个直观的认识，这些都对孩子今后的成长帮助很大。

抗美援朝战争馆：坐落在军事博物馆三楼一厅，真实记录了20世纪50年代中国军队抗美援朝的伟大历史时刻，再现了志愿军不屈不挠的斗争精神。和孩子观看展厅中的图片、文物，其中既有领导人的亲笔签发文件和他们使用过的物品，又有战斗英雄和革命烈士留下来的文物。可在参观的同时给孩子讲一下邱少云和黄继光的故事，帮助孩子感悟大无畏的革命斗争精神和爱国之情。

兵器馆：位于中国人民革命军事博物馆的中央北大厅，陈列着世界上20多个国家生产的近2000件各种武器。和孩子一起猜这些武器的名称和生产国家，引导孩子认识手枪、步枪、冲锋枪以及军刀、火炮、军用装甲车、导弹、舰船、飞机等武器，在这座兵器王国中体会军事知识带给他们的快乐。

亲子游攻略

最佳旅游季节： 全年

地址： 海淀区复兴路9号

门票： 免费

交通： 乘坐1、特1、特5、特6、21、32、68、205、308、320、337、617、728、802、827路公交车至军事博物馆站下车；地铁1号线军事博物馆站下车

电话： 010－66817161

Tips： 参观时需看护好孩子，以防其攀爬、刻画

Top6 北京天文馆

名片

北京天文馆是一座国家级自然科学类专题博物馆，也是中国大陆境内唯一一所以向公众普及和宣传天文知识为主的大型专业化科普馆场，现为北京市青少年教育基地、国家级科普教育基地。

天文馆最初开放设施有天象厅、展览厅、影视报告厅和大众天文台。新馆建成之后，面向公众开放的设施有数字化宇宙剧场、3D动感天文演示剧场、4D动感影院、天文展厅、太阳观测台、大众天文台、天文教室等。

亲子游景点笔记

浩瀚宇宙一直是人类探索的对象，对孩子来说，探索宇宙更是他们丰富想象力的基点。和孩子一起在这里游览，可充分满足孩子的好奇心，增进他们对宇宙空间的认知，培养他们探索的兴趣和能力，对他们今后的成长和发展非常有帮助。

天文台：三座天文台，其中一座装有口径13厘米的折射望远镜，观众通过它观看月亮、行星、星云、星团，同时，可以对太阳黑子进行系统观测。和孩子一起在这里通过望远镜探索星空，当平时难得一见的浩瀚宇宙展现在镜片之下的时候，宇宙的博大美丽定会深深吸引孩子的眼球。可给孩子讲一下阿波罗飞船登月故事，同时，介绍一下我国神舟飞船发展的现状，鼓励孩子长大之后为探索浩瀚宇宙贡献自己的一分力量。

宇宙剧场：引进国外先进的数字化天文放映设备，能生动形象地演绎壮丽的星空景象和人类探测太空的壮举。相信这里也是孩子的兴趣点所在，孩子在这里可以直观地感受到未知宇宙的神秘气息，这对激发孩子的探索欲望是非常有帮助的。

陨石陈列：陈列馆中珍藏有陨石，堪称镇馆之宝。和孩子一起欣赏陨石，引导孩子了解他们的形成。特别值得一提的是，这里珍藏有阿波罗登月带回来的月球岩石样本，这对孩子了解月球有着很大的帮助。

亲子游攻略

最佳旅游季节：全年
地址：西直门外大街138号
门票：10元/(人·天)
交通：乘7、15、27、102、105、107、634、特4、运通104、运通105、运通106路等在动物园站下，步行至天文馆；地铁四号线在动物园站下车，步行至天文馆
电话：010－51583311
Tips：该馆周一、周二闭馆，参观应选择别的时间

Top7 中国航空博物馆

名 片

　　中国航空博物馆是首批国家一级博物馆，也是全国唯一、亚洲最大、世界前五的航空专业博物馆，是中国国家、军队和国防科技工业对外展示的一个"窗口"，也是国民近距离了解航空知识、观看航空器材的绝佳去处。现为全国爱国主义教育基地、国防教育基地和科普教育基地。

　　博物馆中现藏飞机144型331架，其他武器装备样品15 300余件。其中有毛主席生前乘坐次数最多的伊尔－14，参加开国大典的P－51，人民空军首次击落敌机的米格－15，首次空投核弹的图－16，以及歼－10、"枭龙"、空警一号预警机、"喷火"、F－104、米－24D、"幻影"Ⅲ等国内外名机。

亲子游景点笔记

　　中国航空博物馆所体现的是中国空军的英勇精神和高昂斗志，这里既有体现空军战斗精神的英雄墙，还有展示空军光辉历史和胜利未来的英雄大道。和孩子一起在这里游览，各种型号的飞机会成为他们眼中的绝对明星。更重要的是，从这些"明星"身上，孩子可以感受

到一种英勇向上的精神。

　　毛泽东的座机：露天陈列场上放置着一架银白色的伊尔－14飞机，是毛泽东的座机之一。向孩子讲解这架飞机的历史：开国领袖曾经23次乘坐这架飞机飞往全国各地。现在飞机内部还保留着当年的陈列布局。一起进入机舱参观《毛泽东在飞机中工作》的油画，感受领袖的风采。

　　功臣战机：一架涂有一实三虚四颗红星的米格－15飞机，为抗美援朝战斗英雄李汉驾驶的战机。为孩子详细讲述这架飞机的战斗历史，以及飞机上实心和空心红星所象征的意义：实心代表击落敌机，空心则代表击伤。

亲子游攻略

最佳旅游季节：全年
地址：昌平区小汤山5806号
门票：综合展馆20元/(人·天)，洞库展厅20元/(人·天)
交通：乘坐643、945、昌28、昌51、郊100路至航空博物馆站下车；乘坐643、945、昌51、郊100路到阿苏卫站下车，向西步行400米即是
电话：010－61784882；010－66916919
Tips：该馆周一闭馆，参观时应避开这一天

警察博物馆

名 片

警察博物馆馆体建筑风格为西洋古典式，建于20世纪初。它是美国花旗银行北京分行旧址，是青少年法制教育、爱国主义教育的重要基地之一。

亲子游景点笔记

警察博物馆主要向社会各界展示北京公安所走过的艰辛历程，以及自改革开放以来在维护社会稳定、保护人民安全、打击违法犯罪等方面所做出的巨大贡献和取得的辉煌成就。

北京公安史展厅：设于博物馆一层。进入大厅，从正面由上到下贯穿"英烈墙"，高8米，弧宽18.2米，总面积145.6平方米。为孩子讲述警界名人的英雄事迹，使其了解警察的伟大。

警械装备展厅：位于四层。展厅陈列着1949—2000年各个时期使用的警用枪械，另有各历史时期的警服展区、车辆展区等。不妨讲讲警察日常执行公务时佩戴的警用装备，丰富孩子的知识储备。

亲子游攻略

最佳旅游季节：全年
地址：东城区东交民巷36号
门票：5元/(人·天)
交通：乘坐2、5、20、22、120支线、726路公交车至前门站；乘8、60路公交车至正义路南口站下车
电话：010-85225001
Tips：参观警械时，叮嘱孩子不要乱摸乱动，不要攀爬车辆

观复博物馆

名 片

观复博物馆是著名收藏家马未都先生创办的中国第一家私立博物馆，于1997年1月18日在北京正式对公众开放。整个博物馆展出千件传世文物，向每一位前来参观的游客展示了中国古典文化的魅力。

亲子游景点笔记

观复博物馆侧重开放形式，强调人与历史的沟通，突出传统文化的亲和力。在这里能够欣赏到精美的瓷器、家具、工艺品、油画等珍贵文物。

陶瓷馆：长年展出宋代至清代1 000多年间中国古代官窑、民窑的瓷器150多件，皆为宋（辽、金）、元、明、清时期，五大名窑（汝窑、钧窑、官窑、哥窑、定窑）最具代表性的器物。在这里参观，将使孩子对瓷器发展有初步的了解。

油画馆：油画展厅展示现当代中国知名画家陈逸飞、杨飞云、陈衍宁、刘文进、罗中立等的作品及10多件现代雕塑品。可给孩子讲述油画的发展历史，培养孩子的艺术欣赏能力。

亲子游攻略

最佳旅游季节：全年
地址：朝阳区大山子张万坟金南路18号
门票：50元/(人·天)
交通：乘坐乘418、688路公交车至张万坟站下车
电话：010-64338887
Tips：观复博物馆规模较大，共上下两层，有五个大型分馆，全部鉴赏下来至少也要四个小时。建议大家早些出发，为观展留出充裕的时间

古陶文明博物馆

名片

古陶文明博物馆是一座以陶文化为专题的民办博物馆，收藏有新石器时代的彩陶以及周、秦、汉陶器百余件，战国秦汉瓦当300多件，秦汉泥封1000余件，共三大系列，构成了一部近乎完整的古陶文明史。

亲子游景点笔记

这里珍藏的很多陶器都属于珍稀物品，其中的秦封泥部分更被视为中国封建王朝第一部"地理志"和"百官表"，堪称中国历代政治体系的源头档案。

封泥绝响系列：展出了秦汉封泥175件，是迄今最重要的封泥专题展览。和孩子一起了解这些展品中体现出的秦朝政治制度，从而更加懂得秦朝时期的文明状况。

古陶序列：展出周、秦、汉、唐时期不同类型的陶制文物。孩子对陶器的造型一定会感兴趣，一百多件展品造型各异，每一件都是难得的珍品。可为孩子详细讲解陶器的制作过程，使其了解这种泥土艺术。

亲子游攻略

最佳旅游季节：全年
地址：西城区右安门内西街12号
门票：20元/（人·天）
交通：乘59、19、10、122、410、716、特3、937、626、603路公交车至大观园站下车
电话：010－63538811
Tips：博物馆每周一闭馆

中国邮政邮票博物馆

名片

中国邮政邮票博物馆是收藏和利用邮政、邮票文物进行学术研究和交流的国家级专业博物馆，它向观众展示了中国邮政的起源和发展历程，以及丰富多彩的中外邮票。

亲子游景点笔记

这里堪称邮票的海洋，世界各国发行的邮票应有尽有，博物馆保管部邮票藏品总量为30多万种，逾亿枚。小小的邮票是社会经济、政治和文化的折射。提高孩子对邮票的欣赏能力，让他们领略其中的乐趣，对培养孩子的兴趣爱好十分有利。

邮票展厅：展示了从清代至今的各种邮票。和孩子一起参观这里，给孩子讲解邮票的发展历史，增强孩子的集邮意识。

邮政展厅：展示了邮政事业的发展历程。可和孩子讲一下书信的写作格式和要求，鼓励孩子在今后的学习生活中多写信。

亲子游攻略

最佳旅游季节：全年
地址：建国门内贡院西街6号
门票：10元/（人·天）
交通：乘坐24、674路公交车至北京站口北下车
电话：010－65185522
Tips：邮政博物馆展品比较小，不要让孩子为了看得更清楚而攀爬

北京中华民族博物院

名 片

北京中华民族博物院是集中国少数民族的传统建筑、民族风情、歌舞表演、工艺制作以及民族美食于一体的大型民族文化基地。博物馆区周边有民族村寨 36 个，还有雕塑广场以及若干自然景观，环境优美，吸引着众多游客前来。

受到浓郁的少数民族风情，使其对中国民族大家庭有一个更加全面的了解。

亲子游景点笔记

民族博物馆亭楼屋寨依山傍水，错落有致，按少数民族风格，真实再现出各个民族的文化遗存，可让孩子在这里全面了解各民族的生活环境和文化属性。

建筑：地穴式、干栏式、窑洞式、帐篷式、碉楼式、干井式、天井式、独院式、吊脚楼、土掌房。这些不同的建筑样式一定会让孩子感

亲子游攻略

最佳旅游季节：全年
地址：朝阳区民族园路1号
门票：旺季90元/(人·天)，淡季60元/(人·天)
交通：乘坐607路至民族园路站下车即是
电话：010 – 62063646
Tips：这里占地面积比较大，短时间内参观不完，可挑选重点景点游览

北京辽金城垣博物馆

名 片

北京辽金城垣博物馆是一座建在金中都水关遗址上的专题遗址博物馆。其建筑整体呈现为不规则的多边形，整个展馆建筑面积 2 500 平方米，地上一层，地下一层。地下展厅为水关遗址，是迄今发现的古代水关遗址中规模最大的一处，被评为考古学界的最大发现之一。

孩子在这里仔细观摩，了解金代的建筑特点和人们在水利上所取得的成就。

亲子游景点笔记

作为一座建立在金代大都城墙遗址上的博物馆，这里处处都充满了金代大都辉煌城建的历史气息，为每个前来的人再现了当年大都城的雄伟。相信孩子在这里能够很好地感受到古代城市建筑的辉煌宏伟，同时，对北京城的历史有一个更深层的了解。

地下展厅：为水关遗址，木石结构，为研究中国古代建筑和水利设施的重要实物。可和

亲子游攻略

最佳旅游季节：全年
地址：丰台区右安门外玉林小区
门票：免费
交通：乘19、59、122、351、特3路大观园站下车，沿北京商务会馆西侧路向南
电话：010 – 63054991
Tips：地下展厅光线比较暗，参观时要拉紧孩子的手，避免走散

灵山西藏博物园

名片

灵山西藏博物园坐落在北京灵山山麓上的一座生态科教园中，具有民族特色，是一处具有科学文化内涵的生态旅游胜地。

亲子游景点笔记

博物园有多种多样的生态环保教育内容和形式，可使孩子在课堂和展室中享受到回归自然的乐趣，让孩子明白保护生态环境的重要性。

灵山：号称北京的"珠穆朗玛"，为亚高山草甸风光。感悟这块和青藏高原形似的山麓，引导孩子认识什么才是"原生态"。

藏式建筑：藏族特色的建筑风格，是园区内一大亮点。和孩子一起讨论中国多民族大家庭的成员，使孩子了解民族团结的重要性。

亲子游攻略

最佳旅游季节：全年
地址：门头沟区灵山脚下
门票：20元/(人·天)
交通：地铁苹果园站乘336路到河滩，换乘去灵山方向的中巴车至西藏博物园站下车
电话：010－69834170
Tips：这里地势较高，要注意增添衣物

北京古观象台

名片

北京古观象台是明清两代的国家天文台，至今从事天文观测近500年，是现存古观象台中保持连续观测最悠久的天文台。现为北京天文馆主管，为全国重点文物保护单位。

亲子游景点笔记

作为明清时代国家观看研究天文的机构，这里至今保存着很多古代观星仪器，显示了古人探索太空的愿望和智慧。详细给孩子介绍各处，有助于培养孩子对未知宇宙的兴趣。

玑衡抚辰仪：仪重5 145千克，高3.379米。这座天文仪曾被德国侵略者掠至柏林，直到1921年才重新回到祖国怀抱，安放于此。给孩子讲解这座仪器的作用，了解古代人是如何探索未知宇宙的，鼓励孩子今后为探索宇宙做出贡献。

纪限仪：由来华的比利时传教士南怀仁监制，该仪器主要用来测定60度内两星之间的角距离。详细给孩子讲解这座仪器的特点和功能，引导孩子深入了解天文知识。

亲子游攻略

最佳旅游季节：全年
地址：东城区东裱胡同2号
门票：10元/(人·天)
交通：乘44、43、800路公交车至建国门南站下车；地铁1、2号线建国门站下车
电话：010－65128923
Tips：古天文仪器部分为露天高台陈列，观看时注意安全

北京古代建筑博物馆

名 片

北京古代建筑博物馆坐落于北京先农坛内，是我国第一座收藏、研究和展示中国古代建筑技术、艺术以及发展历史的专题性博物馆。这里环境优美，绿树成荫，别有一番韵味，堪称古典建筑和环境巧妙融合的典型。

亲子游景点笔记

这里建筑布局大气整齐，古色古香的建筑带给人一种庄严肃穆之感。和孩子一起穿梭于古代建筑之间，感受历史的沧桑气息，体味建筑洋溢的视觉之美，孩子定会觉得自己正游走于一幅长长的历史画卷之中。

中国古代建筑发展史：为展厅的重要陈列之一。全面展示了中国古代建筑的特色和发展历程。和孩子一起领略各个时代中国建筑的特色，增强孩子对建筑艺术的欣赏能力。

亲子游攻略

最佳旅游季节：全年
地址：西城区东经路21号
门票：15元/(人·天)
交通：2、7、15、20、110、120路公交车至天桥商场站下车
电话：010－63172150
Tips：博物馆占地面积比较大，参观时最好穿舒适的运动鞋

北京百工博物馆

名 片

北京百工博物馆于2005年对外开放，建筑面积为4.2万平方米，其工艺、技艺门类超过200种，收藏1.7万余件作品。其规模巨大，包括30多个特色工艺坊和100位大师工作室，品种设计包括景泰蓝、玉雕、牙雕等"燕京八绝"。

二层：主要展出各种刺绣、印章、剪纸、书画等工艺和成品。和孩子了解这些工艺的精湛之处，并讲解中国刺绣的种类以及印章、剪纸和书画的艺术魅力。

亲子游景点笔记

百工博物馆是一个"活"的博物馆。在这里，不仅能欣赏到各种民间手工艺制品，而且能了解各个门类工艺品制作的发展历史，甚至还可以和来自全国各地的民间手工艺大师零距离接触。

首层：主要展示各种首饰和制作工坊。在这里能充分领略各种手工艺品的制作流程，体会手工工艺制作者的精湛手艺。

亲子游攻略

最佳旅游季节：全年
地址：东城区光明路乙212号
门票：免费
交通：707、35、34、684路公交车北京体育馆站下车
电话：010－67156078
Tips：博物馆有专门的制作和销售地点，在这里须提醒孩子不要乱摸乱动，以防损坏物品

中国铁道博物馆

名 片

中国铁道博物馆是铁路唯一的国家级专业博物馆，其前身是铁道部科学技术馆，于1978年成立，2003年更名为中国铁道博物馆。这所博物馆主要的任务是负责铁路文物以及科研成果等展品的收藏、保管、陈列和展示，另外也进行编辑和研究工作。现为国家爱国主义宣传教育和科学普及教育基地。

亲子游景点笔记

中国铁道博物馆堪称全面了解铁路和机车的天堂，特别是陈列在展厅中各个年代的机车，绝对是吸引孩子眼球的主角。

东郊馆：分为机车车辆展厅和综合展厅。为孩子讲解蒸汽机车的知识，特别介绍其中的瑰宝——"毛泽东号"。

正阳门馆：主要通过大量的图片和史料展示中国铁路发展历史。孩子对此感兴趣的话，可讲讲近年来中国铁路建设的成就，如青藏铁路和高速铁路等。

詹天佑馆：陈列面积1 850平方米，馆藏文物2 000余件。可边参观边给孩子讲述詹天佑先生的爱国精神，及他对中国铁路建设的巨大贡献。

亲子游攻略

最佳旅游季节：全年
地址：朝阳区酒仙桥北路一号院北侧
门票：20元/(人·天)
交通：乘403、629路公交车至环形铁道站下车
电话：010－64381517
Tips：展馆中陈列有很多火车车头实物，不要让孩子随意攀爬

中国电影博物馆

名 片

中国电影博物馆是目前世界上最大的国家级电影专业博物馆，是纪念中国电影诞生100周年的标志性建筑，也是展示中国电影百年发展历程和电影科技文化的艺术殿堂，更是人们深入了解和研究电影艺术的圣地。

亲子游景点笔记

作为一家专门展示中国电影发展历史和成绩的专业性博物馆，在这里可以全面了解电影的起源、发展以及辉煌历程，从而对整个电影行业有一个更深层次的认识。

电影艺术展览厅：展示中国电影百年历程和电影艺术家成就。和孩子一起寻找熟悉的电影艺术家，看看孩子认识几个"明星"。

电影技术博览区：展示电影制作和电影知识。可给孩子讲解一部电影是如何最终搬上荧幕的，丰富他们的课外知识。

亲子游攻略

最佳旅游季节：全年
地址：朝阳区南影路9号
门票：预约免费参观
交通：乘坐402、418、688路公交车至南皋站下车
电话：010－84355959；010－51295757
Tips：展馆不允许携带有色饮料进入展厅，所以参观时最好携带矿泉水

大钟寺古钟博物馆

名 片

　　大钟寺古钟博物馆坐落于北京市名刹大钟寺内，是一座专业性博物馆。大钟寺原名"觉生寺"，其格局严谨，气势恢宏，曾经是皇家祈雨和举办佛事的重要场所。因为在寺内珍藏着一口明代永乐年间铸造的大钟，故而得名为"大钟寺"。

铭文，给孩子讲解这口大钟的作用和特别之处，帮助孩子了解古代音乐的演奏形式。

亲子游景点笔记

　　作为一所专业收藏古钟的博物馆，这里馆藏的古钟类文物品种比较齐全，有乐钟、佛钟、朝钟、道钟、金刚铃等古钟类文物400多件。和孩子一起欣赏古代大钟，聆听千年之前的历史之音，绝对是一种心灵上的享受。

　　永乐大钟：约1420年铸成，有"忠王五绝"之美誉。倾听其悠扬的钟声，欣赏其内刻

亲子游攻略

最佳旅游季节： 全年
地址： 海淀区北三环西路甲31号
门票： 10元/(人·天)
交通： 乘302、300、367、718、运通101路公交车至大钟寺站下车
电话： 010－62550819
Tips： 展馆里的钟都属于珍品，不要随便敲击，以免损坏

北京艺术博物馆

名 片

　　北京艺术博物馆坐落在明清宝刹万寿寺内，博物馆利用古建筑设置了万寿寺历史沿革展、佛教艺术展、明清瓷器艺术展、明清工艺品展、绘画艺术馆五个专题展区。

袍独成系列。可以给孩子讲讲织绣的种类，开阔其眼界。

亲子游景点笔记

　　北京艺术博物馆堪称艺术的天堂，这里展示了古建筑、佛教文化、瓷器、工艺、绘画等多种艺术，处处充满了艺术气息。当孩子置身其中时，能切身感受到艺术散发的魅力。

　　绘画艺术展：馆藏数量近万件，品种丰富，风格多样。和孩子欣赏明清到近代各流派名家的手迹，感受大家的艺术风采，培养孩子的绘画兴趣。

　　馆藏织绣艺术品：以明、清两代宫廷用品见优，既有服饰、帐帘、椅垫等实用品，又有绣画、壁挂等观赏品，其中清代数朝皇帝的龙

亲子游攻略

最佳旅游季节： 全年
地址： 海淀区苏州街万寿寺
门票： 20元/(人·天)
交通： 300、323、362、374、482、811、817、944、967、特5、特8、运通103、运通108、运通110、运通201路等公交车至万寿寺站下车，路北
电话： 010－68413380
Tips： 周二至周日下午4点停止售票，买票参观时需要注意

北京石刻艺术博物馆

名片

北京石刻艺术博物馆坐落在五塔寺中，其露天陈列按照内容和功用分为八个区，展出历代石刻文物 500 多种，加上库藏历代石刻，共计千余种。其珍藏石刻艺术品数量多，历史气息浓厚，再现了人类文明的发展轨迹。

亲子游景点笔记

作为主要展示石刻艺术的博物馆，在这里能够欣赏到精美的石刻艺术，体验这种蕴含人类文明的古老艺术形式。孩子在这里能进一步认识石头的价值——从冰冷的石头到承载文明的载体。

陵墓内的石刻：主要陈列陵墓内发现的石刻，包括北朝造像、金元石雕及唐以后历代墓志等。可和孩子参观石享堂，这里的30余块雕刻极为精美，是欣赏石刻艺术的绝佳地点。

寺观碑刻：寺观碑刻记有各寺院道观的建制。这座石碑能够让孩子了解北京市寺庙的详情，并进一步体会石刻艺术的魅力。

亲子游攻略

最佳旅游季节：全年
地址：西直门外白石桥五塔寺村24号
门票：20元/(人·天)
交通：乘320、332、904、特6、716、808路公交车至国家图书馆站下车
电话：010 – 62173543
Tips：这里的石刻年代久远，特别珍贵，需特别叮嘱孩子，勿乱刻乱画

中国第四纪冰川遗迹陈列馆

名片

中国第四纪冰川遗迹陈列馆坐落在第四纪冰川基岩冰溜面遗迹旁，面临永定河，背靠翠微山，是世界上迄今为止唯一的一座冰川遗迹陈馆。

亲子游景点笔记

陈列馆全面介绍了地球演变的过程以及冰川地质形成的原因。在这里参观时，应该重点体会李四光等地质学家的爱国主义精神，培养孩子对地理、地质的兴趣。

冰川擦痕遗迹：包括鸵鸟蛋、恐龙蛋、三叶虫、猛犸象牙等化石。和孩子仔细欣赏这些远古时期动物的化石遗迹，解说这些远古时期的动物的生活环境以及后来消失的原因。

场景复原区：采用先进的高科技手段和真实的场景复原技术将第四纪冰川时代逼真地展现在人们眼前。这里堪称了解远古地球的"电视机"，孩子能够直观地了解地球的演变。

亲子游攻略

最佳旅游季节：全年
地址：石景山模东28号
门票：10元/(人·天)
交通：乘311、336、396、597、746、941、959、972、977、运通112、运通116路公交车至模式口站或首钢小区站下车
电话：010 – 68802585
Tips：展馆内气温比较低，参观前需准备好厚衣服

中华航天博物馆

名片

中华航天博物馆是中国目前对外展示航天技术水平的最主要窗口,该馆于1992年落成并开馆。整个展馆是一座雄伟的现代风格建筑,由序厅、主体大厅、高科技应用成果厅、分类系统专业技术厅几部分组成。

卫星。为孩子讲述我国神舟系列飞船,以及我国目前的太空探索计划。

亲子游景点笔记

这里是航天爱好者关注航天、了解航天的一个平台。在这里,能够感受到浓浓的航天情怀,对孩子来说,更能激发他们学习航天知识的热情。

古代航天探索:展示各种古代天文观测的仪器模型。为孩子讲述古代人为探索太空所做的努力,体味人类探索太空的执着精神。

主体大厅:展示长征系列火箭及一系列

亲子游攻略

最佳旅游季节: 全年
地址: 丰台区南大红门路1号
门票: 30元/(人·天)
交通: 前门乘坐729路公交车至六营门下车;或乘324、343、353、504、736、937、926路公交车至东高地站下车
电话: 010 – 68753590
Tips: 体验某些展厅展品内部空间时需要攀爬,这个过程中孩子需注意安全

中国坦克博物馆

名 片

中国坦克博物馆是全国乃至亚洲唯一的坦克博物馆,内设人民装甲部队发展史、坦克装甲车辆、坦克训练模拟器、兵器仿真造型四个大部分,共11个展厅。

子了解军事知识的热情。

亲子游景点笔记

作为一家展示我国装甲部队发展历史的大型博物馆,这里堪称坦克的世界。相信孩子一定会兴趣盎然,将这里视为难得一见的"游乐园"。

坦克展厅:展示我国新研制的重型坦克,也有战时的功勋坦克。这些坦克都是实物,相信是吸引孩子兴趣的最大亮点。我们可以给孩子详细介绍各式坦克在战争中的表现,以及它们的"国籍"。

操作仪:可亲手模拟驾驶坦克进行射击。让孩子真正体验到坦克驾驶乐趣,培养孩

亲子游攻略

最佳旅游季节: 全年
地址: 昌平区阳坊镇61029部队
门票: 18元/(人·天)
交通: 城铁13号线回龙观站换乘887路到坦克博物馆站下车;或德胜门乘919支、345、345快、670路公交车至沙河站,换乘887路或昌20路到坦克博物馆站下车
电话: 010 – 69767910
Tips: 馆内坦克实物是不允许触摸攀爬的,需要特别叮嘱孩子

崔永平皮影艺术博物馆

质。了解整个皮影发展历史和艺术成就，是非常有趣的一次探索过程。

皮影人头墙：整个墙上排列着500多个皮影人物头像。皮影墙上的人物盔发别致、忠恶分明，给孩子讲解生、旦、净、末、丑角色的含义，对他们来说无疑是一次了解中国传统文化的好机会。

名 片

崔永平皮影艺术博物馆由原北京市皮影剧团团长崔永平出资主办，整个展馆面积约250平方米，展览分为制作工序介绍、皮影艺术展厅以及皮影历史资料等内容。

亲子游景点笔记

皮影博物馆藏品有3万余件，包括明清时代和民国抗战时期的皮影作品。在这里能感受到不同时代、不同地域的皮影所体现出来的特

亲子游攻略

最佳旅游季节：全年
地址：通州区马驹桥金桥花园
门票：10元/(人·天)
交通：乘17、627、826、运通101、运通107路公交车至木樨园站换乘723、826路车至金桥花园站下车
电话：010 - 60502692
Tips：叮嘱孩子不要触摸、抓扯展馆中的展品

中国西瓜博物馆

瓜在全世界的领先地位和辉煌产业。在这里参观，可全面了解中国西瓜的品种以及产业结构情况。

东、西展厅：展出图片900多幅，蜡纸西瓜模型140余个，琥珀种子标本200余种。让孩子了解西瓜的历史、种植、科技、文化等方面的情况，对西瓜有一个全面的认知，让孩子明白；西瓜不仅好吃，也蕴含着深厚的文化。

名 片

中国西瓜博物馆是绿海甜园中的一座极具现代特征和鲜明主题的标志性建筑物，它的外形效果主题为"飞翔的西瓜"；中间序厅圆顶气势恢宏，酷似巨型西瓜，而两侧主展厅顶层则似西瓜叶子，也像一对奋飞的翅膀。

亲子游景点笔记

这座博物馆以西瓜为主题，展示了中国西瓜飞出国门、飞向世界的风姿，彰显了中国西

亲子游攻略

最佳旅游季节：全年
地址：大兴庞各庄镇政府院内
门票：20元/(人·天)
交通：乘坐937支6、410路公交车至黄村公园站下车
电话：010 - 89281181
Tips：该馆冬季闭馆较早，参观时需提前查询好信息

中国长城博物馆

名片

中国长城博物馆坐落在北京八达岭长城脚下，是一座以万里长城为主题、全面反映长城历史和现状的专题性博物馆，为仿古式烽火台连体建筑。

亲子游景点笔记

这座背依八达岭长城建造的博物馆，是展示长城历史和博大精深文化内涵的专题性博物馆，在这里能够全面了解长城的历史，让孩子对作为中国象征的长城有一个更深刻的认知。

戚继光塑像：穿盔披甲，身配宝剑，整个塑像看起来英武非凡。戚继光创建了所谓的"空心敌楼"，这种敌楼由基座、中室和台顶三个部分组成，中室不仅可以驻守士兵，还能储存武器、粮草和弹药。可以给孩子讲一下戚继光抗击倭寇的故事，培养孩子的爱国精神。

亲子游攻略

最佳旅游季节：全年
地址：延庆县八达岭镇八达岭风景区内
门票：45元/(人·天)（八达岭长城通票）
交通：乘坐877路公交车至八达岭长城站下车
电话：010－69121226
Tips：这里比较偏僻，最好携带食物和矿泉水

中国古动物馆

名片

中国古动物馆是中科院古脊椎动物与古人类研究所创建的国内第一家以古生物化石为载体，系统普及古生物学、古生态学、古人类学及进化论知识的自然科学类专题博物馆，也是目前亚洲最大的古动物博物馆。

亲子游景点笔记

作为一所专门展示古动物演变和化石的专业性博物馆，孩子能够详细了解到远古时期动物的种类以及形态。对孩子来说，可谓一个开阔视野、增长见识的乐园。

古鱼类化石展区：展示远古时期各种鱼类化石，包括戴盔披甲的无颌类、原始的盾皮鱼类、高等鱼类化石等。被称为"活化石"的拉蒂迈鱼也在本馆内展出，这是目前国内保存最为完整的拉蒂迈鱼。孩子置身这里，会觉得仿佛走进了一个神奇的鱼类世界，不仅好奇心得到了满足，更能学到很多生物知识。

古哺乳动物展厅：展示了大量丰富的哺乳动物化石。为孩子讲述化石形成的过程，以及哺乳动物进化历程，让孩子更加爱护环境，增强保护动物的意识。

亲子游攻略

最佳旅游季节：全年
地址：西城区西直门外大街142号
门票：20元/(人·天)
交通：乘27、45、105、107、111、319、347、360、362、601、632、634路等公交车可达
电话：010－88369280
Tips：该馆每周一闭馆，周二至周日下午4点停止售票，参观前需了解

中国工艺美术馆

名片

中国工艺美术馆在西城区复兴门立交桥东北角，是我国第一座国家级工艺美术博物馆，荟萃了我国当代最优秀的工艺美术珍（藏）品。

亲子游景点笔记

美术馆收藏了数量众多的工艺美术珍品，游客能够欣赏到众多精美的艺术珍品。了解它们的加工制作过程，对于孩子来说，可进一步提升其艺术欣赏能力。

含香聚瑞：为一件精美的插屏，精美绝伦。发现这件精美艺术品的独特之处，给孩子讲解翡翠的价值和种类，普及一下玉石方面的知识，对于孩子了解工艺美术是很有用的。

岱岳奇观：由世界上罕见的重达 368 千克的大翡翠加工而成，色彩碧绿，造型精美。可和孩子一起探讨这件工艺品的珍贵之处，启发孩子发现更多的"惊奇之处"。

亲子游攻略

最佳旅游季节：全年
地址：复兴门内大街101号
门票：8元/(人·天)
交通：328、379、419、484、628、751、836、913、运通110路公交车至洼里南口下车
电话：010－66053476
Tips：有些藏品极为珍贵，叮嘱孩子不要触碰

北京市古代钱币展览馆

名片

中国古代钱币展览馆坐落在有着五百年历史的德胜门箭楼下，其前身为德胜门箭楼文物保管所，1992 年更名为北京古代钱币博物馆，它是华北地区唯一一家长年对外开放的钱币类专题性博物馆。

亲子游景点笔记

博物馆展出的古代钱币数量多，种类齐全，是近距离了解中国古代钱币的难得去处。在这里能让孩子直观地了解到古代钱币的面貌，对孩子进一步了解古代社会很有帮助。

东、西展厅：展出中国钱币通史，自商朝直至民国。给孩子讲述中国钱币的发展历史，简述各个朝代钱币的形状，增加孩子的知识储备。

中厅展厅：展现中国古代钱庄起源、发展以及衰落的过程。给孩子讲解钱庄和现在银行的区别。

亲子游攻略

最佳旅游季节：全年
地址：西城区德胜门东大街9号
门票：20元/(人·天)
交通：乘5、27、44、55、305、315、345、380、409、635、800、909、919、949路等公交车德胜门站下车；地铁2号线积水潭站下，向东300米
电话：010－62018073
Tips：展馆坐落于市区繁华地段，周边停车位紧张，建议乘坐公共交通工具前去

中国美术馆

名 片

中国美术馆是以收藏、研究和展示中国近现代艺术家作品为重点的国家造型艺术博物馆，是国内最大的美术馆。中国美术馆主体大楼为仿古阁楼式，黄色琉璃瓦大屋顶，四周廊榭围绕，具有鲜明的民族建筑风格。

美术品展销厅：对外销售美术作品。假如孩子喜欢某件作品的话，可以买下，悬挂在孩子的房间，培养孩子对艺术的兴趣。

亲子游景点笔记

美术馆内收藏的近10万件作品，对孩子来说无疑是最好的艺术启蒙"老师"。徜徉于艺术大师作品的海洋之中，领略不同的艺术风采，堪称人生中最惬意的事情。

园厅：共80平方米，悬挂有巨幅绘画作品。从这些作品的不同风格中感受艺术的多彩，培养孩子的艺术感知能力。

亲子游攻略

最佳旅游季节：全年
地址：东城区五四大街一号
门票：免费
交通：乘2、60、819路公交车至沙滩站下车
电话：010－64034952
Tips：家长携带未成年子女参观，孩子可免票（限2名）

北京海军航空兵器馆

名 片

中国海军航空兵器馆于1996年建成并开放，填补了中国各军兵种博物馆的一项空白，并对普及海军航空知识、保存退役装备、开展海军航空装备的科研，起到了重要的作用，更具有助于加强公众的国防教育。

导弹：各式导弹，类型多样。观看各导弹的参数，给孩子讲解导弹的分类。

亲子游景点笔记

展馆拥有各型飞机19架，高炮6门，雷达2部，各种鱼雷、导弹多枚。在这里参观时，可以全面了解海军航空兵发展历程，对海军的退役和现役飞机有一个直观认识。

飞机：展厅内陈列着各型海军退役和现役飞机，相信这些飞机一定是孩子关注的焦点。一起探讨各型飞机的特点和作用，增加孩子的军事知识储备。

亲子游攻略

最佳旅游季节：全年
地址：丰台区花乡大葆台世界公园内
门票：65元/(人·天)（世界公园门票）
交通：乘坐特7、913、959路公交车至世界公园站下车
电话：010－63716402
Tips：展厅内展示的各型飞机禁止攀爬

北京航天科普教育基地

动等形式，让孩子全面了解中国以及世界航天的发展历程，对培养其航天热情非常有帮助。

航天科普图文展：主要展示我国在航天领域内的成就。和孩子一起感受太空的神奇，激发孩子探索太空的兴趣。

太空农业观光：主要展示太空农业的种植过程。让孩子了解植物在太空环境中生长的具体情况，以及太空环境对植物生长的影响。

名 片

北京航天科普教育基地位于风景秀丽的北京大兴庞各庄梨花庄园万亩梨园之中，占地385亩，是一个以梨文化为底蕴、以航天科技为主题的综合性园区。

亲子游景点笔记

作为一家航天科普教育基地，在这里可以通过电影、图文、实物模型以及电子触摸互

亲子游攻略

最佳旅游季节： 全年

地址：大兴区庞各庄镇赵村东梨花庄园

门票：60元/(人·天)

交通：乘坐842、937路公交车至庞各庄南站下车

电话：010－89259616

Tips：基地面积比较大，叮嘱孩子不要走远，以防走失

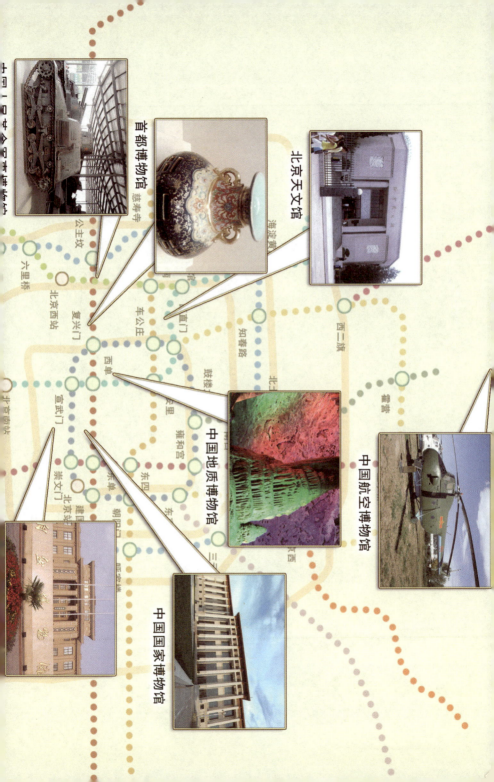

首都博物馆

慈寿寺

北京天文馆

海淀黄

公主坟

六里桥

北京西站

复兴门

西单

公主坟

宣武门

北京西站

知春路

西二旗

霍营

中国地质博物馆

中国航空博物馆

中国国家博物馆

第5章 儿童乐园游

——快乐童年的首选去处

Top1 朝阳公园游乐场

名 片

　　游乐场所在的朝阳公园为国家 4A 级旅游景区，南北长约 2.8 千米，东西宽约 1.5 千米，规划总面积为 2.78 平方千米，其中水面面积 0.68 平方千米，绿地占有率 87%，是北京市四环以内最大的城市公园。

　　游乐场坐落于公园南部景区，其内分布着 21 项大型娱乐项目，有翻滚过山车、激流勇进、超级飞船、宇宙旅行、七彩乐园、"索尼探梦"科普乐园、体育园、宠物乐园等适合各年龄段娱乐的惊险、刺激的项目。

整个北京的轮廓都展现在了眼前。对孩子来说，这不仅仅是一次高空体验，更是一次勇气之旅。

　　南湖游船：最受欢迎的一个水上游乐项目。和孩子一起行舟水上，体验北方难得的划船乐趣，培养孩子亲近自然的情怀，有助于孩子修身养性。

亲子游景点笔记

　　公园内的游乐场既有美丽的风景，又有多样的娱乐设施，可谓家庭旅游的首选之地。在这里几乎能够找到孩子喜欢的任何游乐项目，满足孩子的探险心理和游乐天性。最重要的是，孩子会毫无保留地展现自己的性格和喜好，做一个最真实、最快乐的自己。

　　朝天轮：由德国银行投资近 1 亿美元建造，设计高度为 208 米，是世界上最高的朝天轮。可和孩子一起体验这座世界上最高朝天轮，当转到最高点的时候，四周的美景尽收眼底，

亲子游攻略

最佳旅游季节： 全年

地址： 朝阳区农展南路1号

门票： 5元/(人·天)

交通 乘坐117、214、302、406、419、431、499、502、672、673、675、677区间快车、686、729、731、750、758、973、985、988路公交车至朝阳公园桥西站下车

电话： 010－65383238

Tips： 朝阳公园有很多食品、饮料、小商品售卖亭，前往游园不必带太多的食物，可以在园内购买

Top2 北京欢乐谷

名片

北京欢乐谷占地面积100万平方米，由欢乐时光、峡湾森林、亚特兰蒂斯、失落玛雅、爱琴港、香格里拉和蚂蚁王国七个主题区组成。作为一座主题生态乐园，北京欢乐谷是北京文化产业的区域龙头，是中国现代旅游的经典之作。它以时尚、动感、欢乐、梦幻的人文魅力，成为儿童乐园中的翘楚。

整个欢乐谷内共有120余项体验项目，包括40多项娱乐设备、50多处人文生态景观、10多项艺术表演、20多项主题游戏和商业辅助性项目，可以满足不同人群的需要。现为国家4A级景区，是目前国内最为国际化、现代化的主题公园。

前行的畅快。同时，在高处欣赏整个乐园的风景。相信这项游乐项目孩子一定会非常感兴趣，在体验过程中，亲子关系也就自然而然地加深了。

蚂蚁王国：是欢乐谷最为独特有趣的区域，小蚂蚁会给孩子们讲述它的小动物朋友、它的住所，以及它周围的一切。蚂蚁王国希望用生动可爱的方式给孩子们带来关于"生态、生物、种群、群落"这些听起来有些复杂的知识。可以和孩子一起当一次"蚂蚁"，亲身体验一下蚂蚁在地下的生活环境，深入了解蚂蚁的世界，在这个过程中让孩子明白动物世界的精彩，开发孩子的想象能力和环保意识。

亲子游景点笔记

北京欢乐谷是家庭旅游的首选之地，是孩子们的开心乐园。这里白天令人心旷神怡，晚上更让人流连忘返，它是孩子们的开心课堂，是年轻人的娱乐先锋地。

环园小火车：仿照欧美19世纪末期双轨火车的外形设计，外形古朴，充满童趣。和孩子一起乘坐，可以体验火车沿着高空轨道缓缓

亲子游攻略

最佳旅游季节：每年3月16日－11月15日

地址：东四环四方桥东南角

门票：旺季200元/（人·天）；淡季160元/（人·天）

交通：乘坐31、41路至厚俸桥南站；674、680、687路公交车至北京华侨城站下车

电话：010－67383333

Tips：这里夜间也对外开放，而且票价比白天优惠很多，假如方便的话可选择夜间来此

Top3 北京石景山游乐园

名片

北京石景山游乐园是一座以欧洲园林为主要特色的大型现代化游乐园，被称为北京的"迪士尼"。游乐园中建有取材于德国格林童话的灰姑娘城堡、俄罗斯式的快餐厅以及英格兰的伦敦塔桥，使得整个游乐园充满了欧洲风情。

石景山游乐园有原子滑车、大观览车、勇敢者转盘等50余项大中型现代化游乐项目，新增的"幻想世界"和"冒险世界"两大主题娱乐区中，"冒险世界"以世界上水道最长的水上主题项目"琼斯探险"为支撑，新增极速惊魂、侏罗纪探险、飓风、魔轮等项目；"幻想世界"主题区，音乐船、果蔬部落、海洋Party、观览塔、奥利水战等项目，则带给人们全新的娱乐体验。

亲子游景点笔记

精美的建筑、宽敞的草坪、广场以及碧波荡漾的湖水，将石景山游乐园装点得如童话世界。在这里，和孩子一起放飞身心，与快乐彻底融合在一起，拉近彼此心灵间的距离。

梦幻世界：集观赏性、实用性和艺术性于一体的儿童游乐体验乐园，这里围绕"欢乐无限"这一主题，将娱乐、休闲、购物、餐饮、健身等多种功能融于一体，非常适合孩子娱乐身心。和孩子一起参加游乐项目，观看风情建筑，体会休闲乐趣，亲子关系自然也就变得愈加亲密了。

深海潜艇：一种类似潜艇的娱乐项目，可使孩子感受水下世界的神奇。假如孩子对此感兴趣的话，可一起进行一次"深潜之旅"，体会水下世界的奇妙。假如在这个过程中给孩子介绍潜艇的工作原理，让孩子对自己所处的环境有一个大致了解，效果会更好。

亲子游攻略

最佳旅游季节：全年
地址：石景山路25号
门票：10元/(人·天)，游乐项目另收费
交通：乘坐663路公交车至石景山游乐园西门站；318、527路至八角北路东口站；337路至京原路口东站；941、958、354、959路至京原路口西站；乘坐1号线地铁八角游乐园站下车
电话：010－68876016
Tips：公园内游乐项目非常多，应尽量选择适合孩子年龄的游乐项目，不要选择过于刺激的项目

Top4 比如世界

名片

比如世界是北京目前规模最大的五星级儿童室内娱乐场所，总面积1万余平方米，是专门为3～12岁儿童设计、由儿童自主管理的小小城市。比如世界拥有和外面真实城市一样的形态和景观，在这里有模拟设定的社会规则和文化，机场、商店、医院、银行、消防局、警察局、电力局、赛车场等场景一应俱全。

在这个充满童话色彩的微缩版模拟城市中，孩子们可以扮演医生、警察、空姐、飞行员、主持人等各种社会角色，并通过自己的劳动赚取"比如币"，由此强化他们的金钱观念。孩子们独立自主地接触并了解"社会"，不仅开阔了眼界，而且锻炼了与人沟通的能力。

亲子游景点笔记

身处比如世界之中的孩子，就像一个已经长大的"成人"，可以在这座小小的城市中选定任何自己喜欢的职业，从事自己喜欢的工作。如此一来，真实的场景加上生动的角色体验，使孩子对社会有了更加深刻的认知，各方面的能力也得到了一定的锻炼。

比如警察局：假如孩子从小就崇拜警察这

一职业，可在这里亲自体验。孩子会在工作人员的带领下进入比如警局，然后在"警察叔叔"的引导下登记，发警察衣服、帽子，照相留念等。最令孩子兴奋的是这里会发警棍、头盔、扫雷器等物品，教给孩子使用方法，然后让他们去执行任务，体验一把"警察抓小偷"或者"排除炸弹"的刺激。

比如电视台：假如孩子喜欢的话，可以鼓励孩子当一次"主持人"。当孩子鼓起勇气站在摄像机前自我介绍，主持自己喜欢的节目时，相信表达能力和主持技巧兴趣也得到了强化和激发，今后将更加热爱"主持"这一职业。

亲子游攻略

最佳旅游季节：全年
地址：朝阳区京顺路111号（三元桥北侧）比如世界购物中心二层
门票：小孩200元/(人·天)，大人20元/(人·天)
交通：乘坐207、302、300、419、601、671、718、916、936支、975、特8、运通104路等公交车至三元桥站下车，换乘401、627路到四元桥西站下车后，步行至比如世界
电话：010－64309898
Tips：让孩子自己选择喜欢的职业，家长不要强行干涉

永定河绿野素质教育基地

名 片

北京永定河绿野青少年素质教育基地创建于1998年6月，是集青少年素质教育、农业观光、休闲娱乐于一体的大型综合性基地，基地位于大兴区北臧村镇境内，环境优美、交通便利，有军事障碍训练、体能拓展训练等各种配套设施。

高空跳伞，可以锻炼孩子的胆量。

亲子游景点笔记

这里绝对是孩子感兴趣的地方，处处充满了野趣，一草一木都渗透着十足的自然美和野性美。孩子可以通过各种训练不断挑战自我，学会独立面对困难。

跳伞塔：在这儿可以体验高空跳伞、高空降速以及攀岩等运动项目。鼓励孩子进行一次

亲子游攻略

最佳旅游季节： 全年
地址： 大兴区北臧村镇纬四路
门票： 60元
交通： 乘坐兴21支、兴44路公交车至西大营村站下车
电话： 010 – 60277226
Tips： 基地占地面积很大，训练项目也较多，需根据孩子的兴趣选择游乐项目

贝乐城儿童健身游乐园

名 片

贝乐城儿童健身游乐园坐落于北京民族文化交流中心，毗邻北京著名文化古迹雍和宫及地坛公园，营业面积1 500平方米。它是一座儿童健身及脑力开发的大型室内游乐场所，装饰豪华典雅，全套娱乐设备为美国20世纪90年代生产的最新儿童室内娱乐系统，现为北京市目前规模最大的儿童室内游乐场所。

寻找自己最喜欢的"精品"过程中良好互动，继而加深交流。

亲子游景点笔记

游乐园里，游戏、玩具都很多，相信孩子一定非常喜欢。家长也可以再当一回孩子，和他们在这里尽情地玩耍，体会亲子之乐。

儿童精品廊：长廊中放置着孩子喜欢的各种玩具以及艺术品。体验这座长廊的童趣，在

亲子游攻略

最佳旅游季节： 全年
地址： 朝阳区和平里(雍和宫和地坛公园旁)
门票： 按项目收费
交通： 乘坐13、684路公交车至国子监站下车
电话： 010 – 64299604
Tips： 游乐园内不许携带有色饮料和食物

蓝天城

名片

蓝天城是全球领先的职业体验教育中心，以工业制造、商业、传媒、美食、金融、军事、文化七大主题为中心，设计了近百种体验项目，内容涵盖了社会的方方面面，是少年儿童真正的第二课堂和实践基地。

亲子游景点笔记

在这里，孩子可以体验到工作的快乐，以角色扮演的方式进行各种职业体验，在实践中认知这个社会的方方面面，鼓足克服困难的勇气，继而全面提升自身的素质。

银行职员：鼓励孩子化身银行工作人员，亲身体验存取款的流程，体会从事金融工作的乐趣和挑战。在一旁鼓励孩子勇敢迎接陌生职业的挑战，培养孩子的开拓精神和创新意识。

教师：对孩子来说，教师这种职业无疑是非常神圣的。可以鼓励孩子体验教师角色，继而在"教学活动"中体会教师职业的高尚性，在现实生活中更尊敬老师。

亲子游攻略

最佳旅游季节：全年
地址：朝阳区朝阳北路101号，朝阳大悦城10层
门票：169元/(人·天)
交通：乘坐126、306、595、675、682、75路公交车至十里堡北里站下车
电话：010 – 57050707
Tips：原则上禁止带入饮料和食品，学龄前儿童入场的时候可以自备断奶食品

西海子公园

名片

西海子公园中的儿童乐园占地面积5 800多平方米，园内有各种电动玩具50余件——碰碰车趣味无穷，海盗船惊险万分，疯狂老鼠、小猴拉车栩栩如生，称得上是孩子们的乐园。

亲子游景点笔记

公园不仅有现代化的娱乐设施，还有保存完好的文物古迹。著名的燃灯佛舍利塔坐落在西海子公园内。对家庭旅游来说，这里是首选之地，娱乐美景两不误。

碰碰车：相信大部分孩子都会喜欢这个娱乐项目。和孩子一起乘坐碰碰车，体验碰撞中的欢声笑语，增进亲子交流。

海盗船：能够让孩子真正体验到惊险刺激的娱乐项目，锻炼孩子的勇气，并使其享受乐趣。

亲子游攻略

最佳旅游季节：全年
地址：通州区西海子西街12号
门票：免费
交通：北京站前街乘938支、4路；大北窑（国贸）乘667、938支、6、938支、9路；四惠站乘322、728路公交车至新华大街站下车
电话：010 – 69541569
Tips：在上、下游乐设施的过程中要特别注意安全，不要强迫孩子体验过于刺激的项目

希望公园

名片

　　希望公园建于1992年,总面积为9.8公顷,是石景山地区第一座方便京西苹果园地区居民就近休息、娱乐的百公园。这里水面开阔,可以行舟其上,也可以垂钓,还有水映拱桥、尖亭、水上饭店,可供游人暑天在水上消夏。

受水世界带来的清凉,绝对是一件惬意的事情,更是一项加深亲子关系的运动。

亲子游景点笔记

　　行走在这座富有欧式情调的公园内,可以感受到浓郁的欢乐气息。大型水上世界堪称乐园,在这里,孩子可以和水流亲密接触,体味水带给他们的欢乐。

　　水上世界:这里有大型造浪池,可制造出大海中的巨浪效果。在夏季,和孩子一同感

亲子游攻略

最佳旅游季节:全年
地址:石景山区八大处西南村中心地带
门票:免费
交通:乘坐389、598路公交车至西下庄南站下车
电话:010 – 88701017
Tips:公园水域面积比较开阔,划船时需特别注意安全问题

北京哈比豆儿童城

名片

　　北京哈比豆儿童城是主题多样的大型室内儿童游乐场,通过先进、安全、符合儿童身心发育特点、极富童趣的儿童娱乐设施,为小朋友们提供了一个快乐的游戏天地。

亲子游景点笔记

乐体验的同时,也锻炼了他们身体的灵活性。

　　这里不仅仅是孩子的乐园,成人也可以重拾丢失已久的童趣,和孩子一起玩游戏,让身心更加年轻。在一个又一个的游戏过程中,不仅孩子拥抱了快乐,家长也会重拾久违的童心。

　　时空隧道:大型儿童健康游乐管道系统。孩子在这座造型独特的迷宫中爬行前进,仿佛进入了一个崭新的自然世界,这里的球池、迷宫、吊槌、蹦床、悠葫芦等,在带给孩子快

亲子游攻略

最佳旅游季节:全年
地址:(中关村店)海淀区中关村大街15号,中关村广场购物中心儿童新天地C361室
门票:29元/(人·天)
交通:(中关村店)乘坐地铁4号线至中关村站下车
电话:010 – 51722701
Tips:儿童城不允许携带食物进入,家长要格外注意

北京工体翻斗乐

社交、表演等多方面的锻炼，并能充分发挥各方面的机能及潜力，成为自强、自制、自立，高素质、高修养的21世纪接班人。

儿童攀岩：中国现今独具特色的儿童卡通世纪攀岩，全长45米，共分9个历史时代。鼓励孩子在勇敢的探索中不断攀登，这样不仅能体味无穷乐趣，同时又能强身健体，学会向极限挑战！

名 片

北京工体翻斗乐是一个集娱乐、休闲教育、健康为一体的大型室内儿童教育娱乐中心，其先进的设施，"寓教于乐，愉快教育"的经营理念，深受学校、园所的欢迎与赞誉。

亲子游景点笔记

孩子们在这里能得到体能、智能、情感、

亲子游攻略

最佳旅游季节：全年
地址：朝阳区朝阳门外工人体育场南路
价格：49元/(人·天)
交通：乘坐515电车至工人体育场西门站下车
电话：010-65936193
Tips：孩子在沙滩屋中玩耍时，提醒孩子不要扬沙，以免伤害眼睛

青年湖公园水上世界

池。泳池中设有形态各异的水滑梯、花蘑菇水帘、双龙戏珠、水上健身球等游乐项目，可同时容纳1 200余人游泳。在此享受水流带来的清凉，是亲子游的不二选择。

水滑梯：在水流的陪伴下从高处一直滑行到泳池。鼓励孩子进行一次体验，感受快速入水的刺激，对提升孩子的勇气很有帮助。

名 片

青年湖公园水上世界于1992年开工建造，现建有大小泳池各一座，并配有水处理系统和更衣室、存衣处、医务室等设施。内设7 500型4滑道水滑梯和双龙滑梯各一座，如今水域面积约3 000平方米，堪称"儿童亲水乐园"。

亲子游景点笔记

这里拥有规模不等的大小露天游泳、戏水

亲子游攻略

最佳旅游季节：全年
地址：东城区安定门外大街路西
门票：免费，游泳15元/(人·次)
交通：乘坐18路公交车至北京142中学站下车
电话：010-84116321
Tips：除了水上世界之外，公园内的景色也非常好，不妨带孩子四处走走

北京齐天乐园

名 片

齐天乐园坐落在著名的京杭大运河源头，拥有广阔的绿地和17千米长的运河水道，园内设有冲浪浴、网球馆、台球俱乐部、游艇、水上摩托等服务项目。

亲子游景点笔记

这里所有的设施都体现了现代生活和高科技的完美结合，加上园内青绿的草坪以及曲折的小路和溪流，使这里处处洋溢着生机。和孩子在此游玩，绝对是一件惬意的体验。

自驾摩托艇：开阔的水面上可驾驶摩托艇飞驰。载着孩子一起体验水上飞驰的快感，体验极速冲浪所带来的乐趣。

游艇：公园内有专门供游览乘坐的豪华游艇，和孩子一起置身游艇中，感受船行水面的惬意，享受悠闲与自在。

亲子游攻略

最佳旅游季节：全年
地址：通州区北关环岛东北侧
门票：30元/(人·天)
交通：朗家园乘坐312、322路车至通州新华大街站下车
电话：010－69557288
Tips：摩托艇速度比较快，孩子体验的时候家长必须陪同，做好安全措施

豆豆家科技馆

名 片

豆豆家科技馆内设有魔豆传奇、绿色超市、建筑工地、汽车爱好者、水世界、科学实验厅、学步宝贝、艺术殿堂等展区，每个展区的展品都是根据不同年龄段儿童的成长发育需要而设计，让不同年龄段的孩子在玩耍中都有不同的收获。

亲子游景点笔记

虽然这个地方比其他一些儿童乐园规模小很多，但是这里的特色却非常突出：每项娱乐设施设置得都非常简单。孩子可以自己玩耍，趣味性一点也不打折扣。

水世界：在这里可以自行升降水桶，体验压水、玩水的乐趣。穿上准备好的雨衣或罩衣，让他们充分接触水，感受水中嬉戏的乐趣。

绿色超市：超市提供丰富的有益健康的食品。孩子可以扮演顾客，从货架上选择商品放到购物车上，也可以扮演收银员角色为顾客扫码结账。这项活动可以锻炼孩子的计算能力，让他们对金钱以及购物有更加全面而具体的认识。

亲子游攻略

最佳旅游季节：全年
地址：朝阳区朝阳公园路7号
门票：120元/(人·天)，6个月以下婴儿免费，6个月~2岁幼儿60元/(人·天)
交通：乘坐682、621、677、419、985路公交车至枣营北里站下车
电话：400－888－0722
Tips：该馆成人票价很低，只要30元

麦幼优国际儿童会馆

名 片

麦幼优国际儿童会馆是专门为 0～6 岁儿童提供成长所需的专业教育的服务机构，是全国首家教育、游乐、家庭情景教学三位一体的大型综合性儿童 3D 体验馆。

亲子游景点笔记

馆内环境优雅、童趣浓厚。教学区每个班级都拥有现代化的电教设备及生活设施，课程均在专项活动室进行，班容量均限制在 10 人以下。

DIY 手工区：可以和孩子一起动手做自己喜欢的艺术品，这种活动能系统地开发幼儿艺术潜能，培养幼儿发现问题、解决问题的能力，保护和发展幼儿创造力及艺术思维。

亲子游攻略

最佳旅游季节：全年

地址：朝阳区朝阳公园路6号

门票：108元/(人·天)

交通：乘坐419、621、682路至枣营路北口站；402、413、418、419、420、503路等至安家楼站下车

电话：010－59056833

Tips：这里设施非常齐全，可优先选择孩子感兴趣的项目

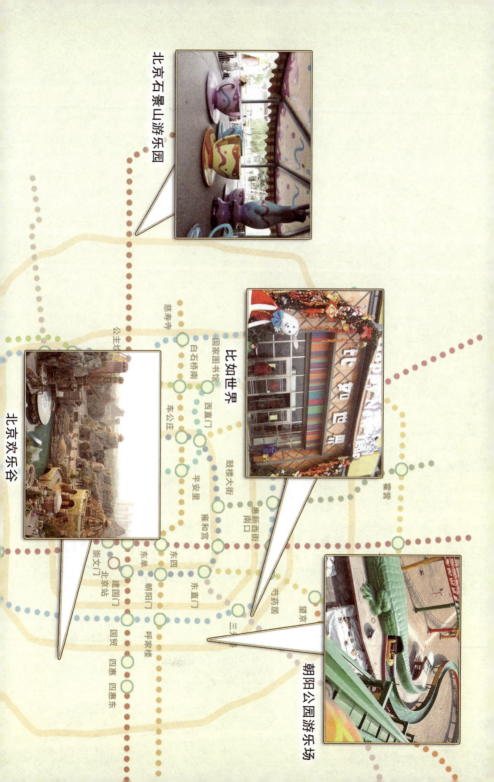

北京石景山游乐园

北京欢乐谷

比如世界

朝阳公园游乐场

慈寿寺

国家图书馆
白石桥南
西直门
车公庄

鼓楼大街
惠新西街南口
雍和宫
平安里

北新桥

雪营

东四
东直门
东单
朝阳门
呼家楼
崇文门
建国门
北京站
国贸
四惠
四惠东

公主坟

勾药居
望京
三元

第6章 水上世界游

——清凉与玩乐的绝佳组合

Top1 太阳宫卡酷科技水乐园

名片

太阳宫卡酷科技水乐园位于太阳宫西门草坪广场，占地面积近2万平方米。园区内的游乐项目主要由10组大型水上充气游乐设施组成，其中最大的亮点莫过于最新引入的全球最高、最长的充气"疯狂滑水梯"，让游人从12米高台急速下滑，再溜滑到近60米长的滑道上——挑战人类心理极限的同时，也能享受水花四溅、洒满全身的乐趣。

此外，还有适合低龄儿童的小落差滑水梯，模仿特警训练五项障碍设计而成的水上"舰长训练营"，深受运动达人喜爱的水上攀岩新玩法，美轮美奂的水上童话世界"鲨鱼城堡"，以及让孩子们把玩具带回家的沙滩寻宝区等。

长们也可以参与进去，在孩子身边"战斗"，鼓励孩子坚持不懈，培养孩子乐观的精神和不屈的战斗意识。

舰长训练营：长22米，最高点5.2米，是模仿特警训练的五项障碍设计而成的一项全能运动项目，分为隧道滑梯、障碍物、木桩障碍、冲荡架等设施。鼓励孩子勇敢参与，克服重重障碍，成为一名真正的"舰长"。通过战胜一个又一个困难，促使孩子不断挑战自我，体味最终成功的乐趣。

亲子游景点笔记

这里无疑是孩子们梦想的水上乐园，各种各样的水上娱乐设施使孩子在这里能充分体会到水流飞旋的刺激。家长在和孩子一起玩耍的过程中，享受难得的互动，继而加深亲子情感，消除代沟。

真人水上CS：可以用各式水玩具击退"魔怪"，上演现实世界中的"人魔大对决"！家

亲子游攻略

最佳旅游季节：夏季
地址：朝阳区太阳宫公园西门草坪广场
门票：分为120元/(人·天)和100元/(人·天)两种
交通：乘坐119、125路公交车，或地铁13号线至芍药居站下车
电话：010－58480150
Tips：给孩子戴好泳帽、泳镜、耳塞等，这样在游泳、戏水时会安全很多

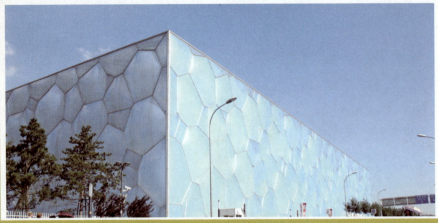

Top2 水立方水上乐园

名片

　　水立方水上乐园引进加拿大的娱乐设施，是目前中国最大、世界最先进的室内嬉水乐园之一，并且拥有多项首次亮相于世界的水上游乐设施，堪称孩子们戏水的最佳去处。

　　乐园东侧设有漂流区和儿童戏水区域，中部设有具有一定刺激性的造浪区，西侧有模拟龙卷风的刺激项目。其中最高的滑道高达23米，共设有11条滑道，全部采用了半透明设计，游人能看到在滑道里嬉戏的人。

亲子游景点笔记

　　水立方是一个名副其实的水上乐园，这里几乎囊括了世界上所有的水上娱乐项目，使得孩子在这里总能找到一项自己喜爱的水上活动。不妨和孩子一起走进这里，感受神奇水上世界带来的刺激和快乐，体味水的清凉柔和。

　　"深海龙卷风"：一种刺激的水上娱乐项目。坐在浮圈之中，沿着全封闭滑道下滑并体验90°加速转弯带来的惊险，再经过180°转弯就下滑到漏斗中，然后垂直滑上漏斗另一面。假如孩子因为害怕而畏缩的话，要鼓励孩子勇敢体验，告诉孩子这个过程虽然看似惊险，但

实际上很安全，一圈下来能够锻炼胆量。当然，家长和孩子在游玩的过程中也拉近了距离，亲子关系自然变得更加和谐了。

　　"魔幻漩涡"：现今最新最精致的碗状滑道。坐在浮圈上，从密封的滑道滑下，在进入魔幻漩涡时速度达到最大值，滑入魔幻漩涡后浮圈将顺水围绕边缘滑行，落入中心的洞，最后滑到池中进入漂流河。这项娱乐活动能够让孩子真正体验到什么叫离心力，给孩子详细讲讲离心力形成的原因，使其在游戏中学到知识。

亲子游攻略

最佳旅游季节：夏季

地址：朝阳区东三环北路11号

门票：成人票200元/(人·天)；1.2～1.4米（不含）儿童票160元/(人·天)

交通：乘坐302、350、406、431、686、750、运通122路公交车至长虹桥东站下车

电话：010－84378086

Tips：需叮嘱孩子不要去深水区，以免溺水

北京欢乐水魔方水上乐园

名 片

北京欢乐水魔方与南京的欢乐水魔方同是目前全球规模最大、游乐设施最先进、设备数量最多的水上主题公园。乐园非常注重节水环保，全园引用全球最先进的硅藻土循环水处理系统，在百分之百确保游客的健康与安全的同时，通过先进的废水净化循环及雨水收集处理对园区进行绿化浇灌。

亲子游景点笔记

园内的游乐项目很多，适合各个年龄段的游客。适合孩子游玩的项目有欢乐时光、海底总动员、漂流池、魔幻水城堡、疯狂海啸等，设计非常用心。

"龙卷风"：这是欢乐水魔方里最受年轻人欢迎的游乐项目。从 20 米高的出发口一路飞驰而下，当被冲到一个硕大的喇叭筒里的时候，可以充分体会到失重的乐趣。和孩子一起放声尖叫，将快乐全部释放出来吧！

亲子游攻略

最佳旅游季节： 夏季
地址： 丰台区小屯路11号
门票： 成人200元/(人·天)，1.5米以下儿童160元/(人·天)
交通： 地铁玉泉路D2口出，步行至玉泉路口南，乘坐338或507路公交车至梅市口下车
电话： 010 – 59802852
Tips： 眼镜、手表、手链、项链、脚链、泳镜在游乐的时候都不要佩戴，游泳圈无须使用

南宫温泉水世界

名 片

南宫温泉水世界是北京市较大的室内水上乐园，是休闲、娱乐、健身、戏水的理想场所。其内设有国际标准泳池、造浪池、戏水池、儿童嬉水乐园、温泉按摩池、漂流和大型戏水滑道，还有木板浴、健身区、桑拿等设施。

亲子游景点笔记

温泉水世界拥有宽阔的水面、惊险的滑道、优雅的夏威夷风光，在这里能够充分感受水世界的奇妙。放飞心情，感受浓浓的亲子之乐！

儿童嬉水乐园：设有各种水上玩具设施，诸如小鸭子、小水车等，可以在其中尽情玩耍。相信孩子一定会喜欢这个"水上天堂"，体验不同的玩法，尽情放飞童心、收获快乐。

亲子游攻略

最佳旅游季节： 夏季
地址： 丰台区南宫村南宫花卉市场西侧
门票： 198元/(人·天)
交通： 乘坐321、458、459、831、983路公交车至南宫站下车
电话： 010 – 83318308
Tips： 到南宫温泉水世界玩，必须使用这里提供的拖鞋和浴袍；另外，需要自备泳衣

蟹岛城市海景水上乐园

名 片

蟹岛城市海景水上乐园是中国最大的人造海滨浴场，总占地面积为 6 万平方米。园内浓缩了热带海滨风情，建有大型人造海浪池和广阔的沙滩区。其间椰树环抱，阳伞林立，并有多项附属娱乐、服务设施。是夏日休闲避暑、就近享受海景的绝佳去处。

亲子游景点笔记

广阔的沙滩、清澈的海水，是陶冶孩子心灵的最美景物。和孩子漫步在椰树环绕的沙滩上，在海风中听着海浪拍打礁石的声音，仿佛真正到了热带海滨，那种感觉美好而惬意。

捉鱼池：免费对游人开放，水池中游着很多小鱼，孩子可以试着捕捉。这项活动不仅有趣，而且能锻炼孩子的敏捷性，让孩子和水中动物有一个亲密接触的机会，培养他们亲近动物的兴趣。

亲子游攻略

最佳旅游季节： 夏季
地址： 朝阳区蟹岛路1号
门票： 60元/(人·天)
交通： 乘坐418、688路公交车至蟹岛度假村站下车
电话： 010–84339689
Tips： 乐园内各项游乐设施另收费用，不计算在门票内

北京摩锐水世界

名 片

北京摩锐水世界是郁金香温泉度假村巨资兴建的北京游乐项目中最丰富的室内水上乐园，建筑面积 35 000 平方米，于 2006 年元月正式对外开放。它是一个集旅游度假、康体娱乐、休闲养生、商务会议于一体的休闲好去处，交通便捷、空气清新、环境幽雅。

亲子游景点笔记

在水世界里，能一年四季尽享水上娱乐狂欢，体会多种别样的感受。这里的温泉水采自地下 3 000 米深处，泉水中含有钾、锌、镁等多种活性微量元素，能够治疗各种疾病。

漂流河：躺在设计特别的浮圈上沿河漂流，感受漂流的乐趣，欣赏美景，放松身心。此外，河中还会提供一个独特的急漂区域，让孩子在这里体会极速漂流的惊险和刺激，是全家享受休闲时光的最佳选择。

亲子游攻略

最佳旅游季节： 夏季
地址： 朝阳区东苇路
门票： 130元/(人·天)
交通： 乘坐641路到小店路口站下车；672路到郁金香花园南门站下车；364路长店路口东站下车
电话： 010–82381236
Tips： 每年的6月20日–8月31日有免费班车，但是班次和座位都比较有限，很难赶上

湖景水上乐园

名 片

湖景水上乐园位于风景秀丽的怀柔区雁栖湖的西侧，环境清新自然，风景优美秀丽，是北京地区最新的大型水上乐园。乐园主要设备均由欧美引进，设施先进，项目齐全。

亲子游景点笔记

这里的建筑设计及装修全部以加勒比风格为主线，匠心独具，整个乐园充满了浓郁的热带风情。更为难得的是，这里的水质优良，被人们称为是"拥有国际标准"的水上乐园。

加马可滑道：由四条长达140米的单人滑道组成，起点平台距终点池14米，高速下滑，充满了挑战性。这项活动老少皆宜，不妨和孩子一起感受高速下滑的刺激，锻炼孩子的勇气。

亲子游攻略

最佳旅游季节： 夏季
地址： 怀柔区雁栖镇泉水头118号
门票： 150元/（人·天）
交通： 乘936支线至雁栖湖；乘916路至怀柔；北京北站、北京站乘效郊游1次、3次列车可达
电话： 010 – 65681062
Tips： 乐园内项目大多惊险刺激，家长应根据孩子的年龄，帮助孩子选择合适的游玩项目

青年湖水上游乐园

名 片

青年湖公园水上世界是一座占地面积达15 000平方米的大型露天水上游乐设施，分为南、北两个区域，共有游泳池4座。其中泳池总水面面积达6 200平方米，可同时容纳3 000余人游泳。水深0.4～1.5米，并设有儿童戏水池，适宜各类游客嬉水娱乐。

在感受快速下滑的同时锻炼孩子的勇气。

亲子游攻略

最佳旅游季节： 夏季
地址： 东城区安定门外青年湖公园内
门票： 成人30元/（人·天）；1.3米以下儿童20元/（人·天）
交通： 乘坐27、44、104路等公交车地坛站下车；或乘地铁10号线至安定门站下车
电话： 010 – 84116224 – 8032
Tips： 孩子戏水之后需要穿件比较厚的衣服，避免着凉

亲子游景点笔记

青年湖水上游乐园可以称得上是北京资格最老的水上乐园之一，承载着许多人儿时的美好记忆。在陶然亭公园、工体的水上乐园相继关门后，青年湖公园的水上世界成了三环内仅存的露天戏水之地。

水上滑梯：让孩子和水来一个"亲密接触"，

四海水上乐园

名片

四海水上乐园坐落于石景山区八大处高科技园西,是目前北京市规模最大、项目最多的消夏戏水乐园。游乐项目有高架水滑梯、儿童嬉水区、环流泳区和静流泳区、造浪池、假山洞滑道等。

亲子游景点笔记

这里环境优美,特别适合夏季全家旅游,尽享炎炎夏日中水世界的清凉惬意。

水上滑梯:水上滑梯高度分别为15米、12米、8米、5米,三层平台,有形式各异的14条水滑梯和2条滑板滑梯,水深为0.8~1.5米。在这里体验极速下滑的紧张和刺激,锻炼孩子的胆量。

造浪戏水区:能够模拟海浪效果,让游客觉得自己正置身于大海中,劈波斩浪,力挽狂澜。假如孩子害怕、不敢尝试,可以多加鼓励,告诉他们这项活动其实是很安全的。人生只有经历了风浪,才会更加有意义。条件允许的话,可和孩子一同尝试。

亲子游攻略

最佳旅游季节:夏季
地址:石景山区海特花园路西四海水上乐园
门票:80~150元/(人·天)
交通:乘336、501、318、965路公交车至苹果园站;311、325、396、961路公交车至苹果园西站下车
电话:010-88735998
Tips:周一、周二、周四三天是票价优惠日,时间允许的话,可选择这三天游览

大龙世界水上游乐场

名片

大龙世界水上游乐场是一个以水上游乐为主的大型游乐场所,位于顺义城东苏庄闸桥段,总面积15平方千米,其中水域面积8.5平方千米,林地果园面积5.3平方千米。

亲子游景点笔记

游乐场的水面面积占整个游乐场面积的一大半,潮白河两岸果园飘香,郁郁葱葱。水流和缓,数十种水鸟徜徉在水草芦苇之间,各种类型的船只穿梭其中。环境优美温馨,非常适合全家旅游。

水上行走器行走:一种可以让小朋友在水上行走的娱乐设施。让孩子尝试一下,体会武侠电视剧中的轻功"水上漂",相信一定能够获得新奇的感觉。给孩子讲讲水上行走的原理则更好,使其对科学有一个更深的认知。

亲子游攻略

最佳旅游景点:夏季
地址:顺义区城东苏庄闸桥段
门票:80元/(人·天)
交通:乘坐12路到河南村北站下车
电话:010-89492326
Tips:这里水面开阔,也比较深,乘船游览之前最好给孩子穿上救生衣

西峪水上乐园

名片

西峪水上乐园原名西峪山庄，1997年开发，1998年5月开始接待游客。它位于平谷区华山镇北3千米处，距北京市区70千米，距平谷县城20千米。西峪水上乐园水面面积147万平方米，水上项目有手划船、摩托艇、游船和垂钓等。

孩子尝试划船，一方面可以锻炼孩子的身体，另一方面可以培养孩子的韧性。

亲子游景点笔记

这里山清水秀、四面环山。它的南端150米处是西峪山庄，人称"花果山庄"，集食、宿、娱、采摘于一体。并与老象峰和丫髻山旅游区相连一线，是旅游、观光、度假、休闲的好去处。

手划船：一家人乘船在水上荡舟，其乐融融，温馨无比。这里的水域面积非常大，让

亲子游攻略

最佳旅游季节： 夏季

地址： 平谷区大华山

门票： 15元/(人·天)

交通： 乘坐918路公交车至华山站下车

电话： 010-51293455

Tips： 划船的姿势要正确，不然很容易磨破手掌

北京太阳宫卡酷科技水上乐园

水立方水上乐园

三元桥

东直门

东四

雍和宫

平安里

羊公庄

京西

芍药居

惠新西街南口

鼓楼大街

北土城

路

西直门

国家图书馆

白石桥南

慈寿寺

霍营

西二旗

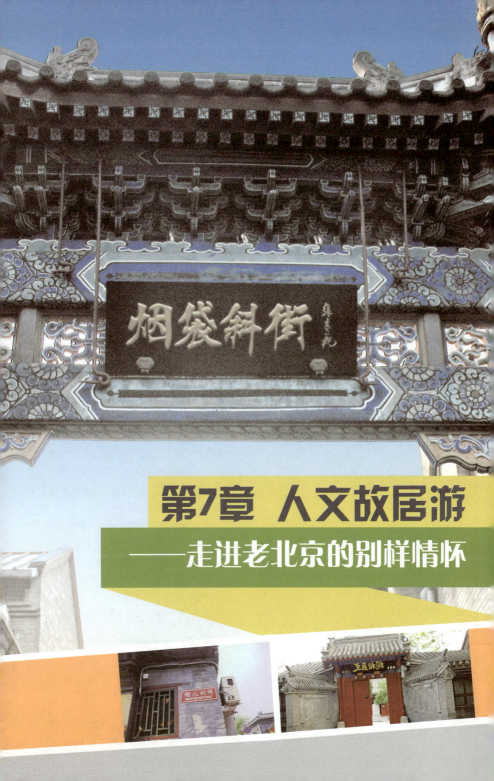

第7章 人文故居游
——走进老北京的别样情怀

Top1 梅兰芳纪念馆

名片

梅兰芳纪念馆是我国著名的京剧表演艺术家梅兰芳先生的故居。此院原为清末庆亲王王府的一部分，新中国成立后，经过多次修缮，成为梅兰芳先生的住所。馆舍总面积716平方米，坐落在北京西城风景优美的护国寺街，周围环境清幽，非常适合居住。

纪念馆是北京一座典型的四合院，梅兰芳先生自1951年入住后，在此度过了人生中最后的十年。纪念馆收藏了无数珍贵文物、文献资料。大师去世后，馆内设立了"故居陈列室"，展出了大量宝贵的历史图片和书法作品。

亲子游景点笔记

梅兰芳先生为中国文艺事业的繁荣与发展做出了巨大贡献，为了纪念艺术大师的卓越成就，故而建立此馆。故居内的客厅、书房、卧室等大部分房间基本保持原貌，带孩子一起欣赏戏曲大师辉煌的艺术成就，可加深他们对中国国粹的了解。

院落：纪念馆的院内，朱红色的大门上悬挂着邓小平同志亲笔题字的匾额。走进大门，首先映入眼帘的是矗立在大影壁前的梅兰芳半身塑像。院内有两棵柿子树和两棵海棠树，寓意"事事平安"，体现了大师对名利的淡泊，对简单、宁静生活的向往。与孩子一起瞻仰大师的风采，让他铭记一代艺术大家平和淡泊的心态。

正房：宽阔的中央客厅内窗明几净，里间为起居室，东西两侧分别为卧室和书房。带孩子去书房参观一下，一定会令他大饱眼福。房内的书柜里收藏着大量手抄剧本，均是梅兰芳先生亲自抄写的，非常珍贵。墙上悬挂着许多书画大师的名作，其中包括张大千、齐白石、陈半丁，这些都是梅兰芳先生生前最喜欢的艺术家。在这里，可以为孩子介绍一些名家的名画，陶冶他们的艺术情操。

外院南屋：走出正院，来到外院的南屋，与孩子一起在纪念馆的主要展室欣赏珍贵的剧照、剧本、文献，还有各种珍贵的纪念品。此时，可以为他讲述大师的艺术生涯和经典作品，一定会使孩子受益匪浅。

亲子游攻略

最佳旅游季节：全年

地址：西城区护国寺街9号

门票：10元/(人·天)

交通：乘坐55路公交车至刘海胡同站下车

电话：010－66183598

Tips:馆内珍藏了大量宝贵的剧本和照片，观赏时一定要注意保护，不要随意触摸

Top2 东交民巷

名 片

东交民巷是北京市东城区的一条著名胡同，建造于中国13世纪的元朝鼎盛时期。胡同全长1.6千米，从天安门广场的东路一直延伸到崇文门内大街，是老北京胡同中最长的一条。早在元大都时期，这里就是运送粮食的重要小巷，因此称之为"江米巷"。

东交民巷是北京城的历史文物，见证了历代王朝的兴衰，记录下了珍贵的历史瞬间。1992年，北京市政府将其定义为"爱国主义教育基地"，对民巷的整体风貌进行重点保护，意在警示人们勿忘国耻。

亲子游景点笔记

东交民巷的街区内不仅有外国使馆、银行、教堂，还有富丽堂皇的官邸旧址、热闹的俱乐部。在这样一条中西荟萃的小巷，有法国、比利时、日本等多个国家的使馆旧址，它们既是北京城的一大特色，又是中国历史的见证者。与孩子漫步在东交民巷狭长的小道上，回顾发生在这里的历史事件，加深对中国历史文化的了解。

天主堂：天主堂是一座哥特式风格的天主教堂，始建于1901年，总面积2 656.4平方米。教堂正门的上方耸立着堂主保圣弥厄尔的雕像，不妨与孩子一起欣赏这尊雕刻精美、轮廓鲜明的天使造像，带他/她领略西方宗教文化的魅力。教堂内部为木质结构，地板由花砖铺成，在教堂的东、西两侧还有漂亮的法国式玻璃花窗。带孩子去欣赏教堂东侧建造的传统民居，体会中西合璧的独特韵味，一定可以增长见识。

使馆街：1860年第二次鸦片战争中国战败后，东交民巷的街区两侧先后设立了英、俄、德、法等大使馆，随着丧权辱国的《辛丑条约》的签订，又有许多国家在此建造了邮局、银行、医院。从1901年开始，这里也正式成为"使馆街"。与孩子一起观赏风格各异的西洋建筑，让他了解风雨飘摇中的近代中国，铭记国耻。

亲子游攻略

最佳旅游季节：全年
地址：东城区前门东大街北侧
门票：免费
交通：乘坐41、60路等公交车至正义路口南站下车
电话：010-67091091
Tips：政府虽然对东交民巷进行了重点保护，但仍有许多古建筑已经破损，游客在观赏时一定要注意保护文物

Top3 梁启超故居

名片

梁启超故居位于北京东城区一条十分普通的胡同里，与周围略显简陋的住宅相比，这座三进四合院显得相当气派。故居在胡同南段的西侧，总建筑面积 3 752 平方米，坐西朝东，西洋式的屋宇街门与街门内外的"一字影壁"，都显示出主人非同一般的身份。

梁启超故居属于民国时期的建筑，院落的布局与室内的摆设颇具近现代风格。就是这样一座历史年岁不算久远的宅院，与梁启超一起经历了戊戌变法的失败和辛亥革命胜利后政坛的风云变幻。

亲子游景点笔记

这座四合院见证了中国近代历史的变迁与梁启超政治生涯的坎坷，一代巨人在历史的画卷上画出了浓墨重彩的一笔。与孩子一起游览一代文化名门世家的故居，阅读命运多舛的中国近代历史，再好不过了。

一字影壁：来到故居，门外矗立的一字影壁首先映入眼帘，它显示了门前道路与宅院的领属关系，意在警示路人切勿在此处大声喧哗。门外的影壁既是宅门的对景，又是一种身份的象征，这座宅院的规格与梁启超显赫的地位是相称的。为孩子讲述梁启超在北洋政府担任司法总长与财务总长的经历，相信可以增加他对中国历史的了解。

三进院落：走进大门，集中在南半部的两个三进院落是整个宅院的主体建筑，东院的住宅与西院的花厅相互呼应。东院为一个三进院落，其中二进院有三间正房和两间耳房，是主人居住的地方，东西各有三间厢房是客人的临时住所。与东院相邻的西院是休闲区，这里有假山、游廊。此处环境清幽、景色优美，与孩子在这儿游览时，可以感受到文化世家中独特的文化韵味。

后院：继续向北走是花园式的后院，占地1 535 平方米，院内树木繁盛、古树参天，有凉亭、轩、防空洞、瓦房等建筑共 129 间。带着孩子在院内的防空洞中走一圈，让他亲身体验生活在动乱年代的人们过着怎样的生活，这会令他 / 她印象深刻。

亲子游攻略

最佳旅游季节： 全年
地址： 东城区北沟沿胡同23号
门票： 免费
交通： 乘坐24、406、67路公交车至海运仓站下车
电话： 010 - 65251562
Tips： 梁启超是中国近代历史中著名的政治家,游览时重点为孩子讲述一下他的生平事迹,很有意义

Top4　烟袋斜街

名片

烟袋斜街是老北京城一条很有名气的文化街，从清末到20世纪二三十年代，街区主要经营古玩、书画、文具和各种烟袋。这里曾是文化名人和达官贵族经常出入的场所，是北京城年代最为久远的商业小街。

烟袋斜街位于什刹海前海的东北侧，由于毗邻大海，在漕运发达的明清两代，这里自然成为沿海通向市区的重要通道。在人潮涌动的街道两侧，林立着各种风格的店铺，除了有出售名家名画的古董店，还有各色风味的当地小吃与具有民族特色的纪念品店。

亲子游景点笔记

烟袋斜街是古时候贵族经常涉足的娱乐场所，高档的商品店铺、气派的庆云楼和会贤楼，都是达官贵人和文人墨客常去的地方。街道有浓郁的文化气息和极具民族特色的器具、物品，孩子在这里可以加深对老北京文化的了解。

烟袋铺：在斜街的路北有两家分别名为恒泰号、双盛泰的烟袋铺，走进去不仅可以看到各种成品烟袋，还有各种材质、颜色不同的烟袋杆、烟袋锅、烟袋嘴。看到这些形状各异的烟袋，孩子们一定非常好奇，这时你可以为他讲讲烟袋在古时候的用途。

钟表铺：在烟袋铺的旁边就有一家钟表铺，它可不是一家普通的钟表铺。铺内摆放着各个时代的仿古时钟，有的甚至是从古代流传下来的宝贵文物。带孩子欣赏一座座古朴、典雅的古钟，让他更加了解中国传统文化。

甬道：与孩子在烟袋斜街的甬道上一起欣赏琳琅满目的艺术品、文具，品尝美味的小吃，中国古代文化中蕴藏的高雅一定可以陶冶孩子的情操。

亲子游攻略

最佳旅游季节：全年

地址：西城区地安门北大街

门票：免费

交通：乘坐406路公交车至朝阳公园站下车；乘坐635路公交车至鼓楼站下车

Tips：烟袋斜街也是一条著名的小吃街，街上有各地美食，游玩之后，不妨与孩子在此品味一些美味的小吃

琉璃厂大街

名片

琉璃厂大街位于北京和平门外，是北京市重要的历史文化保护街区，迄今已经有780多年的历史。从明朝初期开始，琉璃厂就享有"九市精华荟一衢"的美誉，笔墨纸砚、古玩书画等都汇聚在这里。

亲子游景点笔记

作为京城著名的街市，琉璃厂已经聚集了艺术品鉴赏业和相关艺术创作、技术研发、艺术品博览业等主导产业，成为国内外游客来北京游览时必到的景点。

文化街：文化街两旁有许多书店和古玩店，各个店铺造型典雅，收藏物品琳琅满目，和孩子一起逐个游览观赏，给他们讲解一下古董的鉴定知识，开阔眼界。

戴月轩毛笔：戴月轩的毛笔以尖、齐、圆、健著称，品种繁多且各有特色。毛笔是中国传统文化的代表之一，为孩子购买一支毛笔，鼓励其练习毛笔字，不失为教育的好方式。

亲子游攻略

最佳旅游季节：全年
地址：北京市和平门外
门票：免费
交通：乘坐7、14、15、66路等公交车至琉璃厂站；乘102电车、105电车、603、687支路至虎坊桥路口西站；乘地铁2号线至和平门站下车
Tips：在琉璃厂参观店铺，须叮嘱孩子不要乱摸，以免损坏物品

文天祥祠

名片

北京文天祥祠又名文丞相祠，祠堂坐南，由大门、过厅、堂屋等三部分组成，面积近600平方米。它是南宋抗元英雄文天祥当年遭囚禁和就义的地方，于1376年明洪武九年建祠。

亲子游景点笔记

明清两代为祭祀南宋抗元英雄文天祥，政府将当年文天祥被囚禁的土牢旧址扩大改建，至今仍保持明代的建筑风格。

享堂：这里是举行祭祀仪式的地方，里面保存了很多历代石刻文物，其中最著名的是东壁上嵌刻的唐代大书法家李邕所写的《云麾将军李秀碑》断碑二础石，艺术价值很高。文天祥的《正气歌》和《过零丁洋》都很著名，适当让孩子了解，可使其感受到这位英雄的民族气节。

亲子游攻略

最佳旅游季节：全年
地址：东城区府学胡同63号
门票：5元/(人·天)
交通：乘坐104电车、108电车、113路公交车至车北兵马司站；乘地铁4号线至张自忠路站下车
电话：010－64014968
Tips：文天祥祠堂地处北京市区内，周边停车位紧张，自驾车前往需提前了解停车场信息

郭沫若故居

名片

郭沫若故居的前身是清代大学士和珅的王府花园，位于北京西城的前海西街，是历代达官贵人聚集的地方。1965年，郭沫若同志迁入，在此居住了15年，度过安逸的晚年。

故居是北京一座大型的四合院，整个建筑占地7 000平方米。大门坐西朝东，院内假山矗立，银杏、海棠、腊梅竞相争放，虽时过境迁，但仍具有王府花园的贵族之气。

正房和东西厢房构成，房屋的檐廊上雕刻着精美的花纹。穿过客厅、卧室和小月季园后，就来到郭沫若夫妇研习书法的地方，这里的陈设基本维持原貌。给孩子讲述大师为人类进步事业所做的贡献，增加他们对现代历史的了解。

亲子游景点笔记

郭沫若先生是中国现代著名的作家、学者，创作了不少著名的诗篇、美文，对中国现代的文学事业做出了卓越贡献。循着文学大家的足迹，为孩子讲述郭沫若先生如何致力于文学写作的历程，加深他们对写作的了解。

走进故居形状不规则的庭院，看到的一个二进的四合院就是先生居住过的地方。院落由

亲子游攻略

最佳旅游季节：全年
地址：西城区前海西街18号
门票：68元/(人·天)
交通：乘坐107、111、118电车至北海北门站下车
电话：010－66125984
Tips：郭沫若先生一生创作了许多名作，游览故居前可以让孩子阅读一些他的作品，加深了解

老舍故居

名片

老舍故居是中国现代著名作家、戏剧家老舍先生新中国成立后在北京的一处住所。他在此居住的时间最长，获得的艺术成就最高。院落布局紧凑、质朴无华，青瓦灰墙、黑漆门扇、砖砌影壁，是人民艺术家朴素内心的真实写照。

屋内除了有先生使用过的书籍、硬木书桌，不同角落还摆放了他经常使用的眼镜、钢笔、烟灰缸、收音机等。和孩子一起在大师曾经工作过的地方驻足，不仅可以激发孩子对艺术家的崇敬之情，而且可以启迪他们对文学的热爱。

亲子游景点笔记

老舍先生的艺术成就在这座略显简陋的小院内达到了顶峰，许多脍炙人口的名篇佳作都在这里创作而成。带着孩子在故居内寻找老舍先生的艺术足迹，体会艺术家的创作历程。

院落：故居的主体部分是一座三合院，走进院内，最引人注目的是一座五彩木影壁，影壁的后面是正房。正房内除了客厅和卧室，还有东西两间耳房。

书房：西耳房就是老舍先生生前的书房，

亲子游攻略

最佳旅游季节：全年
地址：东城区灯市口西街丰富胡同19号
门票：15元/(人·天)
交通：乘坐2、60、82路公交车至北京妇产医院站下车
电话：010－65142612
Tips：老舍故居内摆放了许多先生生前用过的东西，孩子在观赏时，尽量不要触摸，以免损坏

宋庆龄故居

名片

宋庆龄故居原为清康熙年间的大学士明珠的府邸花园，清末时又作为醇亲王载沣的王府花园，宋庆龄于1963年起在此居住，直至去世，在这里居住了18年。

故居既保留了王府花园的风格，又融入了西方建筑的元素，成为一座中西合璧的现代园林。1961年，政府在原有建筑的西侧又修建了两层小楼，建造成一座典雅、别致的庭院。

亲子游景点笔记

宋庆龄故居不仅是一处风格独特、景色优美的游览名胜，而且是国家重点文物保护单位和青少年爱国主义教育基地。园内既展现了古代建筑艺术的魅力，又聚集了众多近代著名景观，是孩子学习古代文化与了解近代历史的平台。

主楼：故居主楼建于1962年，仿古的外部设计与极具现代风格的内部景致，和谐地融为一体。在主楼的后湖畔有一件平房，这是当时宋庆龄为饲养鸽子而专门建造的。可以在这里为孩子讲述她的生平，进行爱国主义教育。

亲子游攻略

最佳旅游季节： 全年
地址： 西城区后海北沿46号
门票： 20元/(人·天)
交通： 乘坐210夜班、5路公交车至果市子站下车
电话： 010 – 64044205
Tips： 故居内有许多假山、湖泊，带孩子游玩时一定要注意安全

李大钊故居

名片

李大钊故居位于北京文化胡同的24号院北院，建于1916年，是一个典型的三合院落，分为北房、西厢和东厢。李大钊同志在这里为中国共产党的革命事业鞠躬尽瘁、呕心沥血。因此，他的故居具有重要的历史价值和意义。

亲子游景点笔记

李大钊故居曾是中国共产党及其创始人的重要活动基地，新中国成立后，被归为"革命历史博物馆"，是北京市重要的青少年爱国主义教育基地。

北院：故居的北院是正房，三间卧房和一个小餐厅，是李大钊一家人用餐、休息的地方。由屋内简单、朴素的陈设，为孩子讲述艰苦朴素的道理。

西厢：西厢有4间屋，3间作为书房，1间是客厅。这里既是子女们读书学习的地方，又是李大钊与革命同志商议国家大事的秘密场所。在这里为孩子讲述李大钊同志为革命死而后已的英勇事迹，一定会让他/她记忆深刻。

亲子游攻略

最佳旅游季节： 全年
地址： 西城区佟麟阁路文华胡同24号
门票： 10元/(人·天)
交通： 乘坐10、37、38路公交车至新文化街西口站下车
电话： 010 – 66089208
Tips： 故居内的部分建筑已破损，但大部分保持原貌，观赏时切忌损坏文物

齐白石故居

名片

齐白石故居是中国近代杰出的国画大师齐白石晚年在北京的住所，此地原为清代中晚期一位内务府大总管的府邸，新中国成立后，齐白石先生将它作为安度晚年的地方。

故居位于北京西城的跨车胡同，占地204平方米，是一座较为完整的单体四合院。院内四个方向各有三间房屋，房屋墀头刻有精美的砖雕图案，各个走廊还有书法篆刻，古朴的小院弥漫着浓郁的艺术气息。

亲子游景点笔记

齐白石先生一生创作了无数书画精品，仅在故居就作画2万多幅。他辉煌的艺术成就、精湛的雕刻技艺，令世人敬仰。

走进故居，首先看到悬挂在正房上的

"白石画屋"横匾，此处的三间正房便是齐白石先生在世时作画、研究的地方。老人自五十岁时搬入此地，一直到九十岁高龄时仍潜心研究画艺，大师坎坷的求学之路是教育孩子最好的范例。

亲子游攻略

最佳旅游季节：全年
地址：西城区跨车胡同13号
门票：5元/(人·天)
交通：乘坐38、477、47路公交车至辟才胡同站下车
电话：010－63750023
Tips：现在，故居的周围是繁华的街道和高耸的大厦，寻找起来有些困难，最好事先查好路线，或到时找附近的人咨询

李莲英故居

名片

李莲英故居位于北京东城区的北沟沿胡同，是北京四合院的典型代表。这里是李莲英在北京城的众多宅邸中保存最为完整、风格最为鲜明的一座建筑。

四合院占地1 869平方米，坐东朝西，大小房屋共91间。宅邸是晚清建筑的典型代表，是附近一带绝无仅有的大户民宅。

亲子游景点笔记

故居内布局合理，院落错落有致，彼此之间有回廊连接。每个院落既能单成一体，又能与其他院落和谐相融。观赏时，可以针对每个房间的布局，为孩子讲述它所体现的文化。

走进四合院，位于院落西北角的漆红大门充分体现了大户宅邸的气派。进入大门，矗立

在眼前的山墙影壁十分醒目，再往里走，从北到南依次是垂花门、三进院落。每个院落的正房均设有五间房，两侧有三间厢房，房内的桌椅、家具都十分考究。与孩子一起学习老北京四合院文化的精髓，感受传统建筑的独特韵味。

亲子游攻略

最佳旅游季节：全年
地址：东城区崇外大街东兴隆街52号
门票：4元/(人·天)
交通：乘坐116、25、39路等公交车至花市路南站下车
电话：010－67091091
Tips：李莲英在北京曾有多处宅邸，此处是现存最整的一处，出游前一定要查好路线，不要去错地点

西交民巷

名片

西交民巷是北京城晚清之后100年以来最著名的金融街。它东起天安门广场，西到新华大街，与长安街平行，与东交民巷合称为"东西江米巷"。巷内两侧曾建立众多商号、银行，中央银行的北平支行、中国农业银行以及北洋保商银行的旧址均在此地。

亲子游景点笔记

西交民巷早年有许多银行，比如大陆银行、金城银行、中国实业银行等。它们是北京近代历史的见证，是孩子了解中国近代文化最生动的文物。

大陆银行：于1919年开始建造，1922年竣工，大楼坐北朝南，外观壮美，楼内的装修、布置极其考究。无论是大理石的柜台、漂亮的彩色玻璃，还是特别定做的家具，都令人印象深刻。此时，为孩子讲述民国初期的经济、政治概况将很有意义。

金城银行：金城银行是一座花园式的大楼，由著名银行家周作民创办。观赏之余，为孩子讲述周作民先生为发展民族经济奔走呼号的传奇人生，一定令他/她受益匪浅。

亲子游攻略

最佳旅游季节：全年
地址：西城区南部
门票：免费
交通：乘坐646、66、673路公交车至和平门东站下车
Tips:西交民巷内发生过许多著名的历史事件，游览时不妨给孩子讲述一两件，加深他/她对历史的了解。

菊儿胡同

名片

菊儿胡同是老北京文化的缩影，这里的建筑物承载了北京历史的繁华与落寞。清末光绪年间的大臣荣禄就居住在此，宅邸内有祠堂、住宅、花园，极具皇家气派。

胡同在鼓楼的正东侧600～1 000米处，街房面积达8.28万平方米。它西起南锣鼓巷，南邻后圆恩寺胡同，长438米，宽6米，沥青路面，两侧建造着极具北京特色的四合院。

亲子游景点笔记

胡同内新建的房子将四合院的建筑风格与现代文化相融合，受到海内外无数游客的青睐。与孩子到胡同内游览，会看到许多在此定居的外国友人，可以和他们一起领悟地道的京味文化。

菊儿胡同的一部分建筑仍保留着旧时的外貌，但房屋的内部采用现代风格的布局和装潢，使人住得舒服、方便。与孩子穿梭在曲折、狭窄的小巷内，偶尔会看见美国人、芬兰人、德国人。孩子在这里既可以感受胡同文化的浓郁气息，又有机会与外国人畅谈，了解外国人眼中的中国文化。

亲子游攻略

最佳旅游季节：全年
地址：东城区西北部
门票：免费
交通：乘坐104快车、758路公交车至交道口站下车
Tips:菊儿胡同内居住着许多外国友人，他们对北京文化的了解不一定比中国人少，有机会可以互相交流

帽儿胡同

名片

帽儿胡同在北京城十大著名胡同中排名第四，全长585米，是一条东西走向的繁华街道。明朝时期的帽儿胡同叫作梓潼庙文昌宫，是供奉文曲星（传说中掌管文运的神仙）即文昌帝的地方。

帽儿胡同内不仅有京城最富代表性的私家园林，而且是清朝末代皇后婉容的故居。当年，溥仪皇帝就是在这里无比隆重地接走了他的皇后，帽儿胡同也因此蓬荜生辉、热闹非凡。

文煜宅：这里是清末大学士文煜的府邸，由五座院落相连而成，占地11 000平方米。院落布局严谨、规模宏大，山池亭榭、古木繁花俱全。让孩子在此领略清代贵族府邸的富丽堂皇，可以增加他对中国传统建筑文化和古代历史的了解。

亲子游景点笔记

帽儿胡同虽历经沧桑，但仍保持原貌，是北京现存胡同中比较著名的一条。街边的每一座院落都是一部历史，带着孩子观赏朱门黛瓦、亭台楼阁，阅读晚清历史的一角，体味悠久的中国文化。

亲子游攻略

最佳旅游季节： 全年
地址： 东城区西北部
门票： 免费
交通： 乘坐82路公交车至国家体育馆站下车
Tips： 帽儿胡同是北京一条比较热闹的街道，尤其是节假日会有许多游客慕名而来，游玩时要注意人身和财产安全

金鱼胡同

名片

金鱼胡同现名金宝街，是北京城最聚人气的胡同之一。清朝时属于镶白旗的领地，清末大学士那桐官邸就建造在这条胡同内。胡同全长540米，街面相对较宽，车辆行人络绎不绝。

胡同的西口是繁华的东安市场和著名的吉祥剧院，远近闻名的东来顺饭店也建在这里，街道两侧店铺林立，从古至今，一直热闹非凡。

的大屋顶建筑，它就是天源酱园。园内有砖雕的大门、刻有花纹的桌椅，与孩子在这里品尝远近闻名的酱香佳肴，一定是不错的体验。

吉祥剧场：与孩子在老北京最著名的剧院欣赏一部影片，领略古典艺术的魅力，一定很有意义。

亲子游景点笔记

金鱼胡同自古便是富人的聚集地，周围有王府井大街、贤良寺等众多知名的地方。如今的金鱼胡同是一条独具民族特色的街道，胡同内的大部分建筑仍保留着古时的面貌。与孩子漫步在沥青路面上，亲身感受新、老北京文化相融相契的一面。

天源酱园：在胡同的路北有一座造型奇特

亲子游攻略

最佳旅游季节： 全年
地址： 东城区灯市口大街南侧
门票： 免费
交通： 乘坐地铁5号线至灯市口站下车
Tips： 金鱼胡同与王府井大街相邻，人群拥挤，比较热闹，带孩子游玩时一定注意财物安全

烟袋斜街

梁启超故居

梅兰芳纪念馆

东交民巷

三元桥
东直门
东四惠东
惠
四惠东
东四
北土城
鼓楼大街
平安里
宣武门
北京南站
西单
车公庄
西直门
白石桥南
慈寿寺

第8章 景区度假游
——全家共享假期休闲时刻

Top1 金海湖

名片

金海湖位于平谷区东南盘山脚下海子村，距平谷城区 15 千米，距北京城区 85 千米。金海湖原是在 1679 年大地震中断裂出来的峡谷，后经过诸多改造，形成了如今北京市的第三大水库。现为市级风景名胜区和市级旅游度假区，国家 4A 级景区。

金海湖三面环山、峰峦叠翠、风光秀丽。有游船、快艇、自驾艇、水上摩托、水上飞伞、脚踏船、鸭子船等 20 余种娱乐项目，是京郊最适合孩子玩耍游乐的场所之一。

亲子游景点笔记

金海湖水域宽阔，碧波万顷，是开展水上娱乐项目的理想之地。在这里既可以一起划船享受悠闲时光，也可以乘坐快艇感受激情瞬间，或者体验更为刺激的水上飞伞和水上摩托等娱乐活动。

横山：主峰上有名景"驼峰夕照"，有深达数丈、住有数百只鸽子的鸽子洞，有曾经有两个道士修行的董葛洞，还有通天洞和传说中二郎神留下的大脚印。攀登横山，欣赏山上的各个景点，一来能让在城市中生活的孩子体验登山乐趣，欣赏难得一见的美景；二来也可以锻炼身体，磨炼意志。

水上自行车：为双人水上游乐项目。家长可以和孩子一起体验水上骑行的乐趣，感受在开阔水面上奋力前行的激情，或者悠闲舒缓地骑行，欣赏并品味湖光山色。

亲子游攻略

最佳旅游季节：全年
地址：平谷区东南盘山海子村
门票：36 元/(人·天)
交通：乘坐 918 路公交车至平谷汽车站下车，转乘 8 路城乡风景小公交车直达金海湖
电话：010 – 69993943
Tips：净园之后，不要继续逗留、露宿

Top2 十渡风景区

名片

十渡风景名胜区隶属于北京市房山区十渡镇，是中国北方唯一一处大规模喀斯特岩溶地貌，是国家3A级景区和中国国家地质公园。

十渡风景区是大清河支流拒马河切割太行山脉北端而形成的一条河谷，全程约20千米。由于在历史上，这条河谷中一共有十个渡过拒马河的摆渡渡口，故得名"十渡"。这里山清水秀，不仅保留着较好的原始次生林，而且各种野生动物种类繁多。景区内有十二大极为罕见的地质奇观，吸引着全国各地的游客前来一探究竟。

亲子游景点笔记

这里不仅有着北方难得一见的森林景观，而且拥有可以和南方媲美的溶洞景观。我们可以带着孩子在这里充分感受到原始森林探险的乐趣，在欣赏一个又一个奇景的同时放飞心情，尽享亲子之乐。

拒马河漂流：作为京郊唯一的清水河，拒马河孕育了世界地质公园、北方小桂林"十渡"。漂流是十渡风景区旅游的灵魂所在。全家人在拒马河顺水漂流，一边痛快地打水仗，享受水的清凉，一边欣赏十渡美景，绝对是夏天里最美的体验。

十渡蹦极：1997年5月，房山十渡风景区的九渡麒麟山的悬崖上建成了国内首家蹦极跳台，距水面48米，悬挑24米。1998年4月下旬，它旁边又兴建了一座55米高的跳台，悬挑26米。如果感兴趣，可以感受蹦极之乐，在充满惊险和刺激的蹦跳中感受生命的奔放。

亲子游攻略

最佳旅游季节：夏、秋季节
地址：房山区十渡镇
门票：十渡景区无首道大门票，蹦极200元/（人·次）（包含缆车及索道费用）
交通：公交917、836路公交车至十渡站下车，也可选择从北京西到十渡的火车
电话：010－61340009
Tips：在十渡游玩一般都住在民俗村农家院。他们不仅安排住宿，而且连旅游项目、包车都会安排，景点门票也可以打折

Top3 蟹岛绿色生态度假村

名片

蟹岛绿色生态度假村位于朝阳区东北方向机场辅路，占地面积200万平方米，采用"前店后园"式经营格局，其中90%的土地用于种植、养殖业，10%用于旅游休闲度假业。

度假村以农为本，以村为特色，以环保、绿色、有机、健康为理念。度假村坐落在美丽的山、水、田、园、林、花中，让游人在吃、住、游、玩、购中享受到难得的愉悦，在田园的躬耕、栽植、收割、采摘中体验一分耕耘、一分收获的快意。

亲子游景点笔记

这里能够满足我们对优质生活的渴求，符合我们向往自然、淳朴农家生活的消费需求。更重要的是，能够感受到阡陌纵横的农村特有的乡土人情。这些都对孩子了解真正的农村起到一个良好的启蒙作用，有助于开拓其视野。

综合性球类场馆：内集四片网球场地、十六道保龄球及沙狐球、电子模拟射击、射箭等体育娱乐项目。相信这里一定是孩子运动的天堂，可以带他们在这里打打网球、比

一比保龄球球技。当然，孩子也许会对电子模拟射击产生兴趣，我们可以和孩子进行一次射击比赛，看谁射击更准确。

有机食品种植养殖基地：种植区占地240万平方米，里面种有水稻、小麦、玉米、豆类等，100余栋蔬菜温室大棚生产大众菜及名优特菜，同时供游人参观、采摘。养殖区占地6.7万平方米，饲养家畜家禽，产出肉、禽、蛋、奶供度假村所需。让孩子体验种植的乐趣，通过农作物采摘、栽培，自捡生态蛋等实践活动，使孩子走近自然、接触农业、认识作物，"勤四体、分五谷"，既有益于健康又能提高环保意识。

亲子游攻略

最佳旅游季节： 夏季
地址： 朝阳区蟹岛路1号(机场辅路中段)
门票： 按消费项目收费
交通： 乘坐688路公交车至蟹岛东门站（终点站）；418、909路公交车至蟹岛站下车
电话： 010-84335566
Tips： 孩子体验农田劳动之时，要叮嘱孩子注意安全，以免因农具操作不当造成伤害

Top4 雁栖湖

名片

雁栖湖位于北京郊区怀柔城北8千米处的燕山脚下，因其水面宽阔，湖水清澈，每年春秋两季常有成群的大雁来湖中栖息，故而得名"雁栖"。此湖北临雄伟的万里长城，南偎一望无际的华北平原，是一处风光迤逦的水上乐园。

雁栖湖现在已经成为北京市民假期休闲、旅游的好去处。其三面环山：北有军都山，海拔1200米；西有红螺山，海拔811米；东有金灯山，海拔186米，山上有枫树、松柏、火炬树及其他乔灌木。面积达1.5平方千米，现为国家4A级风景区。

亲子游景点笔记

雁栖湖游乐园环境优美、景色宜人，非常适合全家来此度假休闲。在这个度假胜地，可以充分享受游乐园内各种娱乐项目带来的乐趣。体验水上、陆地四十余种各具特色的游乐设施，绝对是全家休闲的绝佳方式。

激流勇进：整个水道全长259米，由金属钢板制成，高12米，呈回转式。共有9条船，每条船可乘4人。船与水面平行时，船体前行由水做动力；升上高处时由滚动式卷扬机做动力。坐在船中，随着提升机达到高处，转过弯道随着激流飞滑而下，在劈波斩浪的一刹那，激起朵朵浪花，非常刺激。假如孩子对这项活动感兴趣，可全家一起体验。这个过程可以锻炼孩子的勇气，激发孩子的童心童趣，令孩子身心彻底放松。

快艇：全采用日本雅马哈整机，有60马力、75马力、115马力等不同的型号，因此艇上的座位也因之多少不等，有7座、10座等。整个快艇艇身全部采用玻璃钢建造而成，驾驶轻便，速度飞快，有专业的驾驶员操作。只要穿好救生衣，坐在座位上就可以尽情地驰骋于千米湖面了。这项活动特别适合孩子，是他们感受运动激情和水上乐趣的一次非常好的选择。

亲子游攻略

最佳旅游季节：夏季
地址：怀柔区011县道怀北镇
门票：34元/(人·天)
交通：宣武门、天安门乘旅游专线车直达；乘916路公交车至怀柔三中转乘湖北2路直达；东直门外乘坐936支路至雁西湖站下车。
电话：010 – 69663595
Tips：出游时要记得带好身份证，小孩子最好带上户口簿备用，因为景点购票和住宿都实行实名制。

Top5 京东大峡谷

名片

　　京东大峡谷是国家 4A 级风景区，位于平谷城区东北部的山东庄镇鱼子山民俗旅游村，距市区（东直门）80 千米。景区拥有广阔的湖面、各异的深潭、葱翠的山野，还有连接大峡谷和井台山的落差长达千米的高空索道。是集高山、峡谷、湖面、深潭为一体的综合型自然风景区。

　　景区共拥有大小景点 60 余处，其特点总体上可以概括为：一条通天谷溪水、两个特色风景区（井台山森林生态风景区，深山峡谷风景区）、三道展翅凤凰台、四座赏景观景台、五处深潭在溪谷、六个游憩功能区。

亲子游景点笔记

　　作为北京周边最大的综合性风景区，在这里可以欣赏到高山、峡谷以及湖水等优质的旅游资源。更为难能可贵的是，这些景色源于天然，孩子可以体会到百分之百的大自然乐趣，既能仰望高山，又能亲近水流，是一处真正适合家庭休闲的宝地。

　　崖高万丈：谷内分布着陡峭的山崖，人们站在古地仰望的时候，这些悬崖峭壁仿佛刺入苍天的长矛，气势非凡。这样的景色可让孩子感受到大自然的神奇，从而开阔心胸，乐观豁达。

　　"明潭连珠"：谷内有五潭，或清可观鱼，或深不可测，或静若处子，或湍泄奔流，连成一串，为大峡谷增添了不尽的灵气。和孩子欣赏这五个不同气质的深潭，感受水之多变，了解水的动静之美。

　　高空走钢丝项目："空中王子"阿迪力曾在大峡谷景区上空做"高空钢丝生存表演"，该表演持续三天，引起了巨大轰动。表演结束后，表演用的钢丝、保险绳等设备仍留在景区，景区把这些设备加以改进，增加了安全系数，形成了目前的高空走钢丝项目。假如孩子有勇气的话，可鼓励孩子试试，当孩子成功地从一边走到另一边，不仅锻炼了胆识，也能极大地增强自信。

亲子游攻略

最佳旅游季节：全年
地址：平谷城区东北的山东庄镇鱼子山民俗旅游村
门票：78元/（人·天）
交通：东直门乘坐京东大峡谷旅游专线车至平谷站下车
电话：010 – 60968317
Tips：这里地形比较复杂，需特别注意孩子的安全，避免攀爬过于陡峭的山体

Top6　虎峪自然风景区

名 片

虎峪自然风景区坐落在昌平西北9千米八达岭高速路北侧，主要包括中国百仙神洞原始大世界、虎峪沟、红房子度假村。它集自然与人文景观于一体，是文化旅游、休闲度假、避暑消夏、寻奇探幽的理想去处，现为国家2A级旅游景点。

风景区内山峦起伏交错，山谷曲折幽深。最高峰磨盘山海拔1 060米。这里的主要景观是自然山水、森林，包括峰、洞、湖、泉、潭、瀑等。大小景点三十余处，主要有小金山，羊尾巴湖，通天池等。

亲子游景点笔记

虎峪的水出了名的美丽，这里山间泉水极多，处处可见。山口的水库，群峰环拱，湖水碧波荡漾。山谷中的流水，时而形成小溪，水草绵绵；时而潜入山中，销声匿迹。在这里可以感受到水的至美至纯，看到一个与众不同的水世界。

羊尾巴湖：湖面面积虽然只有几十平方米，但是景色却非常优美。这里一年四季都风景如画，假如夏季前来的话，会看到一道瀑布从30米高的山崖上飞流直下，极为壮观

美丽；冬季，山崖上垂悬的冰挂，像巨大而洁白的羊尾，景色更是令人心醉。全家人不妨在这里合影留念，将美丽的山水之境永远留在身边。

雀儿涧：虎峪雀儿涧自然风景区是一座气势恢宏、幽静清远的天然乐园，这里山峦峻秀，景色奇伟，是集旅游、休闲、娱乐、考古等于一体的自然奇观。可以畅饮金泉水，之后攀登一线天，在峰顶上静观云雾树立仙禅，远眺白龙潭的清渺。对孩子来说，这里的千年古树对他们有着十足的吸引力，其树干高大，四周生满奇花异草，更有许多庙宇遗址，堪称旅游的最佳去处。给孩子讲讲神话鬼怪故事中千年古树的形象，让孩子了解：植物也是有生命的，应该尊重它们。

亲子游攻略

最佳旅游季节： 夏、秋两季
地址： 昌平区城西北9千米处
门票： 15元/(人·天)
交通： 乘坐919路公交车至红泥沟（龙虎台）站下车；也可乘坐私人接站车
电话： 010–69770295
Tips： 此处地形比较复杂，游览期间需特别注意孩子的安全

Top7 温都水城

名片

温都水城，即宏福·温都水城，它位于北京紫禁城以北龙脉的20千米处，北面是著名的温榆河，南面为北六环，是距京城市区和奥运村最近的五星级综合型国际酒店。

温都水城集大型水上娱乐、温泉理疗、观光旅游、商务会议于一体，目标是形成以"水"为亮点、以温榆河生态旅游为依托、整体占地面积近万亩的绿色休闲旅游胜地。水城国际酒店、水上报告厅、7千米环城水系、魅力水之贡多拉、水上嘉年华、温泉水之养生会馆、温泉水中健身、温泉水之药膳、蕴涵水之精华的各式水城餐等，这些和水有关的设施共同营造出一种温馨的氛围，将温都水城营造成一座旅游之城、文化之城。

亲子游景点笔记

温都水城最主要的特色就是水，行走在其中会发现，这里以水作为文化的载体，巧妙地将东、西文化建筑及休闲理念的精华融为一体，形成了一个浪漫的水世界。可以说，这里绝对是一个适合全家旅游休闲的好去处。

水城滑雪场：是北京第一个大型屋顶滑雪场，工程屋面呈波浪状，北高南低，设有三条滑道。其中初级滑道高度为10.5米，滑道长度大于50米；中级滑道高度为25.2米，滑道长度大于85米；高级滑道高度为37.8米，长度大于140米。爱雪是孩子的天性，而滑雪运动则将这种天性变成现实中的乐趣，使一家人尽享无限欢愉。

温泉养生会馆：该馆突出温泉文化底蕴，力推温泉理疗、温泉瑜伽、温泉美体、温泉美食、温泉运动等温泉养生概念。全家人一起泡在温泉中，体会由外而内的轻松惬意，享受安宁与悠闲，相信一定是难得的体验。对孩子来说，温泉的形成也是一种新奇的知识，假如给孩子讲解温泉形成的原因，相信对丰富孩子的知识很有帮助。

亲子游攻略

最佳旅游季节：夏季
地址：昌平区北七家镇宏福创业园
门票：双人套票658元/(人·天)
交通：乘坐607、23路公交车至宏福苑小区站下车
电话：010－56245575
Tips：泡温泉之前，最好先了解温泉的种类，并根据自身条件进行选择，才能真正达到泡温泉的预期目的

Top8 青龙峡

名片

　　青龙峡位于北京市怀柔区城北 20 千米处，距北京三元桥 75 千米，是集青山、绿水、古长城于一体的自然风景区。

　　雄伟的水库大坝将景区分为两部分。青龙峡南部是高峡平湖，游客可以乘龙舟、画舫或快艇沿蜿蜒的水路欣赏两岸风光，夏季还能下水游泳或在沙滩浴场上踢足球、打排球、享受日光浴。东岸设有蹦极跳、攀岩、速降等健身娱乐项目；坝外是静静流淌的溪水，溪上可以划船、撑竹筏。山顶还有保存完好的明代古长城敌楼。

亲子游景点笔记

　　作为京郊最适宜全家休闲的好去处，这里既有巍峨的高山，又有清澈的溪流，可谓汇聚了大自然的美景，拥有得天独厚的景观资源。亲山近水，在这里能够享受到都市生活中难得的亲子之乐，从而使得彼此关系更加紧密。

　　飞瀑狂泻：每年的 7－8 月，青龙峡的雨量就变得充沛起来，当水位达到一定程度之时就会出现溢洪瀑，瀑布宽 12 米，落差 50 米，飞瀑狂泄时似一条白龙飞旋而下，气势磅沱，情景极为壮观。和孩子前来欣赏这壮观的瀑布，体会水狂野的一面，让孩子明白大自然的神奇，学会亲近自然、尊重自然。

　　一石六景：从不同角度观看，可以看出六种不同的景观。分别为企鹅石、情侣岩、幸福之家、骆驼峰、鸳鸯石、雄师盘望。让孩子自己先仔细观察，鼓励他说出这些石头都像什么，说对了夸奖，说错了可具体指正。如此一来，游览的乐趣也就增加了不少。

　　玉皇台：景区最高峰，海拔 530 米。站在此处眺望远方，但见密云水库碧波万顷，山水一色；京北大平原更是一望无际，如同一张铺开的大毯……一家人在这里登高望远，是非常惬意的事情，特别对孩子来说，如此壮丽的风景，可以让他们充分感觉到大自然的神奇，使其不自觉地赞美自然，亲近自然，热爱自然。

亲子游攻略

最佳旅游季节：夏季
地址：怀柔区怀北镇
门票：成人40元/(人·天)；儿童20元/(人·天)
交通：乘坐936路公交车至青龙峡站下车
电话：010－69661938
Tips：这里水上活动项目比较多，参加前需要给孩子穿好救生衣，以防意外

Top9 响水湖

名片

　　响水湖是京郊一处得天独厚、秀丽多姿的旅游胜地，坐落于怀柔慕田峪长城以西，总面积18平方千米，是集长城、古洞、山川、泉潭、飞瀑于一体的天然锦绣谷。景区地处明代长城建关筑堡的山谷之中，山谷两侧峰峦起伏、怪石嶙峋。历尽沧桑而古貌依然的万里长城，雄城险关，甚为壮观。

　　景区内有陡峭的山峰、潺潺的流水，景色异常优美，空气清新湿润。不管春夏秋冬哪个季节前来，都能享受到美丽的风景，堪称全家休闲游览的最佳选择。

亲子游景点笔记

　　响水湖不仅有威严的明代摩崖石刻，而且有天然的连云洞和图腾阁，鬼斧神工般高深莫测、趣味无穷。这里山泉奔腾而下，落差达到50余米，仿佛天上的银河散落人间，令人观后心旷神怡。

　　响水湖长城：古代万里长城中的一部分，虽然现今它没有八达岭长城和居庸关长城那样的名气，也没有箭扣、司马台那样雄伟矫健，但是在它身上却展现出一种难得的悠闲之意：虽然破败，但却豁达。相传当年戚继光主持修建长城的时候，山上缺水，民夫多生疾病。于是戚继光筑造祭坛，祈祷上苍普降甘露。他的行为感动了观音菩萨，于是降下清泉。为孩子讲讲这段故事，体会古人的诚心。

　　天梯：这里山势突兀，雄浑险峻，千余级石阶直上云霄；山腰有远古洞群，洞连洞、洞套洞，曲折回环，幽深莫测；洞中遍布石花、石瀑、石钟乳，肖人肖兽，千奇百怪，令人目不暇接；山脚有暗河金水洞，泛舟洞中，灯影桨声，如入仙境。当全家人沿着天梯拾级而上的时候，周边的景色也随之而改变。对孩子来说，攀登是一种乐趣，更是一种难得的锻炼机会，对他们形成坚韧的品格很有帮助。

亲子游攻略

最佳旅游季节：夏季
地址：慕田峪长城西
门票：32元/（人·天）
交通：乘坐916路公交车至怀柔北大街站下车，去对面等怀柔到庄户的班车，终点就是响水湖农家院
电话：010-89602185
Tips：此地山势较高，出发前需要为孩子准备一件厚衣服，避免其受寒着凉

Top10 京东石林峡风景区

名片

北京京东石林峡风景区位于平谷区黄松峪乡（黄松峪乡北为国家级森林公园），是黄松峪地质公园的核心景区，因峡谷内四座峭拔挺秀的石林峰群而得名。景区全长6千米，面积12平方千米，大小景观50余处。石林峡中的石、峡、水、峰、林，构成了独特的景观，又各具千秋。

赏北国石林、观九天飞瀑、游峡谷险峰、寻石林三绝，是石林峡四大游览特色。这里的石林高峻陡峭，片片根根直立，巨石、奇石遍布谷中，整个峡谷林木郁郁葱葱，奇松怪柏苍翠挺拔，幽长的峡谷清寂秀丽，九瀑十八潭点缀其中，如一幅惟妙惟肖的天然画卷，颇具北方的壮美之气，又显江南的秀丽多姿。

"华夏第一鼓"：石林峡"华夏第一鼓"鼓面直径为90厘米，重达400千克，由纯铜铸造而成。这面铜鼓经过49天的精心铸造，不论是铸造工艺，体积重量，还是鼓质、音量，都堪称华夏一绝，因此被誉为"华夏第一鼓"。到了这里可以给孩子讲解一下中国的鼓文化，让他们对中国文化元素有一个深入的了解。

"古今第一钟"：仿古代乐器编钟而精心铸造而成，该钟声音清脆悠扬，制作工艺与古代出土乐器相比，完全能做到以假乱真，其体积重量也是史上少有，因此得到"古今第一钟"的美誉。让孩子倾听编钟演奏的美丽音乐，并给他们讲述古代音乐演奏的乐器种类，以丰富孩子的文化知识。

亲子游景点笔记

一提到石林，我们首先想到可能是去南方才能看得到，因为江南的石林多且奇，这已经是众所周知的了。其实京东石林峡风景区与江南石林的风景相比毫不逊色。这里的石林形态万千，非常吸引人，堪称北方少见的石头艺术世界。

亲子游攻略

最佳旅游季节：全年
地址：平谷区黄松峪乡
门票：78元/(人·天)
交通：乘25路公交车至平谷京东石林峡站下车
电话：010－69986112
Tips：石林内道路比较复杂，需叮嘱孩子不要乱跑，以防迷路

Top11 京西十八潭

名片

京西十八潭位于门头沟区王平地区办事处安家庄村境内，地处海拔1 528米的清水尖山北麓。山峰雄伟挺拔，山岭层峦叠翠，山谷幽深险峻，奇峰怪石遍布其间，更有葱茏茂盛的原始植被，色彩纷呈的奇花异草及应季的野果、野菜等。

这里素来以潭而闻名，溪水四季长流，泉水清冽甘甜。十八个潭随山势分布于峡谷之中，潭潭相连，大小、深浅、形态各不相同，但潭潭有水，潭潭有鱼，妙趣天成。峡谷中有三处自然形成的瀑布，峡谷尽头的一处瀑布落差三丈有余，如雪链般急泻而下，又好似巨龙吐珠，雪花四溅，凉爽宜人，是消夏避暑的好去处。

亲子游景点笔记

京西十八潭堪称我国北方比较罕见的自然风景区之一。人们可以在这里欣赏到幽静的深谷、奇特的水流以及鲜艳的花朵。除了能够享受水的轻柔之外，还能够体会到山的雄伟，感受到怪石崖穴的奇幽。

明月潭：是十八潭中的第一潭，虽然水面比较小，但是四周的风景比较有特色。全家可以带着帐篷在湖边"安家落户"，尽情呼吸清新的空气，享受无边的湖光山色。可在湖边选择一块平坦的地方宿营，让孩子亲自搭建帐篷，不仅有趣，还能锻炼他们的动手能力。另外，在湖边宿营，会带给孩子另一种新奇的生活感受，对他们亲近自然是非常有帮助的。

龙潭：一道奔流而下的瀑布，下面形成的溪水清澈见底。因为水质好，自然环境绝佳，水里面小鱼非常多。往水中扔一些面包渣，鱼儿们会蜂拥而至。当然，因为溪水非常浅，也可以和孩子一起光脚下去摸鱼，大多数小鱼都非常狡猾，只要人一下去，它们就纷纷游开；等人离开，它们再聚过来。虽然很多时候都摸不到一条鱼，但是这个过程本身就是一种绝佳的休闲活动，孩子抓小鱼的时候绝对会兴奋不已。

亲子游攻略

最佳旅游季节：春、夏、秋三季
地址：门头沟区安家庄村
门票：26元/(人·天)
交通：地铁苹果园站D口出站右转200米；地铁苹果园西乘892路公交车至十八潭站下车
电话：010－61833074
Tips：6月正是桑葚上市的季节，在京西十八潭景区内能够免费采摘到野生的桑葚，乐趣多多

Top12 桃源仙谷风景区

名片

国家 3A 级景区、生态旅游风景区桃源仙谷地处云蒙山麓，距北京 90 千米。东起密云水库，西至观峰台之巅，总面积 16 平方千米。

景区峡谷森林茂密，潭瀑众多，山峰雄伟，环境优美，特别是一湖六瀑十三潭、冬天冰雪有奇观、天画八峰神仙界、远望云海碧水天等 80 余处景观镶嵌其中，构成了一幅优美的风景图画。

亲子游景点笔记

景区三面环水，生态环境极好，堪称全家休闲、度假的好去处。来到这里，犹如踏进了优雅的神境，感受都市生活中少有的轻松和活力。和孩子在这里游山玩水，尽情地歌唱，一定是一件非常美好的事情。

桃源仙湖：桃源仙湖为水上娱乐区，库容 5 万立方米，平均水深 8 米，最深 12 米，坝高 13.75 米，大坝两端又有长城横过，景色极为优美。这里可供游泳、垂钓、划船、骑双人自行车等，能将整个湖泊的美景纳入眼中。更为有趣的是，全家可以在湖边搭帐篷小憩，享受湖光山色带来的温馨惬意；或

者可以登亭俯瞰桃源仙湖全景，尽享山水乐趣。

世外桃源：其三面环水，一面为山，生长着很多的参天白杨，是全家休闲度假的好地方。登长城攀上两座楼，观看日出奇观；看瀑布从九天之上倾泻而下，周围野花芬芳，鸟语声声，处处都流露出了勃勃生机。这里的景色美得令人震撼，孩子可以无拘无束地做自己想做的事情，尽情地放飞心情。

亲子游攻略

最佳旅游季节：全年
地址：密云县石城乡南石城村
门票：45元/(人·天)
交通：乘坐980、987路公交车至密云大剧院，换乘60、63、65路公交车至桃源仙谷下车
电话：010－61025309
Tips：景区内多山路，最好穿游游鞋前往，在攀登的时候可轻松自如

Top13 清凉谷风景区

名 片

　　北京清凉谷风景区位于北京市密云县石城镇四合堂地区，距北京 110 千米，现在正在创建国家 4A 级景区，是京郊第一家风景区超市。

　　这里地处塞外，云蒙山阴坡，远离了车水马龙的城市，独享大自然的清幽。它由清凉谷、千尺珍珠瀑两大部分组成，终年不断的白河水从景区流过，独特的地理位置和环境形成了这里凉爽的气候。

亲子游景点笔记

　　清凉谷遍布雄峰峡谷，每一座山上都覆盖着绿色的植被，水流清澈见底，柔和静美。我们能够深深地体会到云、峰、潭、石、瀑的和谐之美——一切出自于大自然的神奇之手，令人陶醉其中，不忍离去。

　　水上拓展项目：在清凉谷景区的入口处，有整个景区最具特色的水上娱乐项目。家长可以和孩子划竹筏，进行水上接力赛。这些水上项目形式新颖，充满了趣味和挑战性。全家人一起参加，既锻炼了身体，又放松了平日工作、学习紧张的心情。

　　母子潭：为一个大潭和一个小潭，大潭连着小潭，小潭之后又是瀑布，潭水先是从大潭中流入小潭，小潭的水流则打着回旋，慢慢地转几圈后才依依不舍地离开"母亲"，顺流而下。不妨给孩子上一堂感恩课，让他自己谈一谈对母亲的看法，回味母亲在日常生活中无微不至的照顾，在今后的生活中学会孝敬父母，做一个懂得感恩的孩子。

亲子游攻略

最佳旅游季节：全年
地址：密云县石城镇四合堂地区
门票：36元/(人·天)
交通：乘坐980路公交车至密云鼓楼站下车，然后换成密云至四合堂的面包车，清凉谷下车；另外，节假日东直门长途汽车站早7－9点有直达专线车
电话：010－69015455
Tips：清凉谷度假山庄有标准客房80多间，配套设施有空调、电视、独卫等，可就近住宿

Top14 黑龙潭自然风景区

名片

黑龙潭自然风景区位于云蒙山麓的菁菁顶山与双石控山之间的古楼谷中，是密云县石城乡近年新开发的自然风景区，距北京100千米。春花、秋月、平沙、落雁、曲、叠、沉、悬潭等十八个名潭散落在幽深的大峡谷里，千姿百态，各具特色，是闻名京城的休闲风景区。

这里既有险峻的高山，又有潺潺的流水，锦缎一样的瀑布高悬，更有美得令人窒息的潭水。更令人惊奇的是，这里不仅风景秀丽，而且作为千余年来南来北往的"官马驿道"，其周边不乏厚重多姿的历史人文景观，狄将军寨即为典型。

会看到平时难得一见的大雁在此栖身落脚。说一说大雁为什么每年都会南迁过冬，并朗诵几句和大雁有关的诗句，开拓孩子的视野。

黑龙真潭：景色异常精妙，为十八潭之首。此潭好似一只瓷罐，四壁光滑而口圆，肚大底平，水呈墨绿色，深不可测。潭口的南半径是椭圆形穴壁，北半径峭壁森森，水从五丈多高危崖上垂瀑而下。崖壁中间是一道狭缝，宽不过一米，长数十米，狭缝内又拓出两个小潭，一个叫"春花潭"，一个叫"秋月潭"。给孩子讲讲这座深潭的美丽之处和传说故事，让孩子了解更多的人文知识。

亲子游景点笔记

黑龙潭自然风景区堪称洒落在京郊地区的一颗宝珠，这里风景秀丽，人文气息浓厚，非常适合全家前来游玩。

落雁潭和通天瀑：通天瀑垂直陡峭，壁如刀削，50多米高的瀑布仿佛从天而降，烟霞升腾，弥漫山谷，冷气扑面；落雁潭是由通天瀑冲击而成，潭阔水深，水面面积100多平方米，水深处达3～4米。初春或初冬时来此，

亲子游攻略

最佳旅游季节：春、夏、秋三季
地址：水库西线公路8号
门票：45元/(人·天)
交通：乘坐980快车至密云鼓楼站下车
电话：010－61025028
Tips：在潭中划橡皮艇的时候，不要靠近瀑布，以免橡皮艇被水流打翻，发生危险

Top15 京东大溶洞

名片

　　京东大溶洞坐落于北京市平谷区黑豆峪村东侧，因其在京东地区为首次发现，故此得名。京东大溶洞发育于中元古界长城系高于庄组白云岩地层中，距今大约十五亿年，号称"天下第一古洞"。

　　京东大溶洞共分为八大景区：众仙聚会，德道善缘，水帘洞等，包括圣火银珠，相思泉，鲲鹏傲雪等数十处景观。洞内沉积分类有石笋、石珍珠、石钟乳、石塔、石幔、石人等。其中最为壮观的是世界上首次发现、洞壁上具有浮雕特色的"龙绘天书"。溶洞洞壁有的似片片浮云，有的如座座莲花，有的状如簇簇巨蘑，还有的似西风卷帘。

亲子游景点笔记

　　作为北方罕见的溶洞景观，大溶洞洞体岩石奇特，与其相连的休闲洞，可以用来饮酒、品茶、避暑，可谓一座溶洞两地游览。两种截然不同的风格，两种差异鲜明的感受，令人觉得不虚此行。

　　五龙潭：天然形成的五个潭，各自形态不同，神态也各不相同。当水盛之时，涛声不绝于耳，水落时但见流水潺潺，观景之人无不称奇。逐个欣赏并体会各个潭的形态之美、水流之美，并且鼓励孩子总结一下这五个潭各自的特点，锻炼孩子的观察能力和语言组织能力。

　　通天峡：从高处看很像一座齐天高的山峰被震裂所形成的峡缝，两边长满了青苔杂草，在灌木的掩映下显得非常神秘。走近观看，会发现峡缝最窄的地方仅仅只有一米宽的距离。抗战时期，这里曾经是生产军需品的小型兵工厂，可以给孩子讲讲那个时期的故事，并一起前往遗址参观。

　　栈道：横跨四潭，样式标新立异，成为另一奇观。走在上面摇摇晃晃，虽然看似险象环生，实则乐趣甚多。和孩子一起欣赏风景的时候，可以给孩子讲解"明修栈道，暗度陈仓"这个熟语的意思以及熟语背后的故事，丰富孩子的知识。

亲子游攻略

最佳旅游季节： 全年
地址： 平谷区黑豆峪村东侧
门票： 首道门票85元；二期工程休闲洞门票10元；人力船10元
交通： 乘坐918路公交车至平谷，再换乘25路公交车至大溶洞站下车
电话： 010－60972518
Tips： 溶洞中道路比较湿滑，光线也比较暗，需叮嘱孩子慢走，避免孩子碰头

Top16 石花洞

名片

石花洞位于北京房山区南车营村，距北京城区 50 千米，为北国极为罕见的地下溶洞奇观。因洞体深奥神秘，这里又称潜真洞，又因洞内生有绚丽多姿、奇妙异常的石花，故而得名"石花洞"。石花洞内的岩溶沉积物数量为中国之最，与闻名中外的桂林芦笛岩、福建玉华洞、杭州瑶琳洞并称我国四大岩溶洞穴。

石花洞洞体分为七层，目前仅对外开放一至四层，全长 2 500 米。洞内的自然景观玲珑剔透、类型繁多，第四层洞壁被钟乳石封闭；第五层厅堂高大、洞壁松软，并且空气新鲜；第七层则是一条地下暗河。

亲子游景点笔记

石花洞现已形成 20 大景区、150 多个主要景观，各个景区遥相呼应，互相映衬。全家到此游览，欣赏洞中奇景，感喟大自然的鬼斧神工，将会给孩子留下新奇的游览记忆。

骆驼峰：由山峰自然形成，宛若一匹巨驼，四蹄没于苍林翠壑，双驼摩云，仿佛神物，观看驼峰每每令人感叹大自然造化的神奇。

云梯：始建于金代，明永乐、弘治、万

历年间曾三次重修。依壁随岩，拾阶而上，共有 262 级。踏级而升，仿佛直入云霄，故得名"云梯"。不妨与孩子来一场攀登比赛，看谁最先到达云梯顶端，在比赛的过程中锻炼身体。

亲子游攻略

最佳旅游季节：夏季
地址：房山区河北镇南车营村
门票：70元/(人·天)
交通：乘坐917路公交车可直达景区；乘坐房山43路公交车至石花洞站或南车营村站下车
电话：010－60312243
Tips：景区中有售卖纪念品的地方，最好不要购买，价钱贵，品质也很难保证

Top17 百泉山

名 片

　　百泉山自然风景区距离北京市区 63 千米，以其独特的地理环境、雄奇的山体结构、丰富的植被以及多样的矿泉资源而闻名于世，构成了得天独厚的自然景观。山中泉水极盛，终年不断，是享誉京城的游览胜地。

　　百泉山景色奇美，素有山秀、水美、谷绝、峰奇四大特色。这里四季都能看到美丽的风景：春天，百花色艳，百鸟争鸣；夏日，瀑布成群，流泉万千；秋季，果实累累，红叶满山；冬季，银装素裹，一派北国风光。这里的春天尤为美丽，花期可持续到 6 月。

亲子游景点笔记

　　这里的著名景点有"如来佛掌""立鹰峰""擎天柱""太极谷""阴阳鱼眼""飞云瀑""圣母潭"等。走进百泉山，就像踏入了秀美的江南，秀山丽水，一步一景，耐人寻味。

　　飞云瀑：瀑布从天而降，长达数尺，冲击着山石，发出雷鸣般的轰隆声，气势之磅礴，景色之壮丽，更胜似白练、银河。冬季瀑体形成宽 5 米、厚 1 米的冰柱，白中透蓝。有关瀑布的诗很多，为孩子背诵一首，可让孩子触景生情，更好地体会瀑布之美。

　　小黄山：小黄山海拔 900 余米，四周是悬崖峭壁，山峰或崔嵬雄浑，或峻峭秀丽，布局错落有致，天然巧成。更令人惊奇的是，峰顶有干径 0.6 米以上、高 10 余米的古松 10 余棵。告诉孩子五岳各自所在的省份，并为其描述五岳的特点，以丰富孩子的地理知识。

　　另外，猕猴谷中有数不胜数的猕猴桃树，在百泉山的尽头，形成了一个美丽壮观的绿谷，像一张绿色的大网罩住了山谷。更有山楂、野梨、榛子、酸枣、桑葚等水果或干果，不计其数，实属罕见。

亲子游攻略

最佳旅游季节：全年
地址：怀柔区怀北镇北台子
门票：15 元/(人·天)
交通：乘 936 路公共汽车直达百泉山
电话：010 - 61622964
Tips：百泉山一年四季都有不同的风光景色，夏季要带些防晒和避暑的物品；冬季山上气温较低，需带些保暖御寒的衣物

爨底下村

名 片

爨底下村是一个明清时代的四合院民居保存较好且集中的村庄，整个村落呈现为元宝状。电影《投名状》曾在此取景，使得这里成为京郊旅游的热点，目前有76家保存较好的农宅可供游览。

亲子游景点笔记

作为国际A级旅游景区，这里山清水秀，年平均气温10.1℃，自然植被良好，非常适合全家一起游览。

四合院：大部分为清朝后期所建，正房、倒座房大都采用四梁八柱，而厢房为三梁六柱。房内设土炕、地炉。方砖铺地，条砖墙裙，样式古朴简约。老北京四合院几乎已经成了北京的名片和文化象征，为孩子讲讲著名的四合院及其构造，丰富其知识。

影壁：雕有"寿桃"、"万字锦"；檐头瓦当则或虎头，或福字；磨砖假椽头或圆或方，精雕梅花，以取"万事美好"之意。影壁可起到遮挡的作用，不妨为孩子讲解一下。

亲子游攻略

最佳旅游季节：全年
地址：门头沟区斋堂镇爨底下村
门票：35元
交通：乘坐929支线公交车至爨底下村站下车
电话：010 - 69818988
Tips：1.2米以下儿童免费，大、中、小学生持学生证18元/人，老年人持老年证18元/人

意大利农场

名 片

意大利农场是北京首家全面展现意大利文化的度假农场。园林、建筑充分体现了意大利风情。农场拥有农庄风格的酒店、主题餐厅、会议中心、特色购物商店、高标准的户外足球场、篮球场、综合娱乐场所、迷你动物园等设施。

亲子游景点笔记

农场从意大利引进樱桃、西洋梨、苹果等果树60余种，打造纯欧洲风格的京郊度假农场。游客能够不出国门就欣赏到各种意大利水果植物，体验异国风情，实在是一件很美妙的事情。

壁炉餐厅：草地、沙滩、树荫、池塘；自助烧烤、沙拉、正宗意大利比萨构成了家庭休闲、朋友聚会的完美氛围。为孩子讲解西方建筑的几种风格，勾起孩子的游览欲望，培养他/她的建筑艺术鉴赏能力。

亲子游攻略

最佳旅游季节：全年
地址：顺义马坡镇白各庄
门票：免费。住宿100元/(人·天)，农庄花销50~80/(人·天)
交通：乘坐916或980路公交车至美语学院站下车
电话：010 - 69407280
Tips：意大利比萨味美，但要叮嘱孩子不要多吃，避免暴饮暴食

生存岛旅游基地

概念旅游宗旨非常适合孩子，使其能够在度假的同时学到很多知识，比如生存拓展等。

工艺园：主要项目有拉坯、软陶、扎染、木工丝网印、石膏上色、蜡型、造纸、纺织等。各种活动项目和孩子爱玩的天性很好地结合在了一起，在不断地创造中锻炼孩子的动手能力，陶冶情操，集教育和娱乐于一体。

名 片

北京生存岛旅游基地是北京周边引人注目的一道靓丽风景线，既能休闲旅游，又能欣赏到有别于其他地方的独特自然景观和人文景观，是一处集传统文化与现代休闲方式及各种训练于一体的大型旅游、度假基地。

亲子游景点笔记

这里有山有水，森林覆盖率非常高，特别是其"创造、运动、审美、度假、培训"的新

亲子游攻略

最佳旅游季节：全年
地址：怀柔区红螺东路6号
门票：成人80元/(人·天)，学生48元/(人·天)
交通：乘坐936路公交车至于家园站下车，换乘怀04路公交车至东四村站下车
电话：010 - 60681155
Tips：需特别叮嘱孩子，在挑战的同时注意自身安全，根据自己的能力选择相应的项目。

水岸山吧度假村

品尝农家饭：这里的烤鱼非常有特色，另外还有各种农家饭，比如：贴饼子、菜团子、棒渣粥等。可以将就餐地点安排在河边、室内，也可以在山上，边吃边享受清凉，欣赏周围美丽的山间景色。可以给孩子讲讲农家饭的营养价值，比如：棒渣粥里面含有多种维生素，对身体有很好的保健作用。

名 片

水岸山吧度假村是京郊著名的休闲景区，能够给人提供放松身心的环境。这里环境清幽，山上有专门供游客休息的小木屋，适合全家休闲旅游。

亲子游景点笔记

在这里可以聆听动人的音乐，欣赏美丽的星空，呼吸新鲜空气，享受惬意的生活。

亲子游攻略

最佳旅游季节：全年
地址：怀柔区桥梓镇新王峪村
门票：50元/(人·天)
交通：乘坐936路公交车至雁栖镇下车，换乘怀25路至山吧站下车
电话：010 - 61627027
Tips：欣赏美景的同时，一定要体验一下山顶的小木屋，会有非常惬意的感受

郁金香温泉花园度假村

名 片

郁金香温泉花园度假村隶属于北京金郁金香文化发展有限公司，是集旅游度假、康体娱乐、休闲养生、商务会议于一体的综合型度假村。

亲子游景点笔记

度假村环境优美，一年四季都适合休闲旅游。这里的最大特色是具有温泉浴，温泉水是采自地下3 000米白垩纪时代的高矿医疗温泉，全家泡一泡温泉水，身心都会舒畅起来，绝对不虚此行。

摩锐水世界：拥有亚洲最高的室内水滑梯、仿真大海冲浪、水幕电影、儿童戏水城堡、学龄前儿童池、U型滑板、怪兽滩、瀑布、荧光海底隧道、无水水族箱、石桥流水、旋涡池、游泳池等。在这里享受水上娱乐带来的欢愉，和孩子迎接一个又一个"挑战"，在游戏中培养彼此之间的默契，拉近亲子间的关系。

亲子游攻略

最佳旅游季节：全年
地址：朝阳区东苇路金盏郁金香花园
门票：60元/(人·天)
交通：乘坐364、418、640、672、641路公交车至郁金香花园站下车
电话：010-51666846
Tips：玩水上娱乐项目时最好给孩子带上护目镜，防止眼睛进水

翠湖水乡旅游度假区

名 片

翠湖水乡旅游度假区占地9.8平方千米，是以水乡田野风光为特色，集观光、垂钓、科普和短期度假为一体的旅游度假区。园区内有水生植物园、四季垂钓园、北京大学百年校庆纪念林和青少年教育基地等。

亲子游景点笔记

作为一个主打水乡特色的旅游度假区，在这里能感受到浓浓的江南水乡情趣，体味在都市生活中难以接触到的乡村野趣。这里特别适合全家进行短期的休闲度假，特别是对孩子来说，浓郁的水乡景色能够给他们带来意想不到的乐趣，极大地拓展他们的视野。

水生植物园：百亩荷塘的万株花莲形成水径，其内莲花朵朵、莲叶芊芊，景色异常优美。可以和孩子在水中划船赏花，尽情采摘莲花，还可以在其中寻找莲蓬，一起垂钓，享受难得的悠然之乐。

亲子游攻略

最佳旅游季节：全年
地址：上庄乡政府北500米
门票：5元/(人·天)
交通：乘坐303路公交车至上庄水库下车
电话：010-62471193
Tips：在水生植物园内划船时要平稳，尽量在水路中央划行，避免过于靠边而被水草莲茎缠绕，困在水中。

北京九华山庄

名 片

九华山庄位于北京市昌平区小汤山镇，从元代起就被开辟成皇家园林，成了历代封建帝王专享之地。九华山庄是古典园林庭院式宾馆，别墅套房、四合院、标准间，户户通温泉。

亲子游景点笔记

九华山庄所在的小汤山自古以来就是闻名遐迩的"中国温泉之乡"，从南北朝时期开始就是文人墨客聚集之地。在这里可以享受到北方少见的温泉浴，得以放松身心，享受难得的休闲假日。

温泉养生：山庄最大的亮点就是温泉，泡温泉不仅能够放松身心，而且具有一定的保健作用。可给孩子详细讲解一下温泉形成的原因，以及温泉中所含矿物质的种类，丰富孩子的知识储备。

亲子游攻略

最佳旅游季节：全年
地址：昌平区小汤山镇
门票：按消费项目收费
交通：乘坐984路公交车直达九华山庄内
电话：010 – 61780288
Tips：由于温泉水温较高，会加速新陈代谢和血液循环，所以孩子每次泡温泉的时间最好不要超过15分钟

天龙潭风景区

名 片

天龙潭风景区以龙潭村为中心，响潭水库、龙潭水库、龙潭山庄、龙潭公园及200万平方米森林环绕四周。青山叠翠、山泉淙淙、怪石林立，是集垂钓、踏青、登山、野炊等多种休闲活动于一体的旅游区。

亲子游景点笔记

这里的环境非常优美，水景变化多端，非常适合全家来此度假。

"龙泉喷玉"：为著名的"燕京八景"之一，景色清丽壮美。陪着孩子在摸鱼池中和小鱼嬉戏，在钓鱼池中享受难得的垂钓之乐。

野炊：景区内提供专门的野炊工具，开辟有野炊场所。让孩子学习怎么做饭，锻炼孩子的动手能力和生存能力。

亲子游攻略

最佳旅游季节：全年
地址：昌平区南口镇西北7千米处龙潭村内
门票：免费
交通：乘坐919路公交车至南口镇；乘345路公交车至昌平东关站，转乘376路公交车至南口镇汽车站下车
电话：010 – 69778314
Tips：踏青时要叮嘱孩子不要招惹蜜蜂等有攻击性的动物，避免被蜇伤、咬伤

白羊沟风景区

名片

　　白羊沟自然风景区资源丰富，植被茂盛，环境优美，风景独特。整个景区遍布奇花异草、峻峰怪石，拥有众多的自然景观，充满浓郁的野趣。景区里有四季常流的泉水、河流、瀑布，水质清澈无比。

亲子游景点笔记

　　风景区不仅环境优美，而且在吃、住、行等服务方面也非常有特色，这里有风味独特的山野菜和农家饭，可以让孩子体味地道的农家风味。

　　人文遗址：景区内有清代嘉庆年间修建的庆王坟遗址、杨六郎金枪井、穆桂英的望儿坨，明代修建的古白羊城遗址和烽火台等古迹及王家园水库。给孩子讲讲关于这些遗址的故事，丰富孩子的知识。

亲子游攻略

最佳旅游季节：全年
地址：昌平流村镇王家园水库北
门票：15元/(人·天)
交通：乘坐345、345支、845路公交车至昌平，换乘357路公交车至流村站下车转中巴前往
电话：010－89771716
Tips：这里夜晚有燃放烟花爆竹、篝火晚会等各种娱乐活动，建议留宿一晚，参与其中。

白虎涧风景区

名片

　　白虎涧属太行山余脉，素以"神岭千峰"著称。景区内山陡峭险峻，奇峰山洞密布，沟谷曲折蜿蜒，怪石林立。其中，水泉沟、白龙潭、黑龙潭、困龙潭、映月潭等绝妙无比；形态各异的象形石、番天印、擎天柱、望天吼等惟妙惟肖。

亲子游景点笔记

　　景区三面环山，东南方向开口，形成了得天独厚的小气候，造就了这里优美的环境，成为家庭休闲旅游的最佳选择之一。

　　石画：景区内有难得一见的大型石画，它是艺术家以山体石材为原料，根据其所具有形状、色泽，凭想象力进行创作的。给孩子详细讲讲石画方面的知识，培养孩子的艺术鉴赏能力。

亲子游攻略

最佳旅游季节：全年
地址：昌平区阳坊镇境内
门票：10元/(人·天)
交通：乘坐914路公交车至阳坊站下车，再坐出租车直达景区
电话：010－69767388
Tips：观看石画时，需叮嘱孩子不要乱摸、乱画，避免损坏石画。

天池旅游风景区

名 片

　　天池旅游风景区建在著名的蟒山山顶，海拔 508 米，库容 450 万立方米，是全国最大的人工天池。这里空气清新，一年四季空气优良，素有"天然氧吧"之称。

亲子游景点笔记

　　景区的环境非常好，池内碧波荡漾，崖边绿草如茵。在这里或倚栏远眺，或围坐小憩，能尽情感受到大自然的美丽。

　　古塔：山庙中的古塔年代久远，可站在上面远眺。登上古塔，远眺北京城，欣赏都市美景，感受世界的博大，开阔孩子的胸怀。

亲子游攻略

最佳旅游季节：全年
地址：北京市水库路
门票：10元/(人·天)
交通：乘坐845路空调车、912路公交车至水库站下车，转乘小巴或步行即到
电话：010 - 60713691
Tips：景区海拔比较高，出发前需换好舒适的鞋子，携带厚衣服和适量的水

沟崖自然风景区

名 片

　　沟崖自然风景区因沟沟皆崖而得名，主峰1 670 米，夏天爬沟凉风送爽。沟崖山峦起伏，怪石林立，岭峻崖险，共有22座山峰、9条山脉、8道沟，被称为"九龙叠山"。

亲子游景点笔记

　　这里山高、景美、路险、庙多，是全家度假旅游的好去处。全家可以登山赏景，也可以一起戏水游戏，尽享山水之欢、亲子之乐。

　　庙庵：拥有大小庙观 72 座，是我国北方地区著名的道教圣地，庵、观、宫殿中的道人均属全真派，所以这里又被称为"北武当山沟沟崖"。一起欣赏高山美景，感受道教文化的多姿多彩和神秘之处，让孩子对道教这一中国本土的宗教有一个比较全面的认知。

亲子游攻略

最佳旅游季节：全年
地址：昌平区十三陵德胜口水库旁
门票：15元/(人·天)
交通：乘坐345支线至昌平西环南路站下车，换乘沟崖旅游班车直达景区
电话：010 - 60761481
Tips：在游览道观庙宇之时，要有基本的宗教礼仪，不要乱说、乱指，以免引起误会

银山塔林风景区

名 片

银山塔林风景区是京郊一处著名的休闲旅游胜地，景区中的塔群自金元以来，经明、清至今，已有600多年历史，塔群在六百年中经年累造，民间素有"银山宝塔数不尽"之说。

亲子游景点笔记

这里的景色特点鲜明，可谓寺中有塔、塔中有寺，行走其中，能够体会到浓厚的宗教氛围和历史气息。

银山宝塔：数量很多，除了塔林核心区的重量级墓塔之外，山岭沟涧中也有很多的小型古塔，这些无名塔，大多以石头造的覆钵式喇嘛塔为主。向孩子解说一下宝塔在宗教文化中的寓意和地位，让孩子明白眼前美景的人文含义。

亲子游攻略

最佳旅游季节：全年

地址：昌平区兴寿镇西湖村银山塔林管理处

门票：15元/(人·天)

交通：乘314、357、376、345、345支、912、919路公交车至昌平站下车，再换乘出租车

电话：010-89726426

Tips：这里古塔众多，且极为珍贵，需叮嘱孩子不要乱涂乱画，以免损坏文物

天龙源温泉家园

名 片

天龙源温泉家园吸收了古罗马大型浴场、日本温泉、北欧洗浴文化的精髓，以中国古典文化为内涵重新构造，在洗浴休闲活动中贯注中国古典人文关怀，将宏大的、四季如春的室内舒适环境与户外郊野自然充分融合，创造一种天人合一、众生平等、万物和畅、欢乐舒展的境界。

里享受温泉带来的无与伦比的情趣，在温泉中为孩子讲讲温泉的养生保健效果，相信孩子一定会尽情享受，收获更多的欢乐和知识。

亲子游景点笔记

这里堪称京郊家庭休闲度假的最理性选择，优美的景色加上得天独厚的温泉资源，绝对是放松身心的最佳去处。

天龙源温泉：乃温泉上品，可在医生指导下饮用，是北京首例国家评审认可的可浴、饮两用的医疗热矿水，滋养肌肤功效显著。在这

亲子游攻略

最佳旅游季节：全年

地址：南口路29号

门票：500元/(人·天)

交通：乘坐919路公交车至昌平旧县站下车

电话：010-80100088

Tips：孩子泡温泉的时间不宜过久，不然会使娇嫩的皮肤出现损伤

北京蟒山旅游度假村

于一体的休闲好去处，这里看似简约，实际上却不简单。在这里能够度过一段轻松惬意的时光，体会各种优质的服务和游乐项目。

别墅庭院：后院里的 12 栋别墅以及 6 套带有独立室外温泉池的豪华套院是这里最大的特色，别墅豪华温馨，设施完备。置身其中，相信孩子一定会喜欢这里的环境。饭后可以和孩子惬意地散步，享受亲子快乐时光。

名 片

北京蟒山旅游度假村环境优美，空气清新，青山环抱，碧水相依，是一家以会议接待为主，餐饮、温泉、休闲为特色的旅游度假村。它于 2009 年被评为"中国四星级饭店"，是 4A 级"中国绿色饭店"及金叶级"绿色旅游饭店"。

亲子游景点笔记

蟒山旅游度假村是一个集吃、喝、住、玩

亲子游攻略

最佳旅游季节：全年
地址：昌平区蟒山路8号
门票：388元/(人·天)
交通：乘坐925区间车到终点站下车
电话：010 – 60713691
Tips：旅游旺季，可登录"北京莽山旅游度假村官网"在线预订，这样可以节省大量时间

碓臼峪自然风景区

对孩子来说绝对非常具有吸引力。让孩子欣赏这些姿态各异的石头，想象和它们相似的事物，锻炼想象能力。

奇水：这里的溪流清澈见底，常年奔流，更有瀑布、泉涌、清潭等，像玛瑙，如珍珠，似翡翠。给孩子讲解中国传统文化山水和人之间的关系，正所谓"近山者仁，近水者智"，亲近水流能够让人变得更加睿智。

名 片

碓臼峪自然风景区内奇峰怪石，遍布奇花异草，总体上两山壁立，一水中流，甚为壮观。这里聚集了天下不少名区的特色，堪称"奇异的画廊""大自然中的山水盆景"。

亲子游景点笔记

这里怪石陈列，大河横流，处处皆泉，景色优美至极，非常适合带孩子前来游玩。

怪石：这里有数不清的形状各异的石头，

亲子游攻略

最佳旅游季节：全年
地址：昌平区长陵镇
门票：20元/(人·天)
交通：乘925路公交车直达
电话：010 – 89721775
Tips：景区比较偏僻，出发时要带些饮用水和食品

金隅凤山温泉度假村

名片

金隅凤山温泉度假村是一座占地30多万平方米的花园式度假酒店，汇聚了会议、温泉疗养、娱乐、餐饮、住宿等服务项目。

亲子游景点笔记

这里背依凤山和蟒山国家森林公园，西临十三陵水库。置身其中，仿佛走进了世外桃源一般，不见都市的繁华喧嚣，身心都变得宁静起来。

温泉乐园：拥有72种独具特色的温泉，24小时全天开放。储存于3 800米深的侏罗纪白云岩温泉水，富含对人体有益的各种微量元素及矿物质，具有良好的保健功效。给孩子讲一下这里温泉水的奇特之处，另外，讲一些温泉形成的原理，能丰富孩子的知识储备。

亲子游攻略

最佳旅游季节：全年
地址：昌平区蟒山路10号
门票：298元/(人·天)
交通：乘坐888路公交车至昌平凤山站下车
电话：010－60711188
Tips：泡温泉之后不要使用浴液擦洗身体，以免污染水质

小汤山龙脉温泉度假村

名片

小汤山龙脉温泉度假村地处故宫中轴线上，距市区20千米，近邻长城、十三陵、蟒山森林公园、银山塔林自然风景区、滑雪场等景区，交通极为便利，是集住宿、餐饮、娱乐、会议、休闲度假为一体的高档度假村。

身爱好。

亲子游景点笔记

度假村地下蕴藏着国内首屈一指的淡温泉，地热资源丰富，非常适合全家休闲旅游。除了温泉设施之外，还有很多适合孩子玩耍的水上娱乐设施，可以尽享水上温泉娱乐。

康体健身馆：内配有30道保龄球、6台沙壶球、15道射箭、4片室内网球、12片羽毛球、10台乒乓球、台球、电子游戏、棋牌室、有奖射击等设施。和孩子一起体验保龄球运动，教授孩子如何掌握技巧，让他多一项健

亲子游攻略

最佳旅游季节：全年
地址：昌平区小汤山镇
门票：周一至周五198元/(人·天)，周末300元/(人·天)
交通：乘坐643、985路公交车可直达龙脉温泉；乘984路公交车至大柳树环岛站下车
电话：010－61795906
Tips：玩保龄球的时候要注意孩子的安全，避免出现孩子抱不动球而被砸到脚，或者不小心滑倒的状况

洼里乡居楼

还能亲自采摘水果和蔬菜，感受难得的乡村生活。孩子们可以在优美的景色中感受生活的多姿多彩，使他们更加热爱自然、热爱生活。

农事体验：体验犁地、脱土坯等农业劳动项目，当孩子们扶着犁，追着前面的小马跑了一圈又一圈之后，对粮食的产出会有一个更加深刻的认识，继而体会到耕作的辛劳，于是在生活中就会慢慢养成节约的好习惯。

名片

洼里乡居楼成立于 2002 年，是闻名京城的休闲旅游胜地。不仅风景优美，而且有特色的农家菜、乡村农具展、洼里博物馆、乡村游乐场、儿童乐园、小动物园、采摘、垂钓和会议住宿等度假设施。

亲子游景点笔记

在这里不仅可以吃到地道的农家菜，而且

亲子游攻略

最佳旅游季节： 全年
地址： 昌平区小汤山大柳树环
门票： 138元/(人·天)
交通： 乘坐昌27路公交车至大东流路口站下车
电话： 010－61714090
Tips： 参加农事体验活动之时，需指导孩子掌握正确的农具使用方法，避免因使用方法不对而造成手部损伤

春晖园温泉度假村

给全家留下一个温馨而难忘的记忆。

温泉泡池：泉水来自地底深层，且泉出水口常年保持在 60℃，是美容疗养的上品。可以和孩子在这里多体验一下，感受不错的保健作用。

名片

北京春晖园温泉度假村占地180万平方米，背靠风景优美的温榆河畔。内部环境优雅，空气清新自然，仿佛世外桃源，令人流连忘返。

亲子游景点笔记

作为一家豪华度假酒店，这里拥有超大型的停车场、经典欧陆风情的内饰以及完备的配套保障设施和独立的温泉入户设计，绝对能够

亲子游攻略

最佳旅游季节： 全年
地址： 顺义区高丽营镇于庄
门票： 平时168元/(人·天)，周末268元/(人·天)
交通： 乘坐942路公交车至于庄站下车
电话： 010－69454433
Tips： 这里的温泉水水温比较高，孩子在下水之前最好先适应一下，切忌猛地扎进去

顺鑫绿色度假村

名 片

顺鑫绿色度假村是华北最大的平原森林生态旅游区，这里依山傍水，周围环绕着3 000千米广袤的森林，更有2 000千米金色的沙滩，是京郊著名的休闲旅游胜地。

亲子游景点笔记

这里不但景色优美，气候也非常宜人，周围环绕的森林河流使得这里的空气分外湿润。在这里可以放松身心，尽享大自然赋予的优美环境。

度假别墅区：这里有风格自然淳朴的纯木质别墅11栋、欧陆别墅10栋及日式房44间，接待床位300张；还有风味餐厅、烧烤苑、听雪轩中餐厅、翠云轩纯木质多功能厅等。清晨，和孩子一起在林间小路上散步，呼吸新鲜空气，倾听鸟儿的悦耳歌声，享受日光的"抚摸"，体会回归自然的乐趣，可以培养孩子亲近自然、热爱自然的情趣，帮助孩子树立环保理念。

亲子游攻略

最佳旅游季节：全年
地址：顺义李遂镇西潮白河畔
门票：按消费项目收费
交通：乘坐顺21区间车至西营站下车
电话：010 – 89485588
Tips：玩沙子的时候最好给孩子带上护目镜，避免扬沙入眼

花水湾磁化温泉度假村

名 片

花水湾磁化温泉度假村周边有千亩果林环绕，环境优美，空气湿润，素以"人间瑶池"的磁泉闻名京城，是北京重点发展的旅游开发区，也是目前距离北京市区最近、以温泉磁化水疗为特色的四星级标准旅游度假村。

亲子游景点笔记

作为京郊闻名的旅游休闲胜地，这里的磁化泉水采自1 800米的地下深处，泉水中含有数十种人体必需的常量元素和微量元素，其中，锂、锰、锶、镓等有益微量元素含量高于普通的矿泉水。

磁泉嬉水中心：8 000平方米的大型戏水中心包含了戏水区、保健理疗区、娱乐区。戏水区有游泳池、水中健身区域、演出区域、茶吧、自助餐厅；娱乐区有水上高尔夫、保龄球、网球、沙狐球、乒乓球、羽毛球、有氧健身房等项目。和孩子感受水上高尔夫，并讲解运动要点，锻炼孩子的动手能力，培养孩子的竞争意识。

亲子游攻略

最佳旅游季节：全年
地址：顺义区高丽营镇
门票：按消费项目收费
交通：乘坐867、916、980、987慢车至顺义的杜兰庄，下车后在南边十字路口西的西杜兰公交站换乘945到高丽营站，沿东南方向前行即到
电话：010 – 69456668
Tips：假如孩子体质较弱或贫血，最好不要泡温泉

鳞龙山风景区

名片

　　鳞龙山风景区是一所以峰林地貌为特点，集齐峰怪石、雄崖峭壁、交山峡谷、瀑布、山泉、溪流为一体的自然风景区。

亲子游景点笔记

　　巍峨的鳞龙山是群山之冠，雄伟的黄花城长城蜿蜒其上，周围地貌堪称华北之最，山巅耸立着花岗岩石林。在这里可饱览美丽的风景，享受刺激的攀岩活动。

　　板栗园：门区至天梯园内果树众多，主要有梨、杏、板栗、核桃树等，其中有板栗树3万余株。在园中游览，教孩子认识众多果树，这种体验对孩子来说是亲近大自然的最佳途径。

　　奇石园：园内有奇峰怪石多处。骆驼峰似一负重骆驼引颈向西；天棚似一巨大花岗石在半空悬出，长12米，宽11米，棚下有石桌石凳。跟孩子一起讨论这些怪石形成的原因，引导孩子领悟"水滴石穿"的坚韧精神。

亲子游攻略

最佳旅游季节：全年
地址：怀柔区九渡河镇
门票：15元/(人·天)
交通：乘坐961路公交车至九渡河镇站下车再坐出租车前往
电话：010－69640129
Tips：游园之时叮嘱孩子不要爬树，以免从树上摔下受伤

星湖绿色生态观光园

名片

　　北京星湖绿色生态观光园占地30多万平方米，园区内引进生态农业理念，采用农业生态学原理，积极推行环保高效农业，是一家集农产品高科技生产、农业科研示范、科普教育、净菜加工为一体的农业休闲主题公园。

亲子游景点笔记

　　观光园的田园风光令人欣喜，整个园内既有涓涓细流，又有朴实的小桥，还有郁郁葱葱的植物。在这里可以深深感受到田园之乐，令人心旷神怡。

　　采摘：这里拥有32座日光温室，另外还有1.5万平方米的玻璃连栋温室，主要种植各种水果和蔬菜，如苹果、桃、梨、黄瓜、番茄、彩色甜椒等。让孩子感受采摘的乐趣，感受收获带来的喜悦之情，培养他们的动手能力。

亲子游攻略

最佳旅游季节：全年
地址：大兴半壁店
门票：无
交通：乘坐841路公交车至刘家场站下车
电话：010－85926630
Tips：体验射箭活动或者乘坐热气球的时候，需叮嘱孩子注意安全，讲明注意事项

北京东方骑士休闲娱乐中心

名 片

北京东方骑士休闲娱乐中心是集客房、餐饮、娱乐于一体的大型综合性旅游度假村，也是北京市最大的骑马娱乐中心。整个中心共占地70多万平方米，备有标准客房50套、美式别墅9栋，以及配套的餐饮、娱乐活动场所，可接待150人的会议团体，还可提供录音、录像、投影、传真等服务。

吉斯马、良种大马等60多匹；有专业骑手及教练10多名。给孩子讲述马术的历史，特别讲一下我国马术运动史上的著名运动员，让孩子对马术运动有一个深入的了解。

亲子游景点笔记

这里有舒适的客房、优美的环境、味美的饮食，更有放松身心的各种娱乐设施。对于久居都市的我们来说，在这里能够充分享受到大自然的宁静，孩子们则能找到属于他们自己的乐趣，在和大自然的亲密接触中陶冶情操，在游玩中彻底放松身心。

跑马场：占地800亩，环形跑道达1 400米，有从俄罗斯、新疆等地引进的伊犁马、新吉尔

亲子游攻略

最佳旅游季节：全年
地址：大兴区北臧村镇纬四路骑士公园内
门票：110元/（人·天）
交通：乘坐兴22、兴22路支线公交车至骑士公园站下车
电话：010 – 60271188
Tips：孩子骑马之前要给他们讲讲技巧，以保证孩子的安全

四马台村

名 片

四马台村位于北京霞云岭国家森林公园北部，地处于有"空中花园""天然氧吧"美称的白草畔山腰，现有286户居民，居住地平均海拔900米。

看表演、吃农家饭、住山村别墅等，相信一定会感受到莫大的乐趣。

亲子游景点笔记

四马台村民风淳朴，山高、林密、谷深、花香，森林覆盖率高达85%以上。有一座占地5 060亩的观光采摘园，种植有杏树、桃树、柿子树等，春可踏青赏花，夏可避暑采摘。

白草畔主峰：海拔2 161米，是京西南第一高峰、北京地区第三高峰。它主要有四奇：山峰奇特，云海奇绝，蚁冢奇妙，松林奇美。在这里，孩子可以登高揽胜，观云海，看日出，踏游万亩草坪，观光万亩松林，赏花园、采摘园、

亲子游攻略

最佳旅游季节：全年
门票：村内百草畔自然风景区门票60元/（人·天）
地址：房山区霞云岭乡霞云岭国家森林公园内
电话：010 – 60369038
交通：乘坐917路公交车至房山客运站，转乘房山20路公交车至四马台村站下车
Tips：此处位置比较偏远，出发前最好带上适量的水和食物

蒲洼狩猎场

有梅花鹿、狍子、野鸡、山羊、野兔等十余种野生动物，能够感受到浓郁的山野之乐。

大峡谷狩猎场：分天然猎区、仿古猎区、封闭式靶台猎区和飞碟区，可采取猎枪打猎、弓弩射猎、陷阱捕猎等方式。不妨让孩子体验狩猎活动所带来的刺激和乐趣，当猎到鹿、狍子、山野鸡、山兔等猎物的时候，也是孩子人生中难忘的瞬间。

名片

北京蒲洼狩猎场交通便捷,坐落在素有"小西藏"之称的蒲洼乡。它东临百花山自然保护区，南与十渡风景区相连，西、北和国家级风景区野三坡相接。这里设有小型仿古弓箭狩猎场和供观赏的野生动物养殖场，是京郊休闲旅游的好去处。

亲子游景点笔记

狩猎场空气清新，风景秀丽，猎场内生活

亲子游攻略

最佳旅游季节: 全年
地址: 房山区蒲洼乡芦子水村
门票: 免费
交通: 乘坐房19路公交车至花台站下车
电话: 010 - 61371488
Tips: 狩猎时应手把手教孩子射击，不要让孩子独自接触枪支和弓箭

将军坨风景区

空中飞降：是登山探险活动中的一项技术，由国家登山队在1997年首次向社会公开展示。它是集实用性和娱乐性为一体的安全可靠的体育娱乐项目，在保证安全的情况下，既锻炼飞降人员的操作技能，又增强人们的胆略，是一项勇敢者的游戏。不妨与孩子一起体验，锻炼孩子的胆识。

名片

将军坨风景区位于房山区城西北20千米，是纯自然风景区，总面积112公顷，果园24.7公顷，风景林15公顷，现为国家A级景区。

亲子游景点笔记

这里山林广阔，物产极为丰富，有杏、桃、苹果、核桃、柿子、梨、枣等果树品种，还有名目繁多的山野菜，适合全家短途游玩旅行。

亲子游攻略

最佳旅游季节: 全年
地址: 房山区河北镇檀木港村北
门票: 10元/(人·天)
交通: 乘坐917支路公交车至东庄子站下车
电话: 010 - 60348958
Tips: 要结合孩子的年龄，选择合适的运动娱乐项目，不要强迫孩子玩一些不喜欢的项目

银狐洞风景区

名片

银狐洞风景区距离北京市区60千米，其内有北方少见的大型水旱一体溶洞群，因里面有很多形似银狐的钟乳而得名。整个溶洞多层多支，如同地下迷宫一般，道路曲折，富有奇趣。整个溶洞深达4 500米，其中水道1 500米，一年四季都不结冰。

罕见。在这里讲讲石笋、石柱以及石菊花等形成的原因，给孩子补充一些简单的化学知识，不失为好的教育机会。

亲子游景点笔记

银狐洞是华北地区唯一开放的水、旱洞为一体的自然风景溶洞，可以充分享受到清凉的气息，欣赏到北方少见的溶洞景观，在各种石笋、石柱中感悟大自然的神奇和美妙。

方解石奇观：洞中除了拥有石笋、石柱、石旗、石盾等各种形态的碳酸钙化学沉积物，还有大量罕见的石菊花、晶花、鹅管、石珍珠、石葡萄和晶莹剔透的方解石，景观奇特，实属

亲子游攻略

最佳旅游季节：全年

地址：房山区佛子庄乡下英水村

门票：通票41元/（人·天），普通票26元/（人·天），船票15元/（人·天）

交通：乘坐917支、948路公交车至银狐洞站下车

电话：010－60363236

Tips：洞内道路曲折，光线比较暗，需叮嘱孩子不要乱跑，避免迷路走失

白草畔自然风景区

名片

白草畔自然风景区位于北京市房山区霞云岭国家森林公园内，距北京市区103千米，是集度假、休闲、游览、观光、探险为一体的综合型旅游度假自然风景区。

表，是20世纪70年代人工栽植的，树龄为三十几年，让孩子明白，人与自然之间的关系应该以和谐为主，避免破坏。

亲子游景点笔记

作为一座综合性旅游度假胜地，这里的环境堪称京郊最佳。除了有著名的"山上八景"和"山下八景"之外，还有京郊面积最大的自然花园，是休闲旅游的最佳选择之一。

林海明珠：有近670万亩的落叶松林，号称万顷松林，被北京市民称为京西南的"林海明珠"。从高处远望，犹如一片绿色的海洋，风吹树摇，呼呼声如浪似潮，故这里有"松海林涛"之称，是"山下八景"之一。这些松林为人工造林的典型代

亲子游攻略

最佳旅游季节：全年

地址：房山区城关街道绕乐府村

门票：40元/（人·天）

交通：乘坐917路公交车至房山汽车站下车，再坐20路公交车至白草畔站下车

电话：010－80392939

Tips：此处海波比较高，春秋时节游览时，需给孩子带上一件厚衣服，以便气温下降时御寒

双龙峡

名片

双龙峡自然风景区是京西新开发的一个风景区，位于门头沟区斋堂镇火村南2.5千米的青山翠谷中。双龙峡自然风景区主体形象可以概括为：十里溪流，百潭瀑布，千亩红杏，万顷林海，青山翠谷，世外桃源，所以素有"小九寨"之美名。

亲子游景点笔记

这里青山耸立，百瀑悬挂，气候温暖潮湿，林木繁茂，动植物资源丰富，游人恍如置身人间仙境、世外桃源，顿时感觉神清气爽。

藤萝谷：为双龙峡一大奇观。在第一瀑布至第二瀑布山谷内，有欢快的溪流和崎岖的山径，生长有很多藤蔓植物、灌木、乔木等，这些草本植物彼此缠绕在一起，形成了5 000米长的天然植物走廊。在这里和孩子一起认识树种，为孩子讲述每一种植物的特点，丰富孩子的知识储备，也能进一步培养其亲近自然的情怀。

亲子游攻略

最佳旅游季节：全年
地址：门头沟区斋堂镇火村南
门票：台球10元/（人·小时），山地摩托车20元/（人·3圈），羊拉车10元/（人·圈），骑驴10元/（人·3圈），骑马10元/（人·3圈），骑骆驼10元/（人·3圈），气炮枪10元/次（十发子弹）
交通：乘坐929支线至火村口站下车，由班车直接接入景区
电话：010－65130828
Tips：景区地形比较复杂，多崎岖山路，需叮嘱孩子，不要攀爬陡峭的山石

灵水村

名片

灵水村形成于辽金时代，不仅村落古老庞大，辽、金、元、明、清时的古民居很多，而且多古庙遗址，现为国家历史文化名村。

亲子游景点笔记

灵水村深厚的历史积淀赋予了它儒雅超凡的气质，那些斑驳的砖瓦，令前来参观的人们深深体味到文卷气息，仿佛朗朗的读书声就在耳边。

灵泉寺：最初有三重大殿，山门为青砖仿木结构，飞檐顶部有吻兽、垂兽，四角悬风铃，门额有"灵泉禅寺"石刻。灵泉寺目前仅存山门和一棵古槐、两株银杏，这些古树虽然经历了历史的沧桑，但至今依然枝繁叶茂，每年都结下金色的果实。可给孩子讲一下传说中的"龙之九子"，丰富孩子的知识。

亲子游攻略

最佳旅游季节：全年
地址：门头沟区的军响乡
门票：无
交通：乘坐981路公交车至丁家滩站下车，换乘929路支上行至西胡林站下车
电话：010－65130828
Tips：冬季前往，附近的旅行社或酒店都提供淡季价格，能节省很多钱

灵山风景区

名 片

灵山自然风景区内的灵山是北京市的第一峰，由于其海拔较高，使灵山在方圆25平方千米内形成了北京地区集断层山、褶皱山为一体，奇峰峻峭、花卉无垠的自然风景区。

亲子游景点笔记

灵山作为北京的"屋脊"，是很多游客向往的地方。灵山景区以山峰气势恢宏、花草种类繁多、高山草甸宽阔和野生动物资源丰富而著称。

灵山：夏季和孩子来此最为适宜，在这里既能看到古代的烽火台，又能饮到四季不干涸的泉水；既能看到山鸡、蝶鱼、石耳等名贵动植物，还能看到王安石、辛弃疾等名人留下的赞美灵山的诗句。在这里品尝灵山特产莜面卷、山韭菜和野黄花等，和孩子一起欣赏灵山

多姿多彩的风景，这样既开阔了孩子的心胸，又培养了孩子亲近自然的情怀。

亲子游攻略

最佳旅游季节： 全年
地址： 门头沟区西北部山区
门票： 30元/(人·天)
交通： 乘336、326路公交车至河滩长途站，换乘929路支线直达灵山景区
电话： 010－60857987
Tips： 带些水果、干粮，虽然山上有食物，但比较贵，而且不一定合口味

珍珠湖

名 片

北京珍珠湖是兴建永定河珠窝水库所形成的湖泊，因湖内生长的河蚌数量多且长得大而得名。由于地处太行山脉的深山峡谷，风光气候均很独特，是市民休闲旅游的好去处。

亲子游景点笔记

珍珠湖气候宜人，景色优美，湖上有亚洲第一的铁路拱桥，湖边山花烂漫，处处充满了自然之美。

杏花村：顺湖而上，有一小岛，名为杏花村。岛上生长着几百棵杏花树。每年春暖花开时，杏花竞相开放，是珍珠湖上的一大奇景。游玩到此处时，让孩子朗诵一首和杏花有关的古诗，给孩子讲解杏花在中国古代文化中的含义，巩固他们在书本中学到的知识。

垂钓：珍珠湖里鱼类众多，可以享受钓鱼的乐趣。当然，战利品可就地烧烤，对孩子来说也是一种难得的亲自动手实践的机会。

亲子游攻略

最佳旅游季节： 全年
地址： 门头沟西部珠窝村
门票： 36元/(人·天)
交通： 乘坐1号线地铁在苹果园站下车，换乘931、929路公交车至珍珠湖站下车
电话： 010－61838322
Tips： 叮嘱孩子不要在湖边戏水，避免滑入湖中发生危险

百花山国家级自然保护区

名片

百花山国家级自然保护区属于森林生态系统类型自然保护区，是北京市目前面积最大的高等植物和珍稀野生动物自然保护区。动、植物资源丰富，素有华北"天然动植物园"之称。

亲子游景点笔记

保护区环境优良，动、植物资源丰富，非常适合全家休闲旅游，有非常多的游乐项目，定会让整个旅途充满欢乐。

古松傍寺：百花山山顶东北侧的显光寺是北京最高的一座古寺，古寺历经磨难，几经修复，是历史发展的见证。在寺庙门前生长着一排树龄达百年以上的原生华北落叶松，与寺相傍。它们顶风傲雪，历尽沧桑，顽强地挺立在百花山之巅。古松在中国文化中有一定的象征意义，鼓励孩子在今后的生活和学习中像松树一样，坚持自己的理想，坚韧不拔，永不放弃。

亲子游攻略

最佳旅游季节：全年
地址：门头沟区清水镇
门票：40元/(人·天)
交通：乘坐892路公交车至百花山站下车
电话：010-69821177
Tips：天气晴朗时，这里白天和夜晚的温差很大，所以需要携带几件厚衣服，避免受寒着凉

妙峰山风景名胜区

名片

妙峰山属太行山余脉，主峰海拔 1 291 米。妙峰山风景名胜区则以"古刹""奇松""怪石""异卉"而闻名，山势峭拔，花草秀丽，已成为北京周边最具文化底蕴的风景名胜区之一。

亲子游景点笔记

妙峰山有日出、晚霞、雾凇、山石等时令景观，更有我国品质最好的千亩玫瑰花，以及华北地区规模最大的传统朝圣庙会。是大自然赋予人类的最美地方之一，堪称休闲旅游的天堂。

地藏殿：供奉着佛教四大菩萨之一的地藏菩萨。门柱楹联："地属名区赖佛威灵留净土，藏兹宝库救民饥苦上春台"。可以给孩子讲讲佛教中的另外三大菩萨，开阔眼界。

千亩玫瑰花：号称北京地区品质最好的玫瑰花，花开时节极为美丽。体验"玫瑰之海"的浩大，给孩子讲讲玫瑰除了观赏价值外的养生效用。

亲子游攻略

最佳旅游季节：全年
地址：门头沟区妙峰山乡涧沟村
门票：30元/(人·天)
交通：乘坐336、326路公交车至河滩站下车，换乘去妙峰山的中巴
电话：010-61882936
Tips：看玫瑰的时候叮嘱孩子不要乱摸，以免被花茎上的尖刺扎伤

龙庆峡

名 片

龙庆峡是北京新十六景之一，距离北京市区 10 千米，古称"古城九曲"。龙庆峡风景优美，气候宜人，山水相依，被人们誉为北京的"小漓江"。

亲子游景点笔记

龙庆峡绝对称得上是北京周边最美的地方之一，水似飘罗带，曲曲弯弯，彷如灵动的丝带，飘逸而又柔美。

百花洞：长 320 米，展区面积 3 000 平方米，人造花草树木 1 650 种，并有鸟兽动物点缀其中。百花洞分为繁花似锦、热带雨林、北国风光、江南小景、百花朝凰等景观。温带植物和热带植物间的不同，以及气温和水分对植物生长的重要性，都是孩子需要了解的内容。

亲子游攻略

最佳旅游季节： 全年
地址： 延庆县龙庆峡
门票： 140元/(人·天)
交通： 乘游8路直达；919路到延庆东关站下车，转乘920环线至龙庆峡下车
电话： 010－69143388
Tips： 周边饭店主要以川鲁风味为主，备有地方风味、野味及塞外特色食品，可根据口味选择

香屯村

名 片

香屯村始建于明代，因为当年山顶上有一座山神庙，每逢庙会香火旺盛而得名。这里风景优美，民风古朴，于 2007 年入选北京最美乡村。

亲子游景点笔记

香屯村人口并不多，全村只有 29 户，66 口人，村舍起伏错落于山林之中。村周围有古长城隐映在林海之间。一排排的石头墙，一层层的石头台阶，再加上千余株百年古木、古井、石磨、石碾，和潺潺的溪流一起构成了一幅典雅古朴的画卷。

明长城：村后的山岭上盘踞着连绵不断的明长城，全长 4 057 米，有空心敌台 13 座，均为砖石结构。寻找这段未经任何开发和修复的残长城，站在近处细品长城的沧桑，给孩子讲述长城的历史以及它在中国历史上的意义，对孩子来说绝对是难得的现场教育。

亲子游攻略

最佳旅游季节： 全年
地址： 延庆县大庄科乡香屯村
门票： 无
交通： 乘坐925路公交车至解字石站下车
电话： 010－60189804
Tips： 古长城年代久远，现今比较破败、危险，最好不要攀爬，以免出现意外

仓米古道旅游区

名片

仓米古道是古时候珍珠泉仓米道村向山区运送仓米的通道，是北京市延庆县东部山区旅游景区的总称，包含了燕山天池景区、白河河谷景区、珍珠泉等景区。这里山水环绕，植被众多，沿途盘山路的风景甚是美丽。

亲子游景点笔记

移步换景，景点相得益彰，年均温度比北京低5℃左右，是回归大自然、休闲避暑的绝好去处。

乌龟滩：在乱石中有许多半露出水面的巨大圆石，形同乌龟盖，故而得名。传说原有许多乌龟生息于此，后来水流不断减少，乌龟仍不肯离开，最后蜕变成石头。可以和孩子一起寻找形似乌龟的石头，并朗诵一下曹操那首著名的《龟虽寿》，效果更佳。

亲子游攻略

最佳旅游季节：全年
地址：延庆县东部山区
门票：古木化石群20元/(人·天)，齐仙岭景区16元/(人·天)，乌龙峡谷20元/(人·天)
交通：乘坐919路公交车至延庆旅游局站下车，有接待站
电话：010–81193586
Tips：参加烧烤和篝火活动时，要注意孩子的安全，避免烫伤、烧伤

松山森林旅游区

名片

松山森林旅游区内保存了京郊最完整的自然生态系统，位于其中的海陀山海拔2 199.6米，为北京市第二高峰。著名景点有天然油松林、百瀑泉、八仙洞、松月潭、雄狮饮水、金蟾望月、飞龙壁等。

亲子游景点笔记

松山气候宜人，是北京低温区之一，更是北京夏季著名的休闲旅游胜地。此地野生动物、天然植物种类多，有保存较完好的原始次生林。

"三叠水"：海拔790米，清泉是从一块长41米，宽12米的整体巨石上分三叠急流而下，宛如彩带，故名"三叠水"。坐卧泉边，或者在周围漫步，整个身心都会得到放松，结合眼前美景，让孩子背一首古诗，将知识性和趣味性结合起来。

亲子游攻略

最佳旅游季节：全年
地址：延庆县西北部
门票：30元/(人·天)
交通：乘坐919路公交车至延庆东关站下车，换乘920路公交车至松山站下车
电话：010–69148436
Tips：这里早晚温度比较低，前去时需要携带几件厚衣服

康西风光度假村

名片

北京康西风光度假村地处塞外，临官厅水库，空气新鲜、凉爽，夏季气温比城区低3℃～4℃，是度假避暑的好去处。

亲子游景点笔记

度假村拥有京郊少有的塞外草原风光，温润的气候和一望无垠的绿色，令人顿感心胸开阔，在精神上获得巨大的解放。

种菜：每个院子里都有用来耕种的土地，可以带着孩子体验种菜的乐趣。对孩子来说，亲自体验耕种、了解植物的生长过程，无疑是非常好的一件事情。

敞篷吉普驾驶：度假村有专门的敞篷吉普车供出租。可和孩子一起驾驶吉普车行驶在草

原上，看四周的风景，领略草原的广阔。

亲子游攻略

最佳旅游季节：全年
地址：延庆县康庄
门票：无
交通：乘坐919支线至康西草原路口站下车
电话：010－69131602
Tips：草原上天气多变，准备在此搭帐篷过夜的游客需要多带些御寒物资，以防气温下降

百果园度假村

名片

百果园度假村位于北京西北的延庆县，位于"龙庆峡"南部，是集住宿、餐饮、会议拓展培训、观光采摘、康体娱乐、休闲养生为一体的综合性服务型酒店。

亲子游景点笔记

度假村建筑面积3万平方米，拥有各类客房，娱乐设施齐全，房间均有独立空调、24小时热水、电话、有线电视、温泉水接入。在这里能够享受到一流的服务，尽情体验各种游乐设施带来的乐趣。

观光采摘园：整个果园面积达1 000亩，园内种植李子、桃、杏、梨和葡萄，还有各种蔬菜，采摘品种齐全。在这里欣赏各种果树，

认识各种蔬菜，让孩子告别"不识五谷"的状态。

亲子游攻略

最佳旅游季节：全年
地址：延庆县张山营镇苏庄村
门票：按消费项目收费
交通：乘坐919路公交车至延庆中心市场站，换乘龙庆峡方向中小巴至百果园站下车
电话：010－69192767
Tips：采摘时需叮嘱孩子不要爬树，避免出现意外摔伤

金隅八达岭温泉度假村

名片

金隅八达岭温泉度假村由八达岭长城、龙庆峡、野鸭湖、古崖居、玉渡山、石京龙滑雪场和松山原始森林自然保护区等旅游景点所环抱，是一个集温泉疗养、商务会议接待、休闲娱乐为一体的旅游度假场所。

亲子游景点笔记

在这里可以看到美丽的原生态湖泊，划动舟桨徜徉于碧波万顷的湖中，或是眺望远处连绵的山脉，所有的一切都会让我们感受到大自然的神奇和美丽。

温泉：温泉水源自地下2 000米深处，出水温度54℃，水质优良，含有很多对人体有益的微量元素和矿物质，如氟、硫、铁、硅等，具有特殊的保健和美肤功效。不妨在泡温泉时给孩子讲讲地球的构造，让孩子明白为什么有的地下水是热的。

羽毛球馆：这里设有设施一流的羽毛球馆，可和孩子体验一下羽毛球运动的乐趣，并列举我国著名的羽毛球运动员，鼓励孩子把这些运动员作为榜样。

亲子游攻略

最佳旅游季节：全年
地址：延庆县妫水北街1号
门票：羽毛球100元/(人·小时)，温泉门票198元/(人·天)
交通：乘坐919路公交车至延庆东关下车，换乘920公交支线至终点站下车
电话：010－85271493
Tips：此地住宿价格比较贵，如无必要，最好不要留宿

云蒙三峪自然风景区

名片

云蒙三峪风景区地处北京密云西部，云蒙山南麓，北起白河谷地，南止山前平原，西与青龙峡相邻，东与密云水库相望，是京城人们消夏避暑的好去处。

亲子游景点笔记

云蒙三峪是由三个山谷连成的一条峡谷，

峡谷里有数不清的悬崖峭壁，高山瀑布。蜿蜒崎岖的山路两旁都是林立的怪石。

仙龙庄园：山庄的客房全都是建在半山腰的仿古四合院内，雕梁画栋、环境清幽。在这里可以感受到中国古典建筑之美，给孩子讲讲四合院的布局和特色，对补充建筑知识很有必要。

亲子游攻略

最佳旅游季节：全年
地址：密云县西田各庄真牛盆峪村
门票：26元/(人·天)
交通：乘坐密3路公交车至三峪站下车
电话：010－61008258
Tips：外出旅游不能错过品尝当地的特色食品，但建议到所住地街道店铺去买

京都第一瀑

名 片

京都第一瀑旅游度假村位于密云县黑龙潭以北3千米处，距北京103千米、黑龙潭北3千米，由云蒙山泉水汇集而成，落差62.5米，坡度85°。远眺，如玉柱擎天，雄伟壮观。近看，银花四溅，犹如白雾向空中喷涌，是京郊流水量最大的瀑布。

亲子游景点笔记

当我们走进峡谷的时候，未见瀑布就会先闻其声。整条瀑布从悬崖顶端飞泻而下，雨雾弥漫开来，将四周装扮得异常美丽。

六潭连珠：六个潭一个连一个，大小不一，深浅有别，仿佛天造地设，极为漂亮。可以与孩子讨论每个潭的特点，体悟它们不同的美。

亲子游攻略

最佳旅游季节：全年
地址：密云县石城乡北石城村
门票：30元/(人·天)
交通：乘坐980、987路公交车至鼓楼大街站下车，换乘密云到京都第一瀑景区的班车
电话：010–69016268
Tips：品尝当地名菜、名点，无疑是一种"饮食文化"的享受，但一定要注意饮食、饮水卫生，切忌暴饮暴食

密云云蒙峡

名 片

云蒙峡风景区距北京97千米，周边与云蒙山国家森林公园、五座楼市级森林公园相连。这里山峦巍峨耸拔，峰石造型似人似兽，潭瀑交辉若皎若练，云雾朦胧变幻莫测，花木芬芳，香溢百里，是以山、峡、潭、瀑和森林为主体景观的自然风景区。

去世界名瀑所在地欣赏。

亲子游景点笔记

整个景区以雄险而曲折的西北——东南向峡谷为主轴，上下串联着数十个不同特色的风景区，能够体验到风格不同的各色景观。

三音瀑：瀑高30～40米，分三级下落，下面潭深2米，水清如镜，水影若飞。和孩子一起感受三音瀑的壮观，顺便说说世界上著名的大瀑布，拓展孩子的视野，鼓励孩子长大后

亲子游攻略

最佳旅游季节：全年
地址：密云县石城乡水堡子村
门票：21元/(人·天)
交通：乘坐980路至密云鼓楼站下车，转乘密8路公交车至水堡子站下车
电话：010–69050121
Tips：不要带40升以上的大包，否则云蒙山国家森林公园会收双份门票

卧虎山旅游区

名片

　　卧虎山旅游区内有卧虎山、卧虎山明长城、北齐阴山长城、吕祖庙、清真古寺、老官房、桃园、杨七郎坟、潮河古关、瘟神庙等诸多景点，为京郊休闲旅游的最佳去处之一。

亲子游景点笔记

　　作为北京著名的游览胜地之一，这里有着众多旅游资源，再加上宜人的气候，使其成为最受北京市民欢迎的休闲之地。不仅如此，在这里还可欣赏到古长城古迹以及各种遗址，体味浓厚的历史气息。

　　古北口长城：是中国长城史上最完整的长城体系。它由北齐长城和明长城共同组成。它主要分为卧虎山、蟠龙山、金山岭和司马台4个城段。古北口自古以来就是山海关、居庸关两关之间的长城要塞，为辽东平原和内蒙古通往中原地区的咽喉，所以这里历来是兵家必争之地，尤其是在辽、金、元、明、清这五朝，这里曾发生过大大小小无数次争夺古北口的战役。和孩子攀登长城，感悟它的伟大和沧桑，讲述与古北口长城有关的历史故事，寓教于乐。

亲子游攻略

最佳旅游季节：全年
地址：密云古北口镇河西村
门票：成人25元/(人·天)，儿童15元/(人·天)
交通：乘980路公交车至密云鼓楼站下车，再转乘小巴即到
电话：010－69027774
Tips：景区海拔较高，气温较低，需提前为孩子准备好厚衣物

精灵谷风景区

名片

　　精灵谷自然风景区位于北京密云水库西北角。精灵谷是大山深处的天然幽谷，众多的山泉流成溪，终年不断。谷壁悬崖耸立，谷底潺潺流水，溪水流聚成各个小潭，清澈见底，备受北京市民青睐。

亲子游景点笔记

　　景区空气清新，负氧离子浓度为30万单位，是北京市区的数百倍。白昼蓝天白云，夜晚繁星点点。春天山清水秀，夏日山风习习，秋天一丛金黄，冬季阳光和煦。在一年中的任何时间来游玩，都能感受到它的美。

　　象形石：散落在谷间，如神鹰巨首、狮王面世。金蟾戏龟、四仙面壁等，鬼斧神工、出神入化。和孩子一起探讨这些石头形成的原因是非常有意思的事情。风和水流的力量无穷，堪称大自然的左右手，不妨让孩子好好体会一下。

亲子游攻略

最佳旅游季节：全年
地址：密云县石城镇
门票：25元/(人·天)
交通：乘坐980路公交车至密云鼓楼站下车，换乘出租车直达精灵谷
电话：010－69016269
Tips：景区道路比较复杂，出发时最好穿上适合攀登的旅游鞋

白龙潭自然风景区

名 片

白龙潭自然风景区坐落于距密云城区25千米的龙潭山中，景区面积4平方千米，秀水灵山、叠潭垂瀑。距北京东直门90千米，是一处集人文景观和自然景观为一体的综合性旅游度假区，也是北京新十六景中著名的景点之一。

亲子游景点笔记

这里不仅有优美的自然景观和宜人的气候，还有丰富的人文景观，处处洋溢着自然和人文交融的气息。

五龙祠：建造于宋代，里面供奉着东海龙王子小白龙，旁边为四海龙王。一座庙供奉五龙，实为罕见。可以为孩子讲讲传说中的四海龙王，提一提《西游记》中的那匹小白龙所变成的白龙马，为旅途增加趣味。

亲子游攻略

最佳旅游季节：全年
地址：密云水库东岸太师屯镇
门票：20元/(人·天)
交通：乘坐980路快车至密云总站下车，换乘前往太师屯、北庄、古北口方向的车即到
电话：010－69038398
Tips：每年农历三月初三有传统龙潭庙会，喜爱热闹的游客可选择这个时间前去

云佛山旅游度假村

名 片

北京云佛山旅游度假村依山而建，内设标间、豪华套间、别墅以及总统套房等不同类型的客房288套，房间内设施高档，营造出舒适的环境。

亲子游景点笔记

利于他们开阔视野。

这里的环境非常优美，最大的特色在于可以提供川、鲁、粤、淮、扬菜及地方风味菜肴，均由行家料理，做工考究，令每一个前来的人们都能享受到自己喜爱的风味，堪称饮食天堂。

云佛山大溶洞：为云佛山度假村的标志物，天然钟乳石，曲折悠长。给孩子说一说中国著名的溶洞，讲讲它们各自的不同之处，有

亲子游攻略

最佳旅游季节：全年
地址：密云县溪翁庄镇
门票：无
交通：乘坐987路公交车至溪翁庄站下车
电话：010－61009072
Tips：参观溶洞时需注意孩子安全，以免滑倒或者碰伤头

九道湾大峡谷

般，给人一种清新脱俗之感。

幻影潭：灿烂的阳光把涟漪的潭水倒映在潭边巨大的石壁上，银色的波纹，斑驳陆离、变幻万千，方位、角度自然天成。为孩子讲解一下阳光的"五彩颜色"，告诉孩子为什么这个世界充满了色彩，让孩子接触一些光学知识。

名 片

九道湾大峡谷是北京著名的休闲旅游风景区。风景区内，北有双石控山，南有斑马山，两山耸峙，九湾河蜿蜒其间，气候宜人，景色优美。

亲子游景点笔记

大峡谷以各种优美的深潭而闻名于世，可以看到一个个清潭散落其中，仿佛珍珠一

亲子游攻略

最佳旅游季节：全年
地址：密云县石城乡石城村西
门票：20元/(人·天)
交通：乘坐980路公交车至密云鼓楼站下车再转乘出租车
电话：010 – 69050004
Tips：景区内水流比较多，叮嘱孩子不要戏水，以免坠入水中

云岫谷风景区

们充分享受到大自然的慷慨给予，接触到各种新鲜的娱乐项目。

国际狩猎场：占地400公顷，是华北地区设施最齐全、规模最大的狩猎场。假如孩子对此感兴趣，可以和他们一起感受射击带来的舒爽，感受狩猎过程中的紧张刺激，相信这样的旅程一定会成为孩子记忆中的美好一刻。

名 片

云岫谷风景区距密云县城70千米，距北京市区132千米。这里有独特的自然景观和人文景观，是北京地区独一无二的集狩猎、度假、娱乐、科考于一体的多功能旅游区。

亲子游景点笔记

风景区自然环境优越，山场面积广阔，植被覆盖率达95%以上，非常适合全家旅游休闲。特别是有孩子们喜欢的游猎区，能够使他

亲子游攻略

最佳旅游季节：全年
地址：密云县新城子乡
门票：26元/(人·天)，学生14元/(人·天)
交通：乘坐987路公交车至密云汽车站下车，换乘直达云岫谷风景区的中巴
电话：010 – 81022307
Tips：狩猎场游玩时需特别注意孩子安全，叮嘱孩子不乱攀爬、乱跑

不老湖风景区

名 片

不老湖风景区是北京周边著名的休闲胜地，位于密云县不老屯镇，距市区130千米，环境幽雅，景色宜人。景区内拥有华北地区独一无二的麦饭石保健浴场和古石峪万亩林海松涛，可以提供纯天然绿色食品。

孩子了解麦饭石的神奇。

亲子游景点笔记

不老湖风景区内没有丝毫人工雕刻的痕迹，一草一木完全出自大自然的馈赠，是值得全家一起游玩的景区。

麦饭石保健浴场：池底全部由麦饭石铺就，可强身健体，防病治病。麦饭石是一种天然的药物矿石，含有人体所必需的钾、钠、钙、镁、磷等常量元素和锌、铁、硒、铜、锶、碘、氟等十八种微量元素，讲讲这方面的知识，让

亲子游攻略

最佳旅游季节：全年
地址：密云县不老屯镇
门票：免费
交通：乘坐980路公交车至密云汽车站下车，转乘密26、27、28路公交车至半城子站下车，有中巴接站
电话：010-69030360
Tips：不老湖风景区相邻景点较多，不妨顺便前往其他景点游玩

黄峪口风景区

名 片

黄峪口风景区森林葱郁、山谷奇峻、植物丰富、空气清新，是京郊著名的游览胜地。近年，因为动物植物资源异常丰富，黄峪口风景区被开发为青少年考察基地。

开阔孩子的心胸，培养孩子亲近自然的兴趣。

亲子游景点笔记

因为拥有得天独厚的自然环境和地理优势，所以能够欣赏到高山密林、深谷奇渊等独特景观。前来此处，定会被这里旖旎的风光所吸引，度过一个充实而有趣的假期。

智慧谷：全长10余千米的一条大峡谷，谷内溪水潺潺，山峰耸奇叠翠，林木覆盖率达70%以上。欣赏峡谷的奇骏，感受溪水的清纯，体味大自然的神奇瑰丽，从而

亲子游攻略

最佳旅游季节：全年
地址：密云县城以北石城乡
门票：成人15元/(人·天)，学生10元/(人·天)
交通：乘坐980路公交车至密云汽车站下车，转乘直达景区的中巴
电话：010-81060182
Tips：密云汽车站转乘时最好乘坐正规中巴车，不要搭乘无证黑车

仙居谷风景区

名片

仙居谷风景区古称万花山，距离北京市区115千米，是京郊著名的休闲景区。这里周围群峰环绕，沟涧林荫蔽谷，常年溪水不断，潭瀑众多、气候宜人。

亲子游景点笔记

景区一年四季风景美不胜收，在不同的季节里，这里会出现成片的杜鹃花、桃李、绣线菊、山樱花、山菊花等各种野花。置身其中，满眼都是烂漫的山花，姹紫嫣红、争奇斗艳，彷如仙境。

三清宫：俗称二柏搭枝庙，距今已有800多年的历史，是京东唯一的道观，香火旺盛，上香者长年不断。家长可以在参观的时候给孩子讲解道教的历史，增加孩子的知识储备。

亲子游攻略

最佳旅游季节： 全年
地址： 密云县太师屯镇
门票： 15元/(人·天)
交通： 乘坐916路公交车至密云汽车站，再转乘小巴直达
电话： 010 – 69035388
Tips： 参观道观的时候，要叮嘱孩子保持安静，遵守礼制

天仙瀑风景区

名片

北京天仙瀑风景区素以峰、石、潭、瀑、林、花、溪为特色，一年三季花开，有"植物王国""动物乐园""旅游天堂"之称。

亲子游景点笔记

景区内飞瀑、流泉极多，且瀑布非常雄伟壮观。景区多奇峰怪石、仙洞奇观，景色异常优美。

三叠瀑：由望仙瀑、接仙瀑、惊仙瀑三级组成，总高度达到了310米，其中仅惊仙瀑一级的落差就达115米，犹如一条白练自云霄垂落凡间，精彩之至。鼓励孩子思考一下，瀑布的源头那么高，水是如何生成的？最后为孩子做出解答，锻炼他们的思维能力。

亲子游攻略

最佳旅游季节： 全年
地址： 密云县西部四合堂乡
门票： 16元/(人·天)
交通： 乘坐916路公交车至密云汽车站，转乘密云到天仙瀑的中巴直达
电话： 010 – 69015287
Tips： 观赏瀑布要注意安全，不要过于接近，以免发生危险

渔乡花园度假村

名 片

渔乡花园度假村空气清新，景色宜人，群山连绵不断，山涧溪水缓缓流淌在小村边，形成山水相连、水天一色、山中有水、水中有山、景中有景的独特自然景观。

亲子游景点笔记

这里旅游资源非常丰富，有黑谷关长城、五虎门、关帝庙及多个保留完好的烽火台城楼等古迹。

京东大绝壁：是老山部队参战前集训的重要军事基地，也是理想的体育探险地，如攀崖、速降、蹦极等。假如孩子不敢尝试，陪着他们在一旁观看也是非常不错的。如此一来，可以带给孩子全新的运动视野，激发他们对运动的兴趣。

亲子游攻略

最佳旅游季节：全年
地址：密云县新城子镇花园村
门票：无
交通：乘坐916路公交车至密云汽车站，转乘到渔乡花园的中巴直达
电话：010–81021010
Tips：游玩之余别忘了品尝美食，这里有野味烧烤和纯天然的绿色食品（野菜、山菇、山木耳等）等，种类丰富

瑞海姆田园度假村

名 片

北京瑞海姆田园度假村是由主楼、别墅、白河、湖水、小桥、亭阁、花灯，以及上百种在乔灌花木中隐现的曲折小路共同构成的西方园林景观，是北京第一家五星级度假村，现为京郊著名的休闲度假胜地。

子一起感受这里的热带风情，并教给孩子游泳技巧。

亲子游景点笔记

这里给人的感觉是新、奇、特。整个度假村装饰得非常有个性，展现出东西方文化交融的风貌。值得一提的是，这里体现了最新的环保理念。适时为孩子讲讲环境对人类生存的重要性，帮助孩子树立环保的生活理念。

海滨浴场：是京郊最大的室内泳池，面积有800多平方米，有仿古木桥、瀑布、假山、棕榈树和热带植物，颇具热带风情。可以和孩

亲子游攻略

最佳旅游季节：全年
地址：密云西大桥路2号
门票：无
交通：乘坐980路公交车至瑞海姆田园度假村站下车
电话：010–89098888
Tips：官网可提前预订游玩项目，这样能够大大节省时间

京东沟金谷

名片

京东沟金谷纵深 4 千米,有自然景观和古文化遗址数 10 处。谷内群峰耸立,千峰竞秀,奇花异草,花果飘香,是京郊著名的游览胜地。

亲子游景点笔记

这里堪称家庭休闲的天堂,不仅景色优美,人文气息也非常浓厚。谷内景点有神鸽石、金蟾石、圣水泉、圣水潭、高崖古墨、洞顶莲花等。周围群峰耸立、千峰竞秀,谷内奇花异草,花果飘香。

龙女庙和初月亭:明朝万历初年,戚继光观览圣水泉后,捐款在泉旁修建了一座龙女庙和一座初月亭。龙女庙壮丽华贵,初月亭小巧婉约。家长不妨给孩子讲戚继光的故事,让孩子了解这位历史上鼎鼎有名的抗倭英雄。

亲子游攻略

最佳旅游季节: 全年
地址: 平谷黄松峪乡
门票: 10元/(人·天)
交通: 乘坐918路公交车至平谷汽车站,换乘8路公交车至沟金谷站下车
电话: 010 – 60988629

飞龙谷风景区

名片

飞龙谷风景区内无山不秀,无石不奇,密林幽深,飞瀑流泉,景色宜人。谷内常年气温比市区低3℃～5℃,被誉为“北方的张家界”。

亲子游景点笔记

于溪边观瀑,但见烟雾飞腾,虽在盛夏犹觉寒气袭人;冬季时瀑布则形成直径数丈之大的冰瀑,十分壮观。

中华百帝宫:为六角形仿古建筑,宫内塑造了女娲氏、伏羲氏等人文始祖至清末23个朝代419位帝王塑像,史学家称之为“中华一绝”。和孩子逐个观赏塑像,观摩塑像人物的形态,讲解人物在历史上的功过,丰富孩子的历史知识。

亲子游攻略

最佳旅游季节: 全年
地址: 平谷东北黄松峪乡
门票: 15元/(人·天),采摘节20元/(人·天)
交通: 乘坐918路汽车至胡庄路口站下车,换乘去飞龙谷的中巴或出租车直达
电话: 010 – 60989127
Tips: 每年8～10月举办山货采摘节,时间允许的话这段时间前来能够看到当地众多特产,不妨带些回去慢慢品尝

四座楼风景区

名片

北京四座楼风景区面积245公顷，因山顶上存在四座（现在尚存两座）明代长城敌楼而得名。山上风高松密，林中芳香扑鼻，置身其中暑气顿消，堪称京郊休闲的绝佳去处。

亲子游景点笔记

风景区山势陡峻，突起于周围山峰之上，山间多悬崖，非常适合登山远眺。当历经辛苦登上高山之后，远眺青山绿水，心旷神怡，绝对称得上人生最美的记忆。

明代长城敌楼：为古长城遗址，现存两座。给孩子讲述一下长城敌楼的用途，使其了解眼前建筑在古代军事斗争中的重要性。

亲子游攻略

最佳旅游季节：全年
地址：平谷区熊儿寨乡
门票：5元/(人·天)
交通：乘坐918路公交车至平谷汽车站，然后转乘中巴直达四座楼风景区
电话：010－61961454
Tips：此地非常适合夏季宿营，可携带帐篷前往，享受清凉

湖洞水风景区

名片

北京湖洞水风景区坐落在一条大峡谷中，总面积9平方千米，东西长5千米，南北宽1.5千米，因峡谷中有湖，山中有洞，溪水长流而得名。

亲子游景点笔记

这里山峰奇秀，峡谷幽险，山林茂密，洞幽水潺。春季山花怒放，夏季山幽水绿，秋季山果累累，冬季银装素裹。每一天都能在这里感悟大自然的静美，是全家游玩的好去处。

三娘洞：位于百丈悬崖之上。相传秦始皇修长城时，一役夫逃跑后隐居在此山洞中，年久不归。后来他的妻子带女儿、儿媳找到这里，所以命名为"三娘洞"。可以让孩子了解那个年代修建长城的劳苦，懂得那个时代劳动人民的苦难，引导孩子珍惜现在的幸福。

亲子游攻略

最佳旅游季节：全年
地址：平谷东北黄松峪水库北侧
门票：15元/(人·天)
交通：乘坐918路公交车至平谷汽车站下车，再转乘出租车至胡庄路口站下车
电话：010－60988154
Tips：景区下午6:30关闭，游览的时候早点去

老象峰风景区

名片

老象峰风景区距京城 80 千米，因景区内有天然老象巨峰而得名。景区为一条曲折蜿蜒的峡谷，目前可游览线路为 5 千米，现为平谷重要的旅游景区。

亲子游景点笔记

景区森林茂密、山崖陡立、百花争艳、老象天成，三十多处别具特色的景观点缀其间，奇趣盎然。在这里可以欣赏自然美景，感受浓厚的人文气息。

千亩果园：园中生长有苹果、桃、梨等果树，春天的时候这里简直就是花的海洋；夏季则果实累累；秋天果香弥漫，可以自采自摘。每年 7—10 月举办采摘活动，和孩子一起在果园中采摘，收获大桃、蟠桃、核桃、盖柿、苹果、梨、山楂、酸枣等，既可以锻炼孩子的动手能力，又能培养孩子亲近自然的情趣。

亲子游攻略

最佳旅游季节：全年
地址：平谷大华山镇小峪子村
门票：25元/（人·天）
交通：乘坐918公交车直达官庄路口站下车，换乘5路城乡风景车至小峪子村站下车
电话：010－61940273
Tips：这里的森林非常茂盛，且光线暗淡，游览时需叮嘱孩子缓行，以防被根茎绊倒或被树枝刮到脸

丫髻山风景区

名片

丫髻山风景区位于北京平谷刘家店乡境内，海拔 363 米，自古被视为仙山福地。因山巅两块巨石状若古代女孩头上的发髻，故此得名。

亲子游景点笔记

这里道教气息浓厚，山上建有很多的道观。这里还有众多历史人文遗迹。所以既可以欣赏优美的山川风景，又能了解道教风情气息。

碧霞元君祠：始建于唐代，后经历代不断翻修、扩建，逐步形成了一个完整的古建筑群，建筑辉煌，香火旺盛，是京东最有名的古刹。为孩子讲讲传说中的碧霞元君的故事，将这里的祠堂和泰山上的碧霞祠做一下比较，对孩子了解古代文化帮助很大。

亲子游攻略

最佳旅游季节：全年
地址：平谷区刘店乡
门票：35元/（人·天）
交通：乘坐918路公交车至官庄路口站，换乘5路城乡风景车至丫髻山下车
电话：010－61972535
Tips：此处为道家仙山，游览的时候需注意言行，不要在道观祠堂中乱说乱指

紫云山风景区

名片

紫云山风景区北与幽谷神潭、云蒙山景区相邻，南临青龙峡、雁栖湖。整个景区占地130多万平方米，山景融黄山之奇、华山之险、峨眉之神于一体，是受市民欢迎的度假景区之一。

亲子游景点笔记

景区内的通天河如一条飘舞的银丝带，串起了88个碧潭，将这里装点得如同江南水乡一般，处处都流露出了水的柔情和温婉。

红石林：是位于紫云山西南丹霞山顶的红色石头群，长约2 000米，宽约30米，紧邻万亩槲林和南屏草原。这里处处都是红褐色的石头，形态各异。让孩子寻找最喜爱的石头，描述它们的形状。家长给孩子讲一讲为什么这里的石头会是红褐色的，让他／她初步接触一些化学知识。

亲子游攻略

最佳旅游季节：全年
地址：怀柔城北20千米的怀北镇椴树岭村
门票：成人15元/(人·天)，学生7.5元/(人·天)
交通：乘坐936路公交车至北台下站下车，然后转乘怀11路至椴树岭站下车
电话：010－69648041
Tips：来这里别忘记品尝美食，虹鳟鱼可以生吃、烤着吃，也可以清炖，口感极佳

神堂峪自然风景区

名片

神堂峪自然风景区距北京市区65千米，因盛产几十种药材，并传说曾有一位神医来此开设药堂而得名。景区内空气清新、水质清纯，没有任何人工雕琢的痕迹。

亲子游景点笔记

神堂峪的环境质量在北京地区居于前列，很适合全家假期或者周末前来游玩。这里有山有水，可以登山，可以嬉水，能够尽情放飞身心，感受大自然之神奇。

神堂峪山：山峰险峻，怪石天成。山上有一处天然形成的"石瀑"，场面非常壮观。一块近万平方米的花岗岩，历经雨水的冲刷，而慢慢形成了"石瀑"。这块瀑布仿佛九天银河倒泻，气势恢宏。由此可以引出"水滴石穿"的故事，鼓励孩子在生活和学习中以这样的态度做事。

亲子游攻略

最佳旅游季节：全年
地址：怀柔怀北镇范各庄乡东沟
门票：成人26元/(人·天)，儿童13元/(人·天)
交通：乘坐916、936路公交车至雁栖镇下车，再换乘怀39路至神堂峪风景区站下车
电话：010－69662093
Tips：玩真人CS时，需叮嘱孩子不要在场地内纵身飞跃障碍物，以防受伤

喇叭沟门原始森林

名片

喇叭沟门原始森林景区内拥有浩瀚的原始森林、险峻的百丈悬崖和神秘的大峡谷，这些都是北京少有的自然景观。凉爽宜人的气候、浓郁的满族风情，更是令人流连忘返。

亲子游景点笔记

此处拥有北京地区最优质的森林资源，植物极其茂盛，能看到大片的杨树林、白桦树林，它们把整个山峰严严实实地覆盖起来。树林间还会不时出现狍子、山鸡和野兔等，处处充满野趣。

长寿泉：四季不干，隆冬不冰，常年饮此泉水的 12 户人家，几乎家家都有 90 岁以上的老人，故得名。为孩子简单讲讲此泉水的奇妙之处，以及当年秦始皇追求长生不老的故事，可极大丰富孩子的知识储备。

亲子游攻略

最佳旅游季节：全年
地址：怀柔北部喇叭沟门满族乡孙栅子
门票：10元/(人·天)
交通：乘坐936路公交车至九谷口汽车站下车，换乘怀11路至怀柔第二人民医院站下车，再乘坐936支至喇叭沟门站下车
电话：010－81673764
Tips：住宿的话最好选择农家院，这里乡野气息浓厚，非常适合孩子玩耍

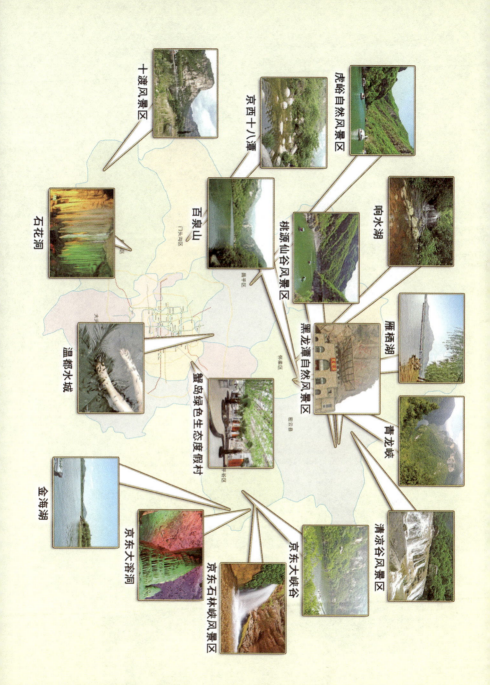

十渡风景区

京西十八潭

虎峪自然风景区

响水湖

石花洞

百泉山

桃源仙谷风景区

黑龙潭自然风景区

雁栖湖

温都水城

青龙峡

蟹岛绿色生态度假村

清凉谷风景区

金海湖

京东大峡谷

京东大溶洞

京东石林峡风景区

第9章 运动娱乐游
——放松身心动起来

Top1 怀北国际滑雪场

名片

怀北国际滑雪场距北京市区约67千米，位于怀柔城区北18千米，雁栖湖北行5千米的九谷口自然风景区内。该雪场四季经营，有3条滑雪缆车、6条拖牵道、1条魔毯。该雪场始建于2000年，是北京最早的滑雪场之一，也是北京地区唯一注册"国际"的国际型滑雪场。同时也是北京设施最完备、最安全、雪质最好的雪场。

亲子游景点笔记

怀北国际滑雪场被称为"北京风景最美的雪场"，这里可以容纳5 000人次同时滑雪，热闹非凡。

雪道：滑雪场内雪道总长5 100米，落差约238米。雪道由一条高级道、三条中级道和四条初级道组成，是北京地区雪道最长、规模最为宏大的国际级滑雪场地。滑雪乐园非常受孩子们的欢迎，家长可以带着孩子在里面尽情地玩耍。

雪具大厅：这里新装修的雪具大厅气势恢宏，便捷的电子收费系统、豪华的VIP包房、进口烘干设备等。滑雪的同时给孩子讲一下雪的形成，丰富他/她的气象和物理知识。

九谷口自然风景区：雪场位于风景区内，除了可以滑雪，夏天登最高峰，也是不错的选择。经过近些年的经营与改造，九谷口自然风景区内有完善的长城登临路线及穿越路线，家长和孩子还可以关注一下相关的拓展器械及野外营地等项目。九谷口自然风景区已经成为多样性的户外基地大本营，非常适宜家长和孩子进行户外运动。

亲子游攻略

最佳旅游季节：冬季

地址： 怀柔区怀北镇河防口村548号

价格： 人均消费250元/(人·天)

交通： 乘坐936路在九谷口(怀北滑雪场)站下车

电话： 010–89696677

Tips： 营业时间一般为每年12月－次年3月。滑雪时服装要注意保暖，但是也不宜穿太多，以免影响身体灵活性

Top2 军都山滑雪场

名片

军都山滑雪场在著名的小汤山温泉风景度假区内，是距离北京市城区最近的滑雪场。滑雪场的可供滑行面积达 150 000 平方米，该滑雪场有目前国内难度系数最大的高级雪道，专用滑雪训练区安全舒适的初、中级雪道非常适合初学者。

亲子游景点笔记

滑雪场配有吊椅式缆车、拖牵和雪道运载机以及 4 000 套各种型号的雪具，日接待 6 000 ～ 10 000 人次的客人。滑雪场设置中、西式餐厅、咖啡厅、足疗室、雪具专卖店、超市等基础服务设施，可以随时为滑雪者提供一流的服务。

雪道：军都山滑雪场是目前北京地区规模最大的滑雪场之一。滑雪场设计的初、中、高级雪道依山而建，总长度达到 4 000 多米。两条近 1 000 米的提供 20 种不同坡度变化的中级道，使初中级以上水平的滑雪者充分展示各种滑雪动作；高级道相对落差 247 米，长度 1 200 米，最大坡度 40%，是检验高级滑雪者水平的理想雪道。孩子可以在初级雪道滑雪，请专业教练教授，体会滑雪乐趣。

缆车观光：这里的滑雪缆车全长 2 000 米，乘坐缆车上下山途中不但可以在树林中看到梅花鹿的美丽身影，还能够欣赏高级道训练区高手们的滑雪表演。在山顶，还可以在咖啡厅品尝醇香的咖啡，这也是滑雪之外的另一种享受方式。在放松身心的同时，给孩子讲一些坐缆车的注意事项，增强孩子的安全意识。

亲子游攻略

最佳旅游季节：冬季
地址：昌平区崔村镇真顺村588号
价格：人均300元/(人·天)
交通：昌21路至军都山滑雪场站下车
电话：010 – 60725888
Tips：给孩子戴好手套，以免划伤摔伤。此外，滑雪场临近小汤山温泉，滑雪之后不妨泡一泡温泉，解除疲劳

Top3 英东游泳馆

名片

英东游泳馆由香港企业家霍英东先生捐资兴建，建筑风格独特，设备先进，附属设施完善。位于朝阳区奥运村的国家奥林匹克体育中心内。始建于1986年，馆内建有四个不同规模的游泳池，包括比赛池、练习池、跳水池、热身池。

帘布，这是非常人性化的设计。在奥运比赛期间拉开遮阳帘布，完全避免了自然光对于比赛带来的不利影响；在赛后，打开遮阳帘布，可最大幅度地引入屋顶自然光，从而很好地改善白天场馆内昏暗沉闷的氛围，并大大减少了人工照明的需求，非常环保健康。给孩子介绍这独特的设计，可以增强孩子的环保意识。

亲子游景点笔记

该游泳馆是当时亚洲最大的游泳馆。除此之外，游泳馆于2001年作为世界大学生运动会的游泳专项比赛场馆；2008年北京奥运会，英东游泳馆又作为北京奥运中心的水球与现代五项中游泳项目的比赛场馆。该游泳馆既包含了霍先生的爱国热情以及他对体育事业的大力支持，也记录了奥运健儿的辉煌战绩，具有十分特殊的意义。

奥运比赛场馆：游泳馆建筑面积达43 020平方米，英东游泳馆在奥运会后主要用于专业队的训练和全民健身使用，改扩建工程设计人员独具匠心地在屋脊处增设了两排用于自然采光和通风的电动开启天窗，并在馆内设置遮阳

亲子游攻略

最佳旅游季节：全年
地址：朝阳区亚运村安定路1号奥体中心
价格：人均50元/(人·天)
交通：乘坐386、656、658、660、689、696、740内环、740外环、753、939、944、944支、983、运通113线在亚运村站下车；地铁8号线在奥体中心站下车
电话：010-84375858
Tips：注意，营业时间是10:00-22:00，一般21:30就开始清场了。另外，如果孩子不会游泳，一定要请专业的游泳教练进行教授

碧溪垂钓园

名片

碧溪垂钓园距离北京市中心约26千米，整个垂钓园集垂钓、娱乐、食宿、购物为一体，是京郊休闲、度假、旅游、会议的理想场所。

亲子游景点笔记

这里既有人工养殖区，又有天然垂钓区，堪称垂钓者的天堂。对孩子们来说，这里种类多样的鱼类无疑能够带来很多快乐，亲手钓鱼、钓虾绝对是一件兴奋的事情。

碧溪垂钓宫：建筑面积达到了17 000平方米，宫内一年四季温暖如初，冬季更是垂钓的好季节。可以和孩子在冬季的时候来此享受垂钓乐趣，这里的鱼种丰富，垂钓成功率很高，保证孩子能收获到"惊喜"。

另外，这里还有跑马场、枪战城、网球、壁球、嬉水、游泳、保龄球、迷你高尔夫、模拟高尔夫等娱乐项目，可让孩子尽情游玩。

亲子游攻略

最佳旅游季节：全年
地址：房山区长阳镇
门票：10元/(人·天)
交通：在天桥乘917路公交车至长阳路口站下车
电话：010－80352133
Tips：门票不包括其他费用，钓鱼按斤收费

南宫温泉垂钓中心

名片

南宫温泉垂钓中心位于南宫世界地热博览园内，紧邻南宫苑公园，整体环境幽雅宁静，其主体设计采用圆拱形彩钢屋顶，高大宽敞，气势雄伟。

亲子游景点笔记

垂钓中心设施先进，堪称国内一流。最有意思的是，除了有美丽的风景之外，还能享受到温泉的滋润。

温泉垂钓：垂钓池中的用水都是采自地下3 000米深处的矿泉水，其中各种微量元素对人体健康极为有利。和孩子在这里垂钓，享受垂钓之乐的同时，也是一次健康之旅。

金鱼垂钓馆：专为儿童准备，内有种类多样的金鱼供孩子垂钓。五彩的金鱼好似精灵，让孩子眼中出现一道道童话般的风景。

亲子游攻略

最佳旅游季节：全年
门票：按所钓的鱼的大小种类收费
地址：丰台区王佐镇南宫村南宫世界地热博览园内
交通：乘坐321、339路公交车至地热博览园下车
电话：010－83317128
Tips：孩子在摸鱼馆中玩耍时要特别注意安全，避免滑倒呛水

北京国奥垂钓俱乐部

名片

北京国奥垂钓俱乐部位于朝阳区安定路一号国家奥体中心院内，该俱乐部在室内有垂钓宫，室外有垂钓湖，还配有众多的娱乐附属设施。垂钓宫内冬暖夏凉。冬季有暖气，室内温度可达到20℃。

亲子游景点笔记

垂钓宫内设有大小九个钓鱼池，放养了草鱼、罗鲱鱼、鲫鱼、武昌鱼、虹鳟鱼等鱼种供游人垂钓。室外钓鱼还分为分东湖高钓区和大湖普钓区。此外，还提供棋牌等服务设施，同时还增设了鱼庄和名茶荟萃的茶庄。在垂钓宫内垂钓，还可以根据需要由服务员送菜、送饭到家长和孩子的身边。

鱼庄：这里的鱼庄可容纳120人同时就餐，并设有雅间。全鱼席及家常菜是鱼庄的特色菜系，可提供多种烹饪手法烹制虹鳟鱼、罗鲱、草鱼、武昌鱼、鲶鱼、鲤鱼等垂钓鱼种，还有许多家常菜可供选择。和孩子一起体验垂钓和美食是一个很美妙的体验。

亲子游攻略

最佳旅游季节：全年
地址：朝阳区安定路一号国家奥体中心院内
价格：按实际消费而定
交通：乘387、108、18、特2路到小关站下车，从奥体东门进入；乘坐386、380、804路亚运村站下车，从奥体北门进入
电话：010－64910902
Tips：营业时间是 9:00－18:00，周一至周日均营业。垂钓时，要注意孩子的安全，不让孩子乱跑，避免落水

石景山体育馆

名片

石景山体育馆位于北京交通干线长安街的西端，在八角大桥南侧。毗邻郁郁葱葱的松林公园，异国情趣的大型游乐园近在眼前。这里交通便捷，景色宜人。

亲子游景点笔记

石景山体育馆是一个每边长99米的等三角形，三面屋檐高高挑起，就像一架跃跃欲试的航天飞机，造型新颖又别致，给人提供想象的空间，在体育馆前拍张照片，孩子一定非常喜欢。这里曾举办多次国内外的大型比赛，如第十一届亚运会定就将这里定为摔跤比赛场馆。石景山体育馆现有羽毛球场地十一块、乒乓球场地三块、沙弧球四道。在这里，孩子可以了解不同运动的规则，并且体验多种运动。

亲子游攻略

最佳旅游季节：全年
地址：石景山区石景山路32号
价格：按时间段收费，价格不等
交通：乘坐959、622、621、747、337、337区间、663、941、472、325、389、728路至京燕饭店站下车
电话：010－68875464
Tips：场馆每日8:00－22:00对外开放。此外，运动前要带孩子做一些热身运动

西单文化广场滑冰馆

内安装了专业电脑激光旋转射灯和实时摄影系统，练习的动作可以回放给孩子看，方便学习与纠正。大彩色显示屏播放滑冰比赛和演出的精彩画面，与进口音响系统营造共同出动感空间，给孩子带来良好的视听体验。

名片

　　西单文化广场滑冰馆的总面积约为 1 600 平方米，这里有原世界花样滑冰比赛获奖选手、国家健将级运动员来做驻馆教练，这是许多家长选择这里的原因。

亲子游景点笔记

　　滑冰馆置备了全套世界先进的环保制冰设备和全自动电脑监控系统，都是来自德国，馆

亲子游攻略

最佳旅游季节：全年
地址：西城区西单北大街180号西单文化广场B4楼
价格：25～35元/(人·小时)
交通：乘1、4、10、22、37、52、728、802路公交车至西单路口东站下车；或地铁1号线在西单站下车
电话：010－66063283
Tips：营业时间为10:00～22:00。初学者要注意休息，最好每隔15～30分钟让孩子休息一次

紫龙祥滑冰馆

　　冰道：这里是有赛道式的冰体，尤其方便初学者和小孩子，非常安全。

　　冰壶：冰上溜石运动的规则和技术易于掌握，对于孩子来说更是容易学习。这项运动是体力与智慧的结合，而且带有很强的趣味性，是孩子在北京健身休闲运动的好选择。同时，给孩子介绍这项运动的历史，以及它是如何传入中国的，使孩子加深对它的了解。

名片

　　紫龙祥滑冰馆位于东城区和平里中街，该滑冰馆冰面面积达 2 100 平方米，拥有京城唯一能玩冰上溜石（冰壶）的场地，因此这里聚集了大批的冰壶爱好者。

亲子游攻略

最佳旅游季节：全年
地址：东城区和平里中街甲14号
价格：26元/(人·小时)
交通：乘119、123、125路到兴化路站下车；或乘坐地铁5号线到和平里北街站下车
电话：010－64291619
Tips：营业时间为9:00～21:00。孩子休息时应把鞋带解开，使脚上血液畅通，快速解除疲劳

亲子游景点笔记

　　紫龙祥滑冰馆提供免费鞋，有速滑鞋、花样鞋和球刀等可供选择，冰壶运动是该馆的一大特色。

地坛仿真溜冰场

名 片

　　地坛仿真溜冰场占地面积1 200平方米，是国内首家仿真溜冰场。这是一个开放式的溜冰场，冰面宽敞，一年四季都可以接待游客。因此，这里汇聚了大批的溜冰爱好者。

让孩子运动之余，还可以丰富知识。

亲子游景点笔记

　　溜冰是一项健康的运动，它涉及全身的肌肉活动，而且富有节奏感。仿真溜冰场一年四季都不受气温的限制，运动的同时让孩子体会到科技的进步带给人们的生活方面的便捷。这里的仿真冰是由特殊、耐用和安全的高分子材料聚合而成，其滑冰模拟性能与冷冻冰相当，最快滑行速度是真冰的80％，却不需要制冷设备。来到这里，要给孩子介绍仿真冰的原理。

亲子游攻略

最佳旅游季节：全年
地址：东城区安定门外大街166号
价格：人均30元/(人·天)
交通：乘119、18、358、378、108、104路公交车至地坛站下车
电话：010－84265144
Tips：这里不可以使用花样冰刀，因为冰刀易将仿真冰面划伤，但能够使用水冰鞋和旱冰鞋

国贸溜冰场

名 片

　　国贸溜冰场于1999年5月正式开放，是北京第一个在商场内修建开放的冰场。这是一个天井式的冰场，场内的制冰设备从加拿大进口，冰面面积为800平方米。冰场上还有拔杆和镜子，可以帮助运动者进行辅助性练习。

的集体意识和互相帮助的意识，颇受孩子和家长们的欢迎。

亲子游景点笔记

　　国贸商城溜冰场的培训以花样滑冰为主，每个月都举办几次趣味比赛和派对活动，比如钻杆、蛇形穿行等。这样的趣味比赛和派对活动，不但可以促进学员更好地掌握动作要领，提高运动水平，而且也成了国贸商城溜冰场的一大亮点，吸引了更多的练习者。圣诞节期间，冰场上还举办音乐会、音乐圣餐等活动，这样的活动增强了孩子

亲子游攻略

最佳旅游季节：全年
地址：朝阳区建国门外大街1号国贸商城地下2层
价格：均价40元/(人·小时)
交通：686、729、938、805、609路等公交车到大北窑西站下车；地铁1号线、10号线国贸站下车
电话：010－65055776
Tips：平时的营业时间是10:00－22:00，周五、周六及公共假期为10:00－24:00。

世纪星滑冰俱乐部

名片

世纪星滑冰俱乐部创建于 1999 年 6 月，是我国第一个以花样滑冰为主项的体育俱乐部。俱乐部就设在首都体育馆综合训练馆内。俱乐部创建人、俱乐部教务总监都是滑冰方面的专业人士，教练员都曾经是国家队的优秀选手，在以往的国家或国际比赛中取得过优异成绩。

亲子游景点笔记

俱乐部于 2000 年首次承办了全国花样滑冰冠军赛，并举办了 2001 — 2002 年北京市花样滑冰比赛。俱乐部制定出了一套深入浅出行之有效的滑冰教材，引导教练员如何以良好的礼仪风范教授学员。教练们专业规范的动作演示以及通俗易懂的知识讲解、优质人性化的服务，会使孩子们既能保持浓厚的兴趣，又能获得技术上的提高。在这里，家长也可以和孩子一起学习，增进相互之间的交流，是良好的亲子互动机会。

亲子游攻略

最佳旅游季节：全年
地址：北京海淀区中关村南大街首都体育馆
价格：60元/(人·天)
交通：地铁4号线或地铁9号线在国家图书馆站下车
电话：010 – 68325603
Tips：给孩子选择合适的帽子和手套，能使头部和手保暖

东单游泳馆

名片

东单游泳馆位于东城区东单大华路，是一家环境温馨幽雅、充满热带雨林风情的游泳馆，蓝白相间的标准化水线为游泳者提供了可以畅游的条件。

亲子游景点笔记

游泳池的池水采用国际先进的循环过滤和消毒系统，水质清澈，水温常年保持在 26℃～28℃，室温 28℃～30℃，四季如春。经验丰富的专业教练可以免费给予游泳指导，游泳馆还设有国际标准游泳池、儿童冲浪水池及戏水智力滑梯。游泳池四周更有人性化的休息台，为初学者提供了安全保障，是带着孩子学游泳的好去处。馆内还免费提供了多种健身器材，在游泳健身的同时还可以进行其他锻炼。教孩子多认识一些健身器材，使孩子认识到不同健身器材都可以起到锻炼身体的效果。

亲子游攻略

最佳旅游季节：全年
地址：东城区东单大华路甲2号
价格：成人50元/(人·天)，学生或军人30元/(人·天)，儿童20元/(人·天)
交通：420、52、104快到东单站口西下车；或乘坐地铁列地铁5号线，东单站下车
电话：010 – 65231241
Tips：营业时间为10:00 – 22:00。让孩子尽量在浅水区活动，以免发生危险

天坛游泳馆

名片

　　天坛游泳馆位于天坛公园东侧，于2006年8月进行了全面的装修改造，建筑面积达2 000平方米，采取全新的水循环处理装置，馆内日照充足、通风良好，并且室温、水温均衡舒适。

亲子游景点笔记

　　馆内设有一座50米标准池，水深1.3～1.85米，儿童池水深只有1米，水温在25℃左右。馆内的休息间、更衣室、淋浴室、卫生间整洁便利，而且服务周到。天坛游泳馆经常承办各类比赛，馆内有学生、儿童、成人游泳技术培训等，教练教学水平高、成绩突出，多次在比赛中获奖。学游泳不但可以锻炼身体，还可以使孩子养成良好的运动习惯。

亲子游攻略

最佳旅游季节：全年
地址：东城区天坛东路13号天坛体育中心内
价格：成人40元/（人·天），儿童15元/（人·天）
交通：39、25、957、705、618公交车至天坛体育场下车；或乘地铁五号线至天坛东门站下车
电话：010－67029838；010－67017562
Tips：周一至周五的营业时间为9:00－20:30，双休日为13：00－20：30。需要注意的是，这里没有学生票

北京体育馆游泳馆

名片

　　北京体育馆位于天坛公园东侧、龙潭湖公园北侧，占地面积约为16万平方米。自1955年建成比赛馆、游泳馆、练习馆三大主馆之后，几十年来陆续建成了符合国际标准的田径馆、网球馆、跳水馆、排球馆等十几个专业练习馆。

亲子游景点笔记

　　馆内设有2 000个观众席，游泳池长50米，宽20米，设有8条水道及1座7.5米高的高跳台。泳池深1.4～4.5米，池水清澈，温度适宜。
　　北京体育馆常年设有业余体校，教练均为国家级高级教练员，教学水平非常高。想要孩子得到国家级游泳培训，这里是个好去处。

亲子游攻略

最佳旅游季节：夏季
地址：东城区体育馆路4号
价格：20元/（人·1.5小时）
交通：6、34、35、36、41、60、116、686、707、957路公交车至北京体育馆西站下车；或乘地铁5号线天坛东门站下车
电话：010－67112266
Tips：夏季的营业时间为周一至周五19:00－22:00，周六、日为15:00－22:00；冬季为周一至周五19:00－21:00，周六、日为15:00－21:00。要根据营业时间来安排具体的游泳时间

特佳游泳馆

室温 32℃，水温 26.5℃。敞亮的大厅，玻璃的顶棚，这样阳光可以直射进来；地板供暖，非常舒服。馆内采用国际标准进行臭氧方式消毒，环保卫生。标准的 50 米泳池，水质清澈透明，可以让孩子放心活动；还设置了各种各样的泳池，供孩子们选择，不愧在京城有"特佳"的称号。为确保安全，建议带孩子尽量在浅水区活动，同时教授孩子一些游泳方面的安全知识。

名 片

特佳游泳馆位于西坝河南路，毗邻国际展览中心，是京城罕见的空中阳光泳池。馆内四季如春，室温宜人，池水清澈；国际标准泳道，进口过滤消毒设备，将使您和孩子充分享受到休闲乐趣。

亲子游景点笔记

馆内泳池水深 1.9～2.2 米，有 8 个泳道，

亲子游攻略

最佳旅游季节：全年
地址：朝阳区西坝河南路4号
价格：25元/(人·天)
交通：104、130、116路到柳芳站下车；或乘地铁13号线至柳芳站下车，向东走200米就到
电话：010－84498668
Tips：营业时间为10:30－14:00,17:00－21:30。游泳前，要带着孩子做好充分的准备运动

郡王府游泳馆

个，在国际标准的比赛泳池旁，可以给孩子介绍一下国际游泳比赛的各项规则，让孩子对游泳这项运动有更多的了解。在这里，您和孩子随时能在最佳条件下畅游，因为游泳馆是按国际标准设置，对水质、水温、室温进行全天候的监控，医务室及现场救护人员更是提供了可靠的安全保证。

名 片

北京郡王府体育中心于 2000 年 7 月正式开馆，西面临近亚洲第一大公园——朝阳公园，东临东四环朝阳公园桥，南面是朝阳公园南路。郡王府体育中心是北京中央商务圈内的一座具有中式风格的体育场所。

亲子游景点笔记

郡王府游泳馆总占地面积 12 000 平方米，场馆的设计、施工都是严格按照国际标准进行的。馆内有国际标准的比赛泳池和儿童池各一

亲子游攻略

最佳旅游季节：全年
地址：朝阳区朝阳公园南路21号
价格：50元/(人·天)
交通：302、350、431、499、502、686、675、673、672、731、750、729、973、976、988、758路公交车在朝阳公园桥西站下车
电话：010－65940433
Tips：正常营业时间为10:00－22:00，每年的11月1日－4月30日期间，周一、周二为12:00－22:00，周三至周日为10:00－22:00

海淀游泳馆

名 片

海淀游泳馆位于海淀区中关村，这里是北京市乃至全国的高新科技核心区。周边还有清华、北大、人民大学等全国知名的高等学府，充满良好的文化氛围，因此很受周边市民的欢迎。

亲子游景点笔记

馆内拥有一深一浅两个标准短道游泳训练池，在业余运动员训练间歇对社会人士开放。适合于不同水平的游泳客人，可常年对外开放和水上训练与比赛，并开设各种游泳初学培训班。海淀游泳馆管理严格，保证室温均衡，水温和水质洁净，可以放心进行活动。除此之外，海淀游泳馆特别注重服务和配套设施，来到这里能享受免费的桑拿。

亲子游攻略

最佳旅游季节：全年
地址：海淀区西苑操场15号海淀体育场内
价格：20元/(人·天)
交通：332、333、718、302、394、608、运通114、运通124路公交车海淀桥北站下车；47路海淀桥东站下车；982、983、740路海淀桥西站下车
电话：010－62641131
Tips：注意，这里的营业时间，工作日是12:00－16:00，19:00－23:00；节假日是12:00－23:00。此外，桑拿房过热，不建议孩子在里面停留时间过长

颐方园体育健康城游泳馆

名 片

颐方园体育健康城游泳馆设计风格独特，是北京市设施最为完备的室内游泳馆之一。馆内采用了全温控系统、中央空调、地砖辐射采暖系统、集中供气及水加温系统等一系列高科技手段。游泳馆四季如春、室温宜人。

上运动，比如水球比赛，这是与孩子亲密互动的好机会。

亲子游景点笔记

颐方园游泳馆提供24小时循环水，每天补60吨新水，更设有更衣间，更衣间内还有桑拿房，提供洗浴，完善的水循环处理设备、臭氧消毒及自动加药系统会让家长和孩子放心地畅游其间，小朋友们还有自己喜爱的儿童池。室内保持28℃的恒温，并且水温舒适，再配上绿色的植物，会使家长和孩子心情舒畅；还可以进行一些水

亲子游攻略

最佳旅游季节：全年
地址：丰台区成寿寺路甲12号
门票：成人40元/(人·天)，儿童10元/(人·天)
交通：300、25、723、803、985、973路公交车至成寿寺相关站点下车；或地铁5号线至刘家窑站换乘出租车；或地铁10号线成寿寺站下车
电话：010－67615511；010－67686118
Tips：这里游泳不限时间，可以和孩子尽情畅游

万龙八易滑雪场

名 片

万龙八易滑雪场地处丰台区，是目前北京市区内唯一的大型户外滑雪场，地理位置极其优越，交通十分便利，是北京雪场中唯一同时拥有5套全自动雪地摩毯及两条运行速度为2.24米／秒的四人吊椅缆车的滑雪场。

亲子游景点笔记

作为一个大型户外滑雪场，万龙八易滑雪场充满特色的滑雪道是许多人选择在这里滑雪的原因。这也是给孩子增长见识的好去处。

雪道：滑雪场占地20万平方米，雪场现已开发了两条初级雪道、两条中级道、一条高级道、一条单板练习道、一条雪圈道及一条免费教练学道共八条不同级别的雪道，可满足不同滑雪消费群体的需求。孩子在学习滑雪的同时，还可以了解关于滑雪运动的相关知识。

亲子游攻略

最佳旅游季节：冬季
地址：丰台区长辛店八一射击场院内
价格：120元/(人·天)
交通：公交327、385路到八一射击场站下车；乘地铁1号线到达八宝山站，换乘公交车951、327、385路到八一射击场站下车
电话：010－52219999
Tips：注意保暖，防止冻伤。滑雪前给孩子涂抹防晒霜，以免强烈的紫外线晒伤他们的皮肤

渔阳国际滑雪场

名 片

北京渔阳国际滑雪场坐落在国家4A级风景区青龙山上，它将竞技与娱乐相结合，规模设施与国际接轨，是集滑雪、旅游、酒店住宿、会议度假为一体的综合旅游度假村。

亲子游景点笔记

这里风景优美，气候宜人，非常适合全家休闲旅游。穿上厚厚的雪服，戴上防风镜，去体验冲下雪道的刺激，相信是很多孩子的梦想。不管成人还是孩子，都能找到属于自己的快乐。

教学滑雪道：专门为之前没接触过滑雪或者初学者准备的滑道，有专门的教练负责指导技巧。孩子在这里能够充分体验到戏雪、娱雪的乐趣，在惊险刺激的教学中提高滑雪技能。

亲子游攻略

最佳旅游季节：全年
地址：平谷区东高村镇大旺务村688号
价格：平日160元/(人·天)，周末220元/(人·天)
交通：东直门乘918路公交车至世纪广场下车，再坐出租车到雪场
电话：010－84856322
Tips：滑雪时最好戴上滑雪护目镜，以保护眼睛

雪世界滑雪场

名片

　　雪世界滑雪场位于驰名中外的明十三陵镇旅游风景区的凤凰山，四面环山，是离北京市区最近的一家滑雪场。这里的滑雪道全部符合国际标准，雪具由国外进口，设施齐备，方便耐用。

则可体验一下中、高级滑道，亲自示范滑雪技巧。

亲子游景点笔记

　　这里拥有优质的滑雪道、美丽的风景、宜人的气候，堪称京郊最适合前往的滑雪场之一。场内设施非常适合孩子游玩，他们可以在这里尽情地享受雪世界的美妙。

　　这里的雪道面积为10万平方米，具有中、高级滑道两条，长500米；并为初学者设计了国际标准滑道3条，长380米，单板滑道1条，长380米。孩子可以在初学滑道上滑雪，家长

亲子游攻略

最佳旅游季节：全年
地址：昌平区十三陵镇小宫门
价格：平日160元/（人·天），周末240元/（人·天）
交通：德胜门乘345路支线或881路至昌平政法大学站下车，换乘昌53路至鲜果乐园站下车
电话：010－89761886
Tips：要准备好防寒服。因为滑雪场内气温比较低，这样可以起到防寒、保暖的作用

莲花山滑雪场

名片

　　莲花山滑雪场是北京面积最大的滑雪场，其交通便利，设施齐备，非常适合家庭休闲旅游，是北京市民假期运动的目的地之一。

雪地足球场、网球场和跑马场、夏季游泳戏水区，能尽情享受亲子时光。

亲子游景点笔记

　　在这里，我们可以感受到一个真实的大自然，每一道风景都那么原始，没有丝毫被破坏的痕迹。全家人在此感受运动的激情，体验美妙的雪之乐趣。

　　莲花山滑雪场开设初、中、高级雪道共7条，高山四人吊椅索道1条，拖牵索道5条。家长可以给孩子普及一下人造雪的知识，增加孩子的知识储备。

　　另外，这里还辟有雪圈道、雪地摩托道、

亲子游攻略

最佳旅游季节：全年
地址：顺义张镇莲花山
价格：20元/（人·天）
交通：东直门乘918路公交车至良山站下车
电话：010－61488111
Tips：必须在具备基本的滑雪技术后，才能在不同难度的滑雪道上享受滑雪的乐趣，在掌握滑雪技能之前，不要让孩子去中高级滑道冒险

乔波冰雪世界

名片

北京乔波冰雪世界是由前世界冠军叶乔波女士倡导、由启迪科技园启迪控股股份有限公司投资兴建的一家集室内滑雪馆、会议度假酒店、运动康复体检中心于一体的大型综合性高档运动、休闲场所。

亲子游景点笔记

作为京郊首屈一指的室内滑雪场,一年中的任何一天都能在这里享受到冰雪之乐。特别是对孩子来说,炎炎夏日时能够看到一个冰雪世界,一定感觉非常神奇。

滑雪馆:是北方地区唯一一家能够提供四季滑雪的运动场所,全套采用加拿大知名厂商的造雪设备和国际先进的制冷技术。在这里能充分享受到滑雪运动带来的无穷乐趣,感受童话般的冰雪世界。家长可以给孩子介绍乔波女士在滑雪运动中取得的成绩,鼓励孩子。

亲子游攻略

最佳旅游季节:全年
地址:顺义区顺安路6号
价格:平日480元/(人·天),周末660元/(人·天)
交通:乘快915路公交车至顺义胜利小区,换乘顺14路、顺21路、顺34路公交车直达滑雪馆
电话:010–69411999
Tips:滑雪馆中有滑雪器材出租,游客可以租借,不必提前购买

石京龙滑雪场

名片

北京石京龙滑雪场是京郊第一家规模最大、设备设施齐全、在全国最先采用人工造雪的滑雪场。整个雪场占地40万平方米,设计专业的雪道,高档布局的雪具大厅可同时接待5 000人进行雪上娱乐活动。

亲子游景点笔记

这里除了滑雪项目之外,还有很多和雪有关的娱乐项目,比如滑雪吊椅缆车,可以在高空尽情欣赏冰雪世界的美妙!

滑雪场内设有初、中、高级滑雪道,其中最有挑战性的高级滑雪道长达1 035米,其垂直落差达到了300米;中级滑雪道共两条,总长1 000多米;初级滑雪道总长3 000多米,平均坡度10°左右。和孩子在高级滑雪道旁边观赏真正"高手"灵活矫健的身姿,感受滑雪带来的刺激和激情。

亲子游攻略

最佳旅游季节:全年
地址:延庆县张山营镇中羊坊
价格:平日220元/(人·天),周末360元/(人·天)
交通:乘919路空调快车至延庆南菜园,换乘920路汽车至滑雪场站下车
电话:010–59059088
Tips:需提前准备雪具押金200元,雪具若无损坏,押金由雪场收银窗口返还

八达岭滑雪场

名片

北京八达岭滑雪场是京郊一所著名的滑雪度假村，它坐落在八达岭长城西侧2千米处，总占地面积为300万平方米。

亲子游景点笔记

作为京郊首屈一指的滑雪度假村，这里不仅拥有优美的环境，而且有良好的配套设施，能够让人们在冰雪世界中享受到舒适的饮食、住宿环境。

滑雪场拥有两条800米长的初级滑道、一条600米的中级滑道以及一条800米长、120米落差的高级滑道，可以满足不同水平游客的滑雪需求。这里还有一条2300米、堪称北京目前最长的雪地摩托车道和两条300米长的雪上飞碟道。孩子们能够尽情释放自己；在滑雪

过程中，家长不妨给孩子讲述滑雪运动的历史。

亲子游攻略

最佳旅游季节：全年
地址：延庆区八达岭镇八达岭经济开发区66号
价格：平日170元/(人·天)，周末240元/(人·天)
交通：德胜门乘919路公交车至西拨子站下车
电话：010－69129911
Tips：在排队领取雪具的时候，可以压腿或高抬腿，让身体充分活动开

南山滑雪场

名片

北京南山滑雪场是北京地区乃至整个华北罕见的汇集滑雪、滑道等动感休闲运动项目为一体的冬季度假村。这里雪质优良，景色壮美，且气候宜人，非常适合全家休闲旅游。

亲子游景点笔记

滑雪场的主要特色可以概括为：冬季滑雪、春季踏青、夏季戏水、秋季采摘。在这里既可以充分感受动感美，又可以体味各种静态美。

滑雪场拥有高、中、初级滑雪道，教学道和娱雪道21条，可以满足不同水平人群的滑雪需求。其中教学滑道和娱雪道比较适合孩子游玩，孩子们能够充分学习滑雪技巧，感受滑雪乐趣。

亲子游攻略

最佳旅游季节：冬季
地址：密云区河南寨镇圣水头村
价格：平日220元/(人·天)，周末360元/(人·天)
交通：东直门乘980空调快车至西大桥站下车，再换乘出租车
电话：010－89091909
Tips：滑雪场内住宿较贵，可在周边住宿

云佛山滑雪场

名片

云佛山滑雪场坐落于北京最大的水源保护地——密云水库的南岸，它三面环山，环境优美，是一座集住宿、餐饮、会议、娱乐、健身为一体的大型综合性滑雪旅游胜地。

亲子游景点笔记

在滑雪场里，冰山、冰瀑、冰坡、冰花营造出了气势磅礴的极地冰雪世界，家长和孩子能够充分体验滑雪乐趣，找到属于自己爱好的冰上项目。

场内建有长 800 米、落差 130 米缆车的高级滑雪道 2 条，中级滑雪道 3 条，并特别为初级滑雪者设计了长 100～380 米的初级滑雪道 4 条。另外这里还建有能够满足孩子们娱雪乐趣的滑圈道、马拉雪橇、狗拉雪橇。尤其是冰景观赏，自助冰雕、冰瀑、冰柱，非常有趣味性。

亲子游攻略

最佳旅游季节： 全年
地址： 密云溪翁庄镇
价格： 平日20元/（人·天），节假日30元/（人·天），其他项目按小时收费
交通： 东直门987直达；980快车至密云沙河站下车；郊81路公交车至宝城客运站下车；970路公交车至密云汽车站下车
电话： 400–632–1519
Tips： 滑雪过程中如果摔倒，要尽快躲开雪道

老美跑车城

名片

北京老美跑车城占地面积 2 万平方米，是我国首家美式家庭跑车娱乐场所。其内设有成人、儿童和碰碰车等四种跑道，是全家体验紧张刺激的跑车运动的首选之地。

亲子游景点笔记

这里绝对是一个感受运动激情的地方，各种各样的机车能够满足不同年龄段、不同水平人群的需要。家长和孩子在这里可以激情飞驰，享受跑车带来的运动激情。

跑车：成人驾驶的 40 多部跑车，采用日本本田发动机，跑起来精险刺激；为儿童设计的跑车则更安全可靠，充满趣味。孩子可以驾驶专门设计的跑车至跑道上飞驰，亲身体验汽车飞驰极限，感受速度带来的激情。

亲子游攻略

最佳旅游季节： 全年
地址： 丰台区花乡葆台新村
价格： 成人50元/（人·天），学生25元/（人·天）
交通： 乘937、905路公交车或世界公园专线至世界公园站下车
电话： 010–63735092
Tips： 体验时要叮嘱孩子限制车速，避免车速过高导致翻车

龙翔卡丁车俱乐部

名 片

北京龙翔卡丁车俱乐部是北京地区一所集赛车、健身、娱乐为一体的好去处，适合家庭休闲，感受极限运动激情。

亲子游景点笔记

这里几乎汇聚了所有型号的卡丁车，是一个真正的赛车天地。家长和孩子能够亲身感受到发动机的轰鸣和急速驾驶的刺激，享受一个不一样的假期！

山地摩托车：专门为孩子设计而成，动力强劲，安全舒适。和孩子一起过把瘾，感受这项运动的时尚、刺激，让孩子在飞驰和跃动中锻炼胆量，激发孩子的勇气，唤起孩子的运动激情！

亲子游攻略

最佳旅游季节：全年
地址：通州区宋庄镇白庙村
价格：10元/(人·圈)，每辆车600元/(人·小时)
交通：八王坟乘930路公交车至燕潮酩酒厂站下车
电话：010 – 69599959
Tips：在驾驶卡丁车之前，要为孩子做好各种安全防护措施，预防意外

芳草渔村

名 片

北京芳草渔村是一家集餐饮、养生度假、观光旅游、拓展训练、商务接待于一体的综合性度假村。整个渔村占地面积20 000余平方米，环境优美，非常适合全家旅游休闲。

烹制，相信当孩子吃到自己亲手钓上来的鱼时，会很有幸福感和成就感。

亲子游景点笔记

渔村紧邻京密引水渠，两岸遍植柳树，春可踏青，夏可消暑，环境极其优雅。在这样的环境中悠然徒步于芳草小筑，醉心于闲情怡景，临波垂钓，美不胜收。

精养垂钓池：共计三个，每个占地11 000平方米。池内饲养有草鱼、鲤鱼、武昌鱼、鲫鱼、罗非鱼等专供垂钓。这里设施齐备，可以尽情享受垂钓的乐趣。另外，还提供鲜鱼加工

亲子游攻略

最佳旅游季节：全年
地址：昌平区马池口镇宏道村
价格：视具体消费而定
交通：乘坐648路公交车至宏道站下车
电话：010 – 60771010
Tips：这里的烤虹鳟鱼、皇牌乳鸽极具特色，一定记得品尝

辛庄渔场垂钓乐园

名片

小汤山镇辛庄渔场垂钓乐园是北京较大的垂钓娱乐场所之一，渔场内建有13万平方米的罗非鱼养殖场以及6个大型鱼坑，内混养有草鱼、鲤鱼、武昌鱼，可供游人垂钓。

亲子游景点笔记

作为京郊著名的渔场之一，这里水质优良，环境秀美，鱼类品种多。置身其中，会立即被悠闲的情调所包围，享受平时难得的放松。

垂钓：渔场内的罗非鱼养殖场和鱼坑放养有罗非鱼、武昌鱼、草鱼等品种可供垂钓。可以和孩子一起选择场地，比赛看谁钓上来的鱼多、鱼大，在这个过程中教给孩子垂钓知识和技巧，丰富其知识。

亲子游攻略

最佳旅游季节：全年
地址：昌平区小汤山镇辛庄
价格：按照鱼的种类和大小收费
交通：乘坐房47路公交车至洪寺村站下车
电话：010－61711388
Tips：园内提供钓坐、遮阳伞等，可提前预订

锦绣垂钓山庄

名片

北京锦绣垂钓山庄是日夜开放的新型垂钓场，自1995年开业以来，以空气清新、环境优美、鱼源充足、无污染等优势吸引了大批垂钓爱好者。

亲子游景点笔记

垂钓山庄位于桥梓镇苏峪口水库，依山傍水，果木环抱，环境优良，非常适合来此休闲旅游，享受湖光山色，垂钓之乐。

水库垂钓：山庄内水库鱼源充足，除去很多十斤以上大鱼藏身水库内，山庄还定期投放鲤鱼、草鱼、鲶鱼、鲫鱼等成鱼。和孩子在特有的水上钓屋中感受世外桃源般的垂钓乐趣，感受和都市不同的环境。

亲子游攻略

最佳旅游季节：全年
地址：怀柔区桥梓镇苏峪口村北苏峪口水库
价格：水中钓屋平日300元/(人·天)，节假日380元/(人·天)，限12小时
交通：东直门乘916路车至怀柔车站，换乘中巴到桥梓镇，再乘小巴到苏峪口水库下车
电话：010－69675450
Tips：水库水深，要随时留意孩子的安全

光彩网球中心

名 片

　　光彩网球中心网球场是全国最大、亚洲设施最好的室外网球场地之一。整个场地可容纳观众 10 000 人，是中国网球公开赛的主赛场。

亲子游景点笔记

　　作为目前中国设施最先进的网球场地，这里举办过很多大型网球赛事。感受浓厚的网球运动气息，对培养孩子的网球爱好是非常有利的。

　　网球：这里的场地非常棒，可以跟孩子打一场网球，培养亲子间的默契。休息时给孩子讲讲中国著名的网球运动馆，以及中国著名的

网球运动员李娜、郑洁等，激励孩子好好练习。

亲子游攻略

最佳旅游季节：全年
地址：南三环赵公口南100米
门票：平时40元/(人·小时)，节假日50元/(人·小时)
交通：乘坐300、48、25路公交车至光彩体育馆下车
电话：010 – 67211018
Tips: 体育馆运动设备租价较贵，最好自带

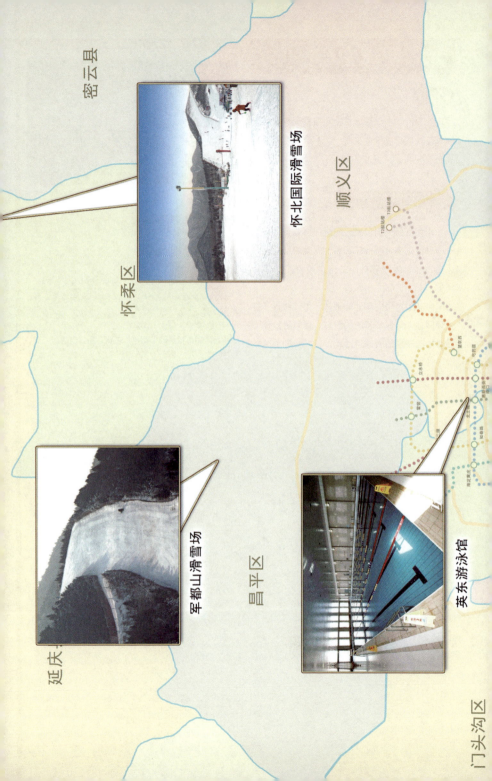

密云县

怀柔区

怀北国际滑雪场

顺义区

延庆

军都山滑雪场

昌平区

英东游泳馆

门头沟区

第10章 动物观赏游

——游览的同时学会保护

Top1 八达岭野生动物园

名片

　　八达岭野生动物园是一座依山而建的大型山地生态园，坐落在长城脚下。园内拥有百余种野生动物，包括100多只非洲狮、20多只白虎、20多只东北虎。园区内除了建有大型的动物观赏区，还设有科普教育等环保工作室。

　　野生动物园的最大特色是动物与大自然融为一体。园内山水相依、树木葱郁，山岭间野花烂漫、灌木繁茂。

亲子游景点笔记

　　园区设施齐全、风光秀丽，内设野生动物游览区、山林观光区等功能区。在游览区里可以观赏凶猛的猛兽；去山林观光区可以听鸟语闻花香；在古文化区可以欣赏名胜古迹。孩子在里面可以学到不少有关动物的知识，一定会乐此不疲。

　　山路：带着孩子乘坐缆车，在蜿蜒曲折的山路上浏览野生动物园沿途美丽的风光。随着缆车进入浩渺的林海，孩子可以观赏彪悍凶猛的狮子、熊、东北虎、猎豹，看他们在绿色的海洋中欢快地奔跑。

　　步行区：来这里，可以欣赏在水边喝水的斑马，在吃树叶的长颈鹿。此外，这里还生活着中国最大的非洲狮群家族与威风八面的东北虎群。娇小可爱的马来熊是所有孩子的最爱，它们憨憨的表情和吐出的小舌头，一定会促使人们更加自觉地呵护这些小精灵。

　　方丹广场：走进广场，可以欣赏到山林的美景。各种奇花异树展现在眼前，极具特色的"孔雀东南飞"是这里的一大盛景。孩子不仅可以看到蓝白孔雀，还可以与金刚鹦鹉对话，十分有趣。孩子能在大自然秀美的风光中放松身心，拓展视野，丰富动植物的相关知识。

亲子游攻略

最佳旅游季节： 全年
地址： 延庆县八达岭中心停车场对面
门票： 90元/(人·天)
交通： 在德胜门乘坐运919路公交车直达八达岭，动物园就在长城脚下
电话： 010－69121842
Tips： 园内有许多大型野兽会放养在山林中，游览时千万不要踏入危险地区，以免发生伤人事件

Top2 北京动物园

名 片

北京动物园是中国开放最早的动物园，园内饲养了5 000多种展览动物和500多种海洋生物，每年吸引无数游客来此旅游。园区内有狮虎山、猴山、企鹅馆、儿童动物馆等几十个馆舍，享有"万牲园"的美誉。

动物园从建立至今，经过多次扩建，使得它成为现今全国规模最大、饲养动物种类最多的动物园。这里不仅是动物的乐园，更是中国科普教育的重要基地。

亲子游景点笔记

北京动物园是大自然的一角，无数野生动物在这里繁衍生息，延续着生命的奇迹。与孩子一起在雉鸡苑的育幼室观看雏鸡诞生的过程，为他讲解动物与人类的相通之处，可以满足他对大自然的好奇。

狮虎山：它是北京动物园最具代表性的建筑，整个馆舍被设计成山洞的形状，带孩子进入"山"内，犹如走进神秘的山野林洞。看到被饲养在笼子里的非洲狮、孟加拉白虎，孩子一定既兴奋又快乐。

白熊馆：场馆占地面积8 000平方米，

分为室内展厅、室外运动场等多个区域。室内展厅的中央有一个制冰机，可以为北极熊营造冰面环境。与孩子一起观看玻璃墙上的银幕播放的北极冰川的影片，为他描述寒冷的北极世界，将为游览带来很多乐趣。

儿童动物园：园区在1984年6月1日对外开放，是一个专为小朋友建造的小型动物展舍。里面有山羊、骆驼、猫等可爱的小动物。孩子可以骑在小马驹身上，或是到饲喂区给动物喂食，从而体会到和动物在一起的欢乐。

亲子游攻略

最佳旅游季节：全年
地址：西城区西直门外137号
门票：旺季15元/(人·天)，淡季10元/(人·天)
交通：乘坐317、534、697路公交车至动物园站下车，或乘坐地铁四号线在动物园站下车
电话：010－68314411
Tips：动物园内有许多大型的野生动物，孩子在观赏时期不要太靠近，以免发生伤人事件

Top3 大兴野生动物园

名片

北京大兴野生动物园是一座建造在万亩森林中的大型生态公园，是集动物观赏、驯养、保护和科普教育于一体的综合性自然生态基地。园区内拥有世界罕见的珍稀野生动物200多种。

动物园将散养、混养的方式相结合，建有展示野生动物的观赏区、科普教育区等多个区域。园区的布置突出"人与动物和谐相处"的主题，人性化的设施与管理拉近了人与动物的距离。

亲子游景点笔记

野生动物园内的建筑与设施增加了人与动物接触的机会。别致的建筑物、茂盛的草木，将园区装点得异常清幽，为动物营造了一个舒适的生活环境。游览动物园，不仅可以观赏到各种珍禽异兽，而且可以体会到动物与人的亲密关系。

散放观赏区：来这里，孩子可以看到成群的野狼、威猛的狮子、直立行走的猩猩，它们共同生活在这片区域，不断繁衍生息。此时，父母可以为孩子讲述自然界弱肉强食的规律和它们如何在数量上维持生态平衡的知识。

步行区：观赏过大型动物激烈的博弈，去步行区欣赏一下松鼠、狍、鹿等温顺的小动物。看小鹿在草地上互相追逐、亲密地磨蹭身体的样子，孩子一定会非常喜欢。

主题动物馆：走进主题动物馆，珍贵的棕尾虹雉、绿尾虹雉一定会让家长与孩子目不暇接。不仅如此，孩子还可以欣赏可爱的熊猫宝宝、动作灵巧的金丝猴。带孩子观赏时，可以多多讲述一些动物相关的知识。

科普教育区：看过威猛的狮子、老虎，娇小的松鼠、金丝猴，再陪孩子去实践一下园内开设的科普教育活动，让他学习有关拯救濒危动物的知识和措施。

亲子游攻略

最佳旅游季节：全年
地址：大兴区榆垡镇万亩森林之中
门票：80元/(人·天)
交通：乘坐运通105路在中苑宾馆站下车
电话：010-89216666
Tips：动物园全年开放，下午5点关闭，周六日时游客较多，切忌拥挤，以免发生意外事故

太平洋海底世界博览馆

名片

太平洋海底世界博览馆是一座现代化的大型海洋博览馆，总面积7 000平方米，在展示品类繁多的海洋生物的同时，还拥有动感影院、海底休息吧等休闲娱乐设施。

馆内建有90°～270°的环形亚力克玻璃，漫步在海底隧道，欣赏惊险刺激的人鱼表演、五光十色的珊瑚鱼，绚丽多姿的海底世界一定让孩子心旷神怡。

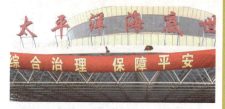

海底隧道：隧道长80米，采用封闭式的环状亚克力透明隧道设计，带孩子站在电动传输带上缓慢移动，欣赏美丽的珊瑚礁、形色各异的鱼群，为他讲解各种鱼的习性，一同将神奇的海洋世界尽收眼底。

亲子游景点笔记

博览馆内设施齐全，集观光、教育于一体，以"寓教于乐"的形式激发孩子学习海洋知识的兴趣，培养他们热爱海洋、爱护海洋的意识。

企鹅馆：这里有来自秘鲁的企鹅家族，与孩子一起观看小企鹅围绕在大企鹅身边嬉戏、玩耍，在一片冰与水的世界中无虑无忧地生活，为他描述企鹅生活的南极世界，增强孩子保护动物的意识。

亲子游攻略

最佳旅游季节：全年
地址：海淀区西三环中路11号中央广播电视塔一楼
门票：60元/(人·天)
交通：乘坐323、368、374路等公交车至玉渊潭西门站下车
电话：010－6871695
Tips：博览馆内设有餐厅，游客可以与孩子在此休息、用餐

工体富国海底世界

名片

富国海底世界是一座规模宏大的五星级海洋水族馆，因其拥有亚洲最长的亚克力胶水海底隧道而闻名国内外。馆内有20 000多尾颜色各异、品种不一的鱼类，在透明可移动的隧道中，可以近距离观赏鲸鱼、鲨鱼等大型海洋生物。

中表演各种有趣的动作，并轻而易举地从人的手中获取食物时，孩子一定会异常兴奋。此时，让孩子理解动物可以与人类做朋友的道理很重要。

亲子游景点笔记

富国海底世界是一个集教育与娱乐于一体的人工海洋水馆，这里有精彩的人鱼表演和极具教育意义的讲座，与孩子一起揭开海底世界神秘的面纱，是非常快乐的一种经历。

"海底教室"：聆听有趣的海洋知识讲座，可以增加孩子对海洋世界的了解，同时，让他们认识到爱护生物的重要性。

人鲨表演：看到20对尾小巨型鲨鱼在水

亲子游攻略

最佳旅游季节：全年
地址：朝阳区工人体育场南门
门票：成人90元/(人·天)，儿童60元/(人·天)
交通：乘坐110、120路等公共车至工人体育场南门站下车；乘坐515电车至工人体育场西门站下车
电话：010－65913135
Tips：游客在馆内可以潜水，有教练一对一带领，既安全又有趣

南海子麋鹿苑

名片

南海子麋鹿苑是我国一座著名的麋鹿自然保护区,主要以散养的方式对麋鹿进行饲养与保护。麋鹿苑建于1985年,位于大兴区南海子,占地60万平方米。

苑内繁衍着200多头麋鹿,同时引进梅花鹿、马鹿、水鹿等多个品种,是天然的鹿科动物博物馆,也是中国重要的动物科研基地。

亲子游景点笔记

麋鹿是中国特有的珍稀鹿种,带着孩子观赏这些外形奇特、性情温良的稀有物种,增强孩子保护动物的意识。

科普展览厅:陪孩子阅读有关珍稀动物生活习性的书籍,了解麋鹿在中国的繁衍历史,这可以激发孩子对动物的保护欲望。

鹿科动物:特点鲜明的豚鹿、白唇鹿一定会吸引孩子的注意力。能够看到中国仅存的几百只麋鹿,孩子一定非常高兴,在高兴之余,他们也认识到了保护动物的重要性。

亲子游攻略

最佳旅游季节:全年
地址:大兴区圈乡三海子鹿苑路
门票:免费
交通:乘坐377、729、352路公交车至旧宫站下车
电话:010－87962105
Tips:麋鹿苑下午6点会关闭,与孩子游玩时不要忘了时间

野鸭湖自然保护区

名片

北京野鸭湖湿地自然保护区是华北地区重要的湿地保护区,也是北京市唯一一座鸟类湿地保护区。保护区内的动植物资源异常丰富,与周边环境构成了一个稳定的湿地生态系统。

保护区位于北京市延庆县的官厅水库附近,周围有太行山、燕山,总面积6 873万平方米,其中有湿地3 939万平方米。

亲子游景点笔记

野鸭湖湿地自然保护区是一座天然的动植物博物馆,区内有几百种高等植物、苔藓类、蕨类植物;品目繁多的鱼类、鸟类、昆虫、兽类。带孩子亲身体验自然界的神奇与博大,还可以加深对动植物的了解。

博物馆:野鸭湖湿地博物馆建于2007年,总面积660平方米。馆内展示了近两万幅各类动植物图片。为孩子讲解有关动植物的知识,增强其保护大自然的意识。

野鸭湖动物区:与孩子在这里观看各种珍禽异兽,为他讲解有关金雕、刺猬、草兔,以及碧凤碟的知识,可以满足他/她的好奇心。

亲子游攻略

最佳旅游季节:全年
地址:延庆县康庄镇西北
门票:50元/(人·天)
交通:在德胜门乘坐919路公交车至延庆站下车,换乘921路公交车直达野鸭湖
电话:010－69131226
Tips:由于保护区位于北京的郊区地带,冬季相对寒冷,带孩子去要做好防寒准备

北京海洋馆

名 片

北京海洋馆是亚洲著名海洋馆之一，它规模庞大、设施先进，是世界最大的内陆水族馆。馆舍位于北京动物园内，占地12万平方米。海洋馆的外形是一个"海螺"的形状，以蓝色和橘红色为主色调，充分展现了海洋世界的神秘与活力。

亲子游景点笔记

海洋馆内环境优美、布局精巧，有雨林奇观、中华鲟馆等七个展馆，孩子在这里既可以观赏形色各异的海洋生物，又可以增长海洋知识。

中华鲟馆：孩子可以透过亚力克展窗，观赏到被誉为"水中大熊猫"的中华鲟。带孩子学习馆内科普展板上有关中华鲟的知识，加深他对"水中大熊猫"的了解。

触摸池：池内有湛蓝的海水、白色的沙滩，带孩子触摸各种珍奇的海洋软体动物，并且感受与海归嬉戏的快乐，尽情领略海底世界的神秘。

亲子游攻略

最佳旅游季节： 全年
地址： 西城区西直门外137号
门票： 120元/(人·天)
交通： 乘坐7、15、19路等公交车至动物园站下车
电话： 010－62176655－6791
Tips： 馆内每天会有精彩的人鱼表演，但时间、地点不同，可以提前咨询

北京动物园

大兴野生动物园

八达岭野生动物园

平谷区

密云县

怀柔区

通州区

大兴区

门头沟区

房山区

第11章 农场采摘游

——享受自己动手的乐趣

Top1 小汤山特菜大观园

名片

小汤山特菜大观园占地面积 200 000 多平方米，最早建立该园区的目的是为了使参加 1990 年亚运会的运动员在北京也能吃到家乡的蔬菜。2002 年，木瓜作为第一个引进京城的南方热带果树在北京试种成功。其后有香蕉、菠萝、番荔枝、莲雾等水果相继在此种植。同时这里农业试验、示范、研究的展示还为北京市农业科技人员培训提供了一个现场操作的场所，同时也为北京农业今后的发展提供技术支撑。

亲子游景点笔记

这里有各种温室大棚 100 多个，常年种植无公害、绿色蔬菜和水果 100 多种。在这里不但可看到普通的蔬菜，更可看到多种南方热带水果作物，比如番木瓜、番石榴、西番莲、台湾青枣等。可让孩子多了解热带水果的知识。

采摘食用菊花：特菜大观园最受欢迎的、也最为新奇的是采摘食用菊花。食用菊花在中国已有 2 000 多年的历史，屈原"朝饮木兰之坠露兮，夕餐秋菊之落英"的诗句就是关于食用菊花的最早记载。这里的食用菊花颜色有黄色、白色、藕荷色等，熟性有早、中、晚，全年都可以采摘。游览此处时，吟咏一些关于菊花的诗句，丰富孩子的文学知识。

温室大棚：这里从荷兰、日本、美国、德国、韩国、以色列、意大利等 10 多个国家以及我国香港、台湾、广东、上海等地引进了近百类特种蔬菜，每年生产各种蔬菜、水果 160 余种，均能达到绿色食品 A 级标准。和孩子采摘的同时给他 / 她介绍现代农业的发展，让其体验到科学技术的重要性。

亲子游攻略

最佳旅游季节：全年

地址：昌平区小汤山镇大柳树环岛南 500 米

门票：50 元 /(人·天)

交通：乘坐 643、643 区在小汤山马坊北站下车；985 区间、984 路在大柳树环岛南站下车；昌 59 路在大柳树站下车

电话：010 – 61781664

Tips：冬天来这里时，温室与外界的温度差距较大，不要急于出门，和孩子在门口处适应一下

Top2 御林古桑园

名片

御林古桑园号称是华北地区面积最大的古桑林园，相传这里自东汉年间就有桑树种植，还流传着"桑葚窨洼救刘秀，感恩图报树封王"的千古佳话，御林古桑园的古桑中树龄最大的达500年以上，明清时期这里的桑葚更是作为贡品出现在皇宫院内。

亲子游景点笔记

御林古桑园面积较大，而且空气清新，环境优美。一条小小的人工河在园内流过，也为这里增添了不少灵气。和孩子一起穿行在古桑林中，一边赏风景，一边采桑葚（这里的桑葚可以边采摘边吃），累了还可以在树下乘凉休息。

一般在每年的五六月份，御林古桑园内，葱茏繁茂的桑树丛里串串桑葚就成熟了，桑葚差不多有指头大小，鲜亮诱人。这时会举办桑葚采摘节，采取结合附近民俗旅游村户接待的方法，不仅对园区内的桑葚进行采摘，还带动了附近梨、李子、樱桃及其他农副产品的采摘。每天可同时接待500人分别在餐厅、民俗旅游户、树下露天野餐。园内的桑葚颜色不一，分为不同的品种，紫黑的桑葚，黑中发亮，被称为"黑珍珠"；而另外一种桑葚如米脂般白嫩，上面就好像抹了一层蜡，被称为"白蜡皮"；还有一种桑葚白里透着点红，叫做"红蜻蜓"。给孩子讲关于御林古桑园的传说故事，使行程充满快乐。另外，采桑葚是个技术活，整个过程可以锻炼孩子的耐心，跟孩子一起体验劳动的乐趣，再说一说桑葚的价值，拓宽孩子的知识面。

亲子游攻略

最佳旅游季节：根据桑葚的成熟期来确定，一般在五六月份。每年5月中旬举办采摘节
地址：大兴区安定镇前野厂村
门票：40元/(人·天)
交通：乘坐兴17路，在御林古桑园站下车直达
电话：010—80233242
Tips：注意爱护古桑树，文明采摘；老人、儿童采摘免费

Top3 朝来农艺园

名片

朝来农艺园坐落在绿化隔离带上，这里不仅环境秀美，而且优雅宁静，充分展示了高科技成果以及现代农业的风采，为游人提供了一个旅游观光、休闲娱乐、科普学习、亲近大自然的良好场所，是北京北部具有乡村田园风光的旅游观光景区。朝来农艺园被称赞为"都市农业的窗口"。

亲子游景点笔记

朝来农艺园有国际一流、科技领先的40 000平方米大型联动智能温室，拥有54栋高标准节能日光温室，可供参观、采摘特果特菜。来这里不但可以体验农业艺术，更重要的是能了解全面而丰富的高科技农业科普知识。

青少年科技实践区：可以带着孩子参加科技实践活动，参观"我们爱科学"等一系列大型科普展览。让孩子更多地了解科技知识，拓宽视野。

农业回顾展区：这里以翔实的文字说明、图片、实物、模型等众多方式，展示了我国古代农业、传统农业和现代农业的发展历史，还重点介绍了农业种植技术、园艺作物技术的发展，以及农业生产工具和生产设施。这里保存了一些古老的农业用具，可以现场和孩子一起推碾子磨面，摇辘轳打水，收获更多惊喜。

动物养殖区：带着孩子喂食鸵鸟、孔雀、鸽子、山鸡、骆驼、山羊等，增强孩子爱护动物的意识。

特色加工区：了解现代化的设备、先进的包装技术，购买特果特菜。在这个过程中，孩子们一定会有很多发现和收获。

亲子游攻略

最佳旅游季节：全年

地址：朝阳区来广营乡新生村西侧

门票：48元/(人·天)

交通：乘坐707、966路公交车至朝来农艺园站下车

电话：010－84913070；010－84910363

Tips：开放时间为9:30－17:00，喂食动物的同时也要注意安全，避免动物抓伤孩子

采育万亩葡萄观光园

名片

采育镇地处大兴区东南部，土壤肥沃，水源水质良好，非常适宜葡萄生长，是京郊主要的葡萄产区之一。采育万亩葡萄观光园有"中国葡萄之乡"的称号，被誉为"京南吐鲁番"。

亲子游景点笔记

采育万亩葡萄观光园内，葡萄的主要品种有赤霞珠、品丽珠、贵人香、赛美容、红提、黑提、京秀、玫瑰香等。在品尝众多葡萄品种的同时，孩子也了解了葡萄方面的知识。

中国葡萄博物馆：葡萄博物馆文化展厅占地面积1 000平方米，就坐落在万亩葡萄观光园东南侧。该博物馆集中了葡萄历史、葡萄酒文化史、葡萄品种、药用价值及擂台赛冠军模型、葡萄酒展等。厅内设有葡萄简介以及世界葡萄生产史等43个板块，其中葡萄简介板块以图文并茂的形式介绍了有代表性的葡萄，共有40多个品种的葡萄模型。这里是和孩子一起学习葡萄文化、增长见识的好去处。

亲子游攻略

最佳旅游季节: 全年
地址: 大兴区采育镇
门票: 35元/(人·天)
交通: 926、940路公交车至采育镇
电话: 010－80272793
Tips: 文明采摘。采摘时要注意安全，剪刀不要伤到自己或他人

苇甸百果园

名片

苇甸百果园位于门头沟区妙峰山西面，这里山清水秀，植物覆盖率很高。山泉汇成的张玉河从妙峰山向下流淌，度假村沿塘坝而建，一座座小木屋错落有致，显得安静而闲适。

亲子游景点笔记

在苇甸百果园，无论是鱼儿畅游其间的池塘，或是千亩枣林，还是甘甜的蜂蜜，都会让你和孩子流连忘返。

百枣园：这里建有千亩枣树基地，名为"百枣园"，有国内外多个优良枣树品种。因品种不同，花期和结果期也不同。孩子可以在这里充分了解枣的知识。

蜂蜜：因山清水秀，花种繁多，有着丰富的蜜源，这里有许多养蜂户，这里的蜂蜜品质极佳，特别是荆花蜜、枣花蜜和槐花蜜，色纯味正，细腻纯净。可以让孩子了解一下蜂蜜是怎么来的。

亲子游攻略

最佳旅游季节: 全年
地址: 门头沟区妙峰山镇上苇甸村
门票: 免费
交通: 乘坐892路，在上苇甸站下车
电话: 010－61884633
Tips: 周边有妙峰山风景区，带着孩子采摘的同时也可以去妙峰山游玩

葡香苑园艺场

香、蜜汁、美人指等新品种；葡萄的颜色也有多种，分为红、黄、紫、绿、黑等。这里葡萄的栽培架式也分成廊架、棚架、篱架、伞架、漏斗架。品尝美味的时候，也别忘记教孩子认识各种葡萄。园内设有休闲住宿接待场所，和孩子在观光采摘之余还可以进行垂钓、棋牌、乒乓球等健康的娱乐活动。这里幽雅的环境定会使你和孩子的行程轻松愉快。

名片

葡香苑园艺场占地面积 200 亩，是一个集世界各国名优葡萄品种种植、科普宣传、科技培训、休闲观光、出口特供、观光、采摘等为一体的现代都市型葡萄主题农业观光采摘园。

亲子游景点笔记

这里既有人们熟知的巨峰、玫瑰香、马奶，也有名字好听、样子好看的香妃、醉金

亲子游攻略

最佳旅游季节：夏季、秋季
地址：通州区张家湾大北关村北
门票：免费
交通：938、927路等公交车可直达；城铁八通线土桥终点站南行9.4千米
电话：010 - 69587298
Tips：采摘的果品价格以实际采摘重量为准，可以和孩子采摘一些葡萄赠送给亲戚朋友

万亩梨园

棵。每到春季上万亩的梨花在春风中绽放，迎风飘摇，成了一片白色的天地。园内梨树的树龄大都在200年以上，其中一棵"贡梨树"的树龄已有414年，早在明朝万历年间这棵树所产的梨就作为贡品进奉皇宫，被皇帝御封为"金把黄"。和孩子一同前往，可以顺便带些食物在树下野餐，静下心来赏花拍照，和孩子一起亲近大自然。

名片

大兴区庞各庄镇万亩古梨树保护区，是北京地区面积最大、树龄最长、品种最多、开花最早的古生态梨树群。庞各庄镇为游人们充分保留了这片古梨树资源，使越来越多的人可以一睹其风采。

亲子游景点笔记

北京大兴庞各庄镇的梨花村素有"中国梨乡"之称，如今这一地区的梨树达到3万多

亲子游攻略

最佳旅游季节：春季
地址：大兴区庞各庄镇梨花村
门票：10元/(人·天)
交通：乘937、934路庞各庄站下车；或在礼士路乘937支2、到大兴乘11、12路公交车均可直达
电话：010 - 89288545
Tips：自带零食在梨花树下野餐时，注意野餐后要把垃圾带走

香山御香观光采摘园

名片

御香观光采摘园位于北京著名的香山旅游风景区内，是集农业观光采摘、餐饮、休闲为一体的大型都市农业园区。采摘园占地面积260 000多平方米，园内种植樱桃、大桃等果树，是海淀区目前规模最大的设施农业园区，也是海淀区科协科普示范基地。

明和介绍，可以使孩子充分了解农业的发展变化。园内还有一个小型的动物园，非常适合带着小孩前往参观。

亲子游景点笔记

园内还建有60栋大型日光温室，以及高级餐饮会所等一系列配套服务设施，御香观光采摘园区形成了以樱桃、桃、草莓、西瓜、桑葚为主的"一品香山"系列果品。这里果树的整个种植过程都采用无公害绿色水果生产标准，保证了果品的食用安全。除此之外，园内设有转磨和压井等农具展览，每个农具都有说

亲子游攻略

最佳旅游季节：全年
地址：海淀区香山旱河路东侧香泉环岛南侧
门票：免费，人均最低消费100元/(人·天)
交通：乘坐318、360快车、360、505、630、698、714、运通112路到北京植物园站下车
电话：010 – 62590135
Tips：如果秋天来的话，可以顺便带孩子游览香山，因为这时的香山红叶很美

金海湖观光采摘园

名片

金海湖观光采摘园位于平谷区东部风景秀美的金海湖畔，这里是北京、河北、天津三省市交界处，交通十分便捷。金海湖观光采摘园占地23万平方米，种植有水蜜桃、苹果、葡萄等20多个品种。

取专家讲课、参观上宅古文化陈列馆、畅游金海湖旅游区、游海子风俗村等。使孩子了解农业科技的进步，了解当地的风俗文化，增长见识。

亲子游景点笔记

金海湖观光采摘园集旅游、观光、休闲于一体。观光园区环境幽雅，背倚茫茫青山，胸怀碧绿湖水。和孩子一起品尝鲜美的果品、享受采摘乐趣的同时，还可以爬山呼吸新鲜空气，游览自然风光。也可登船游湖，赏金海湖湖光水色，还可进农家院小住休闲。

采摘园以大桃为主题，在采摘园内建筑物上印刷着有关大桃方面的文化知识。领着孩子一起了解桃在中国的象征意义及其所传播的文化。观光活动内容还包括听

亲子游攻略

最佳旅游季节：春季、夏季、秋季
地址：平谷区金海湖畔
门票：免费
交通：乘坐平45路在赵家坟站下车
电话：010 – 69991149
Tips：金海湖观光果园周边景区众多。带孩子来这里可以顺道去东面的金海湖风景区或者西北的著名景区京东大峡谷、京东大溶洞

燕南苹果种植园

名 片

燕南苹果种植园，占地87万平方米，是昌平林业局1986年规划设计的标准化果园，果品历年销售良好，历次参加果品展评中均获得好评和奖励。

亲子游景点笔记

这里北依燕山，南临京密引水渠一条狭长的半山区半平原地带，是独特的山前暖带，并且光照充足，无论是降水、土壤，还是水质等条件，都非常适宜苹果的生长。从地理气候等方面向孩子解释这里盛产苹果的原因；吃昌平的甜脆可口、口感极佳的红富士时，要给孩子介绍红富士的引进历史，丰富孩子的知识面。

燕南苹果种植园除了红富士，还有黄香蕉、红星等品种，以及新高梨、葡萄、樱桃等优质的水果。6－8月，采摘杏、桃、樱桃；而9－11月可以采摘梨、苹果、柿子。这些果品的销售极佳，历次参加果品展评中均获得人们的好评和奖励。体验美味的同时，不要忘记给孩子说一些关于水果的知识。

亲子游攻略

最佳旅游季节：夏季、秋季
地址：昌平区南邵镇何营村
门票：免费
交通：德胜门乘345路到昌平东关下车，转乘21路到八家路口站下车
电话：010－60731728
Tips：采摘时注意不要让孩子登高，以免摔倒

双河采摘果园

名 片

双河果园在顺义区南彩镇河北村，该园总面积1 000亩，是一个综合性的四季采摘的有机果园。它是顺义区观光采摘园的重点园区，2003年更是被列为北京市定点观光采摘果园。

亲子游景点笔记

果园主要栽培的树种有苹果、梨、桃、葡萄、樱桃、杏、李、草莓等。双河果园已通过有机产品认证，获得北京市安全食用农产品证书，园内所生产的果品全部达到国家食品安全标准，作为"好运北京"奥运水上项目测试赛的农产品供应备选基地，还曾获得"中华名果"、北京市"十佳观光采摘园"等多项荣誉称号，并在"北京奥运推荐果品""市级果品评比大赛"中多次获奖。带着孩子来这里可以体验一下奥运推荐果品，顺便给孩子讲一下北京奥运会的申办过程，以及奥林匹克精神的含义。

亲子游攻略

最佳旅游季节：夏季、秋季
地址：顺义区南彩镇河北村
门票：免费
交通：公交923路在河北村站下车
电话：010－89477712
Tips：采摘产品价格按照市场价，以实际采摘数量为准。采摘期为5－11月底，长达7个月之久

甘涧峪村采摘园

名片

甘涧峪村采摘园是投资200万元建成的，园内种满了各种各样的果树。甘涧峪村是怀柔镇唯一位于深山的村子，这里环境优雅，空气清新，植被丰富。甘涧峪不仅林木茂盛，山清水秀，自然风光秀美，而且历史古迹多，文化底蕴深厚。

亲子游景点笔记

采摘园到了结果实的时候，春天有杏、樱桃；夏季有桃、李子；秋季有梨和正宗的怀柔板栗、大枣；到了冬季还有雪桃。带着孩子在观光休闲的同时，还可以品尝到新鲜、无公害的绿色水果。与孩子一起留宿甘涧峪村是不错的体验。村中还保留有三皇庙、山西庵、朝阳寺、天溪庵等古迹以及"天桥"、"摩崖石刻"、

秦始皇修边采石场、专供皇宫中烧炭场等文物文化遗址。可以和孩子一起体验当地的民俗文化，感受中华文化的博大精深。

亲子游攻略

最佳旅游季节：全年
地址：怀柔区怀柔镇甘涧峪村
门票：免费
交通：乘916路公交车至怀柔大地广场站下车
电话：010 – 69623002
Tips：在山上采摘时不要让孩子单独行动，以免发生危险

大运河水梦园

名片

大运河水梦园位于通州区潞城镇东南潮白河边，园内有18万平方米的水面。在这里不仅可以到运河古道散步，还可以到动物园里看孔雀开屏，更重要的是园内有采摘园，可以与孩子一起体验采摘的乐趣。

绿色茶座。观赏动物有骆驼、孔雀、花牛、小驴、鸽子、野鸭等。更具特色的是"临湖草堂""百步廊""古街"，商幌高悬，古色古香，坐内小憩，品茗小酌，尝纯农家饭菜。给孩子讲一讲江南水乡，感受中华文化的丰富多彩。

亲子游景点笔记

大运河水梦园不但风景秀丽，还有采摘园让人体验田园风情。这里的儿童小型娱乐广场也非常受孩子们的欢迎。

田园体验区：园内种植有蔬菜、瓜果等各种农作物，在娱乐之余可以到采摘园体验动手采摘的劳动乐趣，也可以体验一下传统石磨石碾磨坊，还可以带着孩子进行辘轳打水和静心盆、抽陀螺、玩泥沙、弹球等传统娱乐项目。

儿童小型娱乐广场：设有儿童电动车、儿童垂钓、溪水摸鱼、台球、烧烤、风味小吃、

亲子游攻略

最佳旅游季节：全年
地址：通州区潞城镇七级村东
门票：20元/(人·天)
交通：乘坐804或通26路，在南刘各庄村站下车
电话：010 – 89581246
Tips：这里的家常饭很有特色，能感受不一样的田园风味

沁园春特色水果观光采摘园

名 片

　　沁园春特色水果观光采摘园占地面积 50 000 余平方米，西距北京市区 50 千米，北距顺平路 6 千米，交通发达便利。该采摘园是以特色水果种植为主，兼具观光休闲功能的特色农庄。

亲子游景点笔记

　　该园的特色水果观光园内种植各类特色水果 1 万余棵，均为国内外的特色优质的品种。园子里自夏而秋，果香四溢，沁人心脾。这里有 10 余个品种的梨、近 20 个品种的李子、40 余个品种的葡萄、10 余种无核葡萄、10 余个品种的枣、10 多个品种的杏，还有多个品种的柿子以及樱桃、栗子、核桃、桑葚、山楂、树莓、中华钙果等。既可以品尝各种美味水果，又可以见到多种水果新的品种，想必孩子一定会非常喜欢这里。

亲子游攻略

最佳旅游季节：夏季、秋季
地址：平谷区马坊镇金海角开发区内
门票：免费
交通：乘坐平 15 路在英城站下车
电话：010 – 60998090；010 – 69983509
Tips：和孩子在采摘的过程中要注意安全，不要让孩子爬到高处采摘

香山御香观光采摘园

昌平区

小汤山特菜大观园

朝来农艺园

顺义区

第12章 名寺庙宇游
——开阔眼界学知识

Top1 红螺寺

名片

红螺寺为十方常住寺,是中国北方佛教的发祥地和最大的佛教园林,有着1 600多年的悠久历史和深厚的佛教文化底蕴。红螺寺坐北朝南,依山势而建,布局严谨,气势雄伟。它背靠红螺山,南临红螺湖,山环水绕,林木丰茂,古树参天。

红螺寺的历史可以追溯到中国佛教刚兴起的东晋时代,从东晋后赵帝王到清朝的多位皇帝,每个朝代的皇室都与红螺寺有着密切的关系,寺院的历届住持大多数是由皇家指派的。千百年来,红螺寺一直在佛教界享有极高的声誉和地位。

亲子游景点笔记

红螺寺的自然景观十分秀美,有许多特别的景致,如著名的有红螺寺三绝景、松林浴园等,由于它是中国北方佛教的发祥地以及最大的佛教园林,所以把它列为Top1推荐。

红螺寺三绝景:春天,看三绝景之一的"紫藤寄松"。这里的树木已是800多年高龄,它们却和睦共处,花开繁盛,看起来犹如一片紫色的祥云笼罩寺院。盛夏时节,"御竹林"四季常青,穿过其间,绿色浓深,凉爽之气迎面而来。金秋时节,又可以看到千年的"雌雄银杏树"垂金挂银,金黄色的树叶与大雄宝殿相互映衬。这时候跟孩子说一下现存种子植物中最古老的孑遗植物银杏树的知识,定会使孩子大开眼界。

寺东的松林浴园:附近人称松林浴园为"罗汉沟",这里生长着67万平方米茂盛的古松林树,百年以上的古树就超过万株,是北京市重要的古树群之一。林中设有十二生肖石雕,还有500个用青石雕刻而成的"罗汉"。漫步古松林中,跟孩子一起亲近大自然,了解大自然;畅游在古木之间,一边欣赏美景,一边听红螺仙女的传说,别有一番风味。

亲子游攻略

最佳旅游季节:全年

地址:怀柔区雁栖湖镇红螺山下

门票:54元/(人·天)

交通:东直门长途汽车站乘867路红螺寺专线直达景区

电话:010 – 60681639

Tips:如果要和孩子一起爬山,建议走相对平坦的"观音路"这条路线;景区内售卖的食品较贵,建议自带可口的食物

Top2 大觉寺

名片

大觉寺，也称西山大觉寺，又称大觉禅寺，是一座位于北京西郊阳台山南麓的千年古刹。以清泉、古树、玉兰、环境优雅而闻名。大觉寺为北京三大花卉寺庙之一，每年4月会举办大觉寺玉兰文化节，除玉兰花观赏外，还举办一些展览和文化活动。

亲子游景点笔记

大觉寺具有极高的历史价值和游览价值，如大觉寺佛像、古树等。带着孩子来大觉寺，不但可以体验到中华民族历史文化的博大精深，还可以在优美的环境中陶冶情操。

大觉寺佛像：大觉寺寺庙中现存雕塑多为明清两代作品，在高大宏伟的大觉寺寺庙殿堂中，供奉着姿态各异的佛教造像，体现了佛教"以像设教"的宗旨。诸佛像造型生动、个性鲜明，并且有着明显的民俗化、民族化特征。这时给孩子讲一下佛教传入中国的历史，一定会引起他的兴趣。

御碑亭：大觉寺是皇家敕建的寺庙。寺院内的石碑记载了历代建寺修茸的经过，是珍贵的文物。山门两侧有两座碑亭，亭壁为红色，

灰瓦红墙，显出非凡的气势。亭内各置石碑一通。北侧石碑记载了明宣德三年重修寺庙的经过，南侧石碑记载了清代康熙、乾隆年间重修寺庙的情况。虽历经几百年的风吹雨打，但碑文字迹依旧清晰。因此，在了解大觉寺历史的同时还可和孩子一起感受古代书法艺术的魅力。

古树：大觉寺内古树名木有很多，其中不乏七叶树、楸树等北京地区稀有的珍贵品种，全寺有古树百余棵。大觉寺里的千年古银杏树，见证着古老寺院的兴衰成败，这些古树至今依旧生机勃勃，具有极大的观赏及科研价值。

亲子游攻略

最佳旅游季节：秋季

地址：海淀区苏家坨镇大觉寺路9号

门票：20元/(人·天)，中小学生免费

交通：乘633路（安宁庄东路南口——杨坨）到大觉寺站下车，步行至大觉寺

电话：010－62456189

Tips：寺庙的开放时间是8:00－17:00。要注意爱护寺内的古迹。注意环境卫生

普渡寺

名片

普渡寺原址为明代南城洪庆宫的一部分，清朝建立之后为摄政王多尔衮进京之后的住所，旧称为睿亲王府。后乾隆皇帝赐名为"普渡寺"，现为著名的游览景点。

亲子游景点笔记

作为一座历史悠久的寺庙，普渡寺在历史舞台上占据了举足轻重的地位。

普渡寺大殿建筑宏伟，台基高大，须弥座式，面阔9间。黄瓦绿剪边殿顶，前厦为绿瓦黄剪边。檐出飞椽共3层，为建筑法式中少见。这种典型的满族风格建筑在北京仅此一处，其建筑研究价值异常珍贵。多尔衮是清朝历史

上的著名人物，可以为孩子讲讲关于他的故事。

亲子游攻略

最佳旅游季节：全年
地址：东城南池子普渡寺前巷
门票：无
电话：无
交通：乘坐2、82路公交车至东华门站；或乘坐10、60、82路公交车至南河沿站下车
Tips：勿乱刻乱画，避免破坏古建筑的美感

灵鹫禅寺

名片

灵鹫禅寺位于房山区坨里乡北车营村谷积山。建于元代，现有的寺院建筑为明代修建，这里尚未被开发成旅游地，所以还保存着寺庙原始的模样。

亲子游景点笔记

寺院坐北朝南，主要建筑分布在中轴线上。有山门、二进殿宇和4块石牌。山门与第一进殿之间有明正统五年的碑额篆书"敕赐灵鹫寺"。这时给孩子介绍篆书这种字体，增加他们书法方面的知识。

寺后台地上有圆通殿一座。在谷积山中还有古塔三座，分别立在三座山上。铃铛塔建于明代，鞭塔建于辽代，东塔也称和尚塔，即成化十五年——1479年所建。山上还有明朝的张公、华公太监墓。这样独

特的建筑艺术，体现出中国建筑艺术成就之高。给孩子说一些有关寺庙的传说故事，增加趣味性和知识性。

亲子游攻略

最佳旅游季节：全年
地址：房山区坨里乡北车营村谷积山
门票：免费
交通：无直接到达这里的公交线路，须自驾游
电话：无
Tips：途路远，山路多，行走时要穿舒适的登山鞋。所在区域偏僻而且尚未被开发，最好多人结伴，带孩子走山路要注意安全

潭柘寺

名片

潭柘寺始建于西晋永嘉元年，距今已有1 700多年的历史，是北京最古老的古寺，素有"先有潭柘寺，后有北京城"的民谚。寺院坐北朝南，背倚宝珠峰，周围有九座高大的山峰呈马蹄形环护，宛如在九条巨龙的拥立之下。

亲子游景点笔记

潭柘寺规模宏大，殿堂顺应山势高低而建，错落有致，建筑依旧保持着明清时期的风貌，

整个建筑群充分体现了中国古建筑的美学特点。

进香古道：潭柘寺地处深山，交通不便，在历史上曾形成了多条古香道，从不同的方向通往潭柘寺。其中著名的有芦潭古道、庞潭古道等，可以带着孩子从这些古道进庙，感受古人虔诚的心，还可以让孩子了解一下佛教的历史与特点。

"潭柘二宝"：宝锅和石鱼。宝锅为天王殿前的一口铜锅；石鱼在观音殿西侧龙王殿前的廊上。给孩子讲宝锅和石鱼的传说故事，增加旅行的趣味性。

亲子游攻略

最佳旅游季节：全年
地址：门头沟区潭柘寺镇
门票：成人票55元/(人·天)，学生票30元/(人·天)
交通：乘931路潭柘寺站下车
电话：010 – 60861699
Tips：要注意冬夏的开放时间不同，夏季是8:00 – 17:00，冬季是8:00 – 16:30。上山的路较为陡峭，带着孩子要注意安全

戒台寺

名片

戒台寺始建于隋唐，距今已有1 400多年的历史，因寺内建有全国最大的佛教戒坛，民间通称为"戒坛寺"。西靠极乐峰，南倚六国岭，北对石龙山，东眺北京城。素以"戒坛、奇松、古洞"而著称于世。

亲子游景点笔记

来到戒台寺就一定要和孩子目睹一下有"天下第一坛"之称的戒坛，还有北京地区绝无仅有的密集的石窟寺岩洞群。

戒坛：建于辽代咸雍五年，与福建泉州的

开元寺、浙江杭州的昭庆寺的戒坛共称为"全国三大戒坛"，而北京戒坛寺的戒坛规模又居三座戒坛之首。来到这里给孩子讲一下关于戒坛的历史传说，感受中国文化的多样性。

石窟寺岩洞群：戒台寺的后山为石灰岩构造，在雨水的侵蚀下，形成了许多天然溶洞，后来经人工修整，建成了石窟寺，是当年寺内部分高僧静修的地方。给孩子介绍溶洞的形成以及高僧在此静修的故事，让孩子体会到"坚持"二字的重要性。

亲子游攻略

最佳旅游季节：全年
地址：门头沟区马鞍山上
门票：45元/(人·天)
交通：乘坐地铁1号线到苹果园站，再乘坐931路公交车至戒台寺站下车
电话：010 – 69806611；010 – 60803280
Tips：山路比较陡峭，登山时要和孩子注意安全，不要让孩子乱跑

法源寺

名片

　　法源寺不仅是北京城内现存历史最悠久的古刹，也是中国佛学院、中国佛教图书文物馆所在地，是培养青年僧伽和研究佛教文化的重要场所。作为清代古建筑，法源寺于2001年被国务院批准为第五批全国重点文物保护单位。

　　大悲坛：现辟为历代佛经版本展室，陈列唐以来各代藏经及多种文字经卷，蔚为壮观。参观此处，可以进一步了解佛教在中国的发展。

亲子游景点笔记

　　法源寺坐北朝南，形制非常严整宏伟，天王殿、观音阁、大悲坛较为有名。

　　天王殿：内供弥勒菩萨化身——布袋和尚，两侧为四大天王。大雄宝殿上有乾隆御书"法海真源"匾额，内供释迦牟尼佛及文殊菩萨、普贤菩萨，两侧分列十八罗汉。这时可以给孩子讲一些布袋和尚的趣味传说。

　　观音阁：又称悯忠阁，陈列法源寺历史文物。游览此地时，向孩子介绍明代五方佛的历史以及背后的故事，拓宽他的知识面。

亲子游攻略

最佳旅游季节：全年

地址：西城区法源寺前街七号

门票：5元/(人·天)

交通：乘坐10路车至回民医院站下车，乘坐6、109路在教子胡同站下车；或地铁4号线菜市口站下，西南出口

电话：010-63534171

Tips：带孩子来参观时，注意时间避开星期三，因为法源寺星期三不对外开放；要注意文明参观，不随便丢垃圾，爱护文物

白塔寺

名片

　　白塔寺也称妙应寺，始建于元代，原名大圣寿万安寺，寺内的白塔是中国现存年代最早并且规模最大的元代藏式佛塔。妙应寺的白塔是国务院公布的第一批全国重点文物保护单位之一。

尼两国人民友谊和文化交流的历史见证。带着孩子来这里参观，可以了解那段远去的历史。

亲子游景点笔记

　　白塔由寺院和塔院组成：寺院包括山门、钟鼓楼、天王殿、三世佛殿和七佛宝殿以及西侧的配殿、厢房；塔院的红墙围成一个单独的院落，四角各建一座角亭。白塔位于院中央偏北，塔前建有"具六神通殿"。

　　白塔：始建于元朝，是砖石结构塔，是当时入仕元朝的尼泊尔匠师阿尼哥主持兴建的，也是元大都保存至今的重要标志，更是中

亲子游攻略

最佳旅游季节：全年

地址：西城区阜成门内大街171号

门票：20元/(人·天)

交通：42、101电车、102电车、103电车、409、603、612、623路等公交车至白塔寺站下车均可直达

电话：010-66166099

Tips：星期三来白塔寺的前200位游客可免费参观

广济寺

名片

广济寺是现今中国佛教协会的所在地，北京著名的"内八刹"之一。广济寺寺院的建筑按中轴线分布，两旁先后配以钟、鼓楼二楼和石狮护门、御赐石碑、知客寮、讲经堂、图书室以及玉雕戒坛等建筑。

亲子游景点笔记

广济寺有不少有名的古迹，而这其中最有名的要数《胜果妙音图》和舍利阁了，它们在不同程度上体现了广济寺的特色。

《胜果妙音图》：广济寺大雄宝殿后壁上有一巨幅壁画，该壁画是画家傅雯奉乾隆帝敕命用手指所绘，画高五米、宽十米，是国内现存最大的一幅描写佛祖说法情景的壁画。给孩子讲关于这幅画的故事，再说一下手指绘画的知识，让孩子感受中华民族的智慧。

舍利阁：舍利阁内藏有许多珍贵藏经。舍利阁西边有一小院落，院中正殿内砌有汉白玉石雕戒坛一座，为清康熙三十七年住持恒明的弟子湛佑所置，雕刻精美，保存完好，是北京城内唯一的戒坛。不妨讲一讲舍利阁名称的由来以及戒坛的作用，丰富孩子的知识面。

亲子游攻略

最佳旅游季节： 全年
地址： 西城区阜成门内大街25号
门票： 免费
交通： 乘坐101电车、102电车至西四路口东站下车；或乘地铁四号线到西四站下车
电话： 010－66173330
Tips： 寺院不允许带特长、特大的香入内，寺院门票免费，敬香也免费

碧云寺

名片

碧云寺有"西山诸寺之冠"的美誉，位于香山公园北侧，是一座布局紧凑、保存完好的园林式寺庙。寺院坐西朝东，依山而建。紧靠山门是一对石狮子，蹲坐於须弥座上，身躯瘦长，威武如生。山门迎面是哼哈二将殿。泥质彩塑二将像，分别站立大殿两侧，是一对价值极高的雕塑艺术品。

亲子游景点笔记

碧云寺布局特殊，南北各配一组院落，层层殿堂依山叠起，艺术造型精妙。

第三进院：大殿内供奉着五尊泥塑彩绘菩萨像，东西两壁塑有诸天神像。院内古树参天，枝叶繁茂。其中娑罗树最为珍贵，它原产印度，又称"七叶树"。在此游览时，可重点向孩子介绍一下娑罗树的佛教寓意。

水泉院：是寺内风景清幽的好去处。院内的"三代树"最为著名。它十分奇特，柏树中套长柏树，最里层长着一株楝树。佛教对此有"五树六花"的说法。给孩子讲讲这几种植物，可以开阔其眼界。

亲子游攻略

最佳旅游季节： 全年
地址： 北京市海淀区香山公园北侧
门票： 10元/（人·天）
交通： 乘坐318、331、360、634、714、696、698路公交车至香山站下车
电话： 010-62591264
Tips： 碧云寺不售半价票，需要购买香山公园的门票方可上山

门头沟区

延庆县

密云县

怀柔区

大觉寺

红螺寺

第13章 艺术文化游

——在艺术殿堂陶冶情操

Top1 尤伦斯当代艺术中心

名 片

尤伦斯当代艺术中心是由来自比利时的尤伦斯夫妇创建的，中心由尤伦斯基金会出资建成，是第一座由国外私人基金在北京出资建造的大型公益性艺术机构。它作为北京市重要的文化机构，为中国和国际艺术的交流与沟通提供了平台。

艺术中心位于北京著名的大山子艺术区，占地8 000平方米，有上下两层。它独特的造型与多功能的空间规划，既保留了原始工业的美感，又极具时代创新性，将历史与现代巧妙融合在一起。

亲子游景点笔记

尤伦斯当代艺术中心的设施齐全、配备先进，除了宽阔的展览厅，还有图书馆、阅览室等。中心内有高级的调光系统和地面出风系统，每当太阳升起，调光百叶追随着日光慢慢展开，万丈光芒被吸进展厅。孩子畅游其中，既可以观赏高雅的艺术表演，又可以阅读最时尚、前卫的书籍。

展厅：中心有3个展厅。1号展厅面积较大，主要举行国际巡回展和国际交流；2号展厅规格最高，展示了大师级艺术家的旷世佳作；

3号展厅是青年艺术家展露拳脚的舞台，是民族性与时代性融合的产物。孩子置身其中，将提高对艺术的领悟能力，激发他们的创作才能。

报告厅：报告厅可容纳130多人，是进行讲座、播放影片的专用场所。这里拥有国际级水平的音频系统和同声传译设备，孩子在这里可以欣赏最新颖的表演，紧追时代的脚步。听听讲座，能拓宽他的艺术视野，加深对美的理解。

多功能厅：多功能厅主要包括沙龙和vip活动室，艺术中心的小型会议偶尔也会在此举行。内部的楼梯和通道与餐厅、厨房相连，可以自由穿梭在不同的房间。厅内还装有很多隔断，使整个厅得到了充分利用。带孩子在艺术的殿堂游览，会让他乐此不疲、受益匪浅。

亲子游攻略

最佳旅游季节：全年
地址：朝阳区酒仙桥路4号798艺术区
门票：18元/(人·天)
交通：乘坐401、402、405、445路等公交车至大山子路口南站下车
电话：010-64386576
Tips：艺术中心内还设有咖啡馆、书店等公共场所，既可以学习知识，还能娱乐

Top2 北京世界公园

名片

　　北京世界公园是一个集聚世界各地名胜于一体的著名景点，位于北京市丰台区，占地面积46.7公顷。公园的格局仿照四大洋的形状设计而成，有印度泰姬陵、埃及金字塔、中国万里长城等40多个国家的100多处微缩景观。

　　公园自1993年正式开放后，游客不断，无论是充满异域风情的非洲部落，还是古色古香的本土文化，都令人流连忘返。不出国门，便可游览世界，它就是孩子心目中的百科全书。

亲子游景点笔记

　　包罗万象的世界公园向人们展示了不同国家的文化特色，它浓缩了各地古迹的精华，是现代北京璀璨的明珠。与孩子一起感受典雅的西方文化，体会传奇的远古文明，一定会不枉此行。

　　埃菲尔铁塔：这座造型独特、设计新颖的镂空结构铁塔是法国巴黎战神广场上最壮观的建筑物。铁塔由著名桥梁工程师居斯塔夫·埃菲尔设计完成，实际高300米，天线高24米。尽管矗立在眼前的铁塔不及原型壮观、高耸，但它逼真的外形仍可以使孩子感受到法国文化的自由、奔放。

　　埃及金字塔：站在金字塔前，与孩子一起领略神奇的古埃及文明，这些建成于4 500年前的陵墓，蕴含着一个个动人的故事。此时，为孩子讲述古埃及人民，凭着高超的技艺与坚强的毅力修建了一座座壮观的方锥形建筑的辉煌历史，一定会满足孩子的好奇心。

　　英国大本钟：它是英国伦敦最著名的古钟，被安放在英国西敏寺桥北95米高的钟楼上。直径6.7米的圆形钟盘，是伦敦醒目的地标。站在古钟前，与孩子一起聆听钟表的滴嗒声，并趁此机会，为他讲述大本钟的文化背景，会令他印象深刻。

亲子游攻略

最佳旅游季节：全年
地址：丰台区花乡丰堡路158号
门票：旺季时成人100元，学生60元；淡季时成人65元，学生35元
交通：乘坐特7、937支、692、944支、913、967路等公交车至田何庄站下车
电话：010-83613681
Tips：公园内每年都会组织独具特色的文艺表演，群众可以一起参与，此时游客将大饱眼福

Top3 中国木偶剧院

名 片

中国木偶剧院是我国目前唯一一座以木偶剧演出为主的剧院。剧院占地5 000平方米，开辟了大剧院和小星星剧场，可容纳636名观众。建于2007年，隶属于中国木偶艺术剧院的"亲子儿童影院"，自开放之日起，就成了孩子们的文化乐园。

剧院除了会播放富有本国特色的戏剧、曲艺等文艺节目，还会呈现世界各地精彩的木偶剧。温馨而富有教育意义的影片，在先进的灯光和音响设备的配合下，一定会让您的孩子收获最丰硕的文化之果。

亲子游景点笔记

中国木偶剧院以一种活泼、多彩的形式为孩子们展示了中国文化的博大精深，并通过国外经典影片演绎，吸收世界文化的精髓。孩子在这里既可以放松身心，又可以学习异彩纷呈的精神文化。

放映厅：放映厅内安装了最高级的数码环音系统，即便是坐在偏僻的角落，也可以感受到优质的音效。剧院自落成后，先后上演了《大闹天宫》《美人鱼》《木偶奇遇记》等7台极具传统文化特色的剧目。2005年，演出场次高达1 476场，孩子们既能受到艺术的熏陶，又能得到智慧的启迪。剧院除了播放本国剧团创作的节目，还会与外国优秀的影剧院交流合作。此时，孩子们不仅可以亲身感受原汁原味的异域文化，而且有机会与外国小朋友互动，做文化交流的小使者。

小星星剧场：剧院的"小星星剧场"是为小朋友常年开放的。会聚了2 000多名小会员的"小木偶俱乐部"，是儿童们展现丰富的想象力与创造才能的乐园。他们在这里可以参加丰富多彩的文艺活动，用儿童特有的天真，演绎最感人、最自然的片段。

亲子游攻略

最佳旅游季节：全年
地址：朝阳区安华西里甲一号
门票：50元/(人·天)
交通：乘坐300、302、367、387路等公交车至安贞桥西站下车
电话：010-64243698
Tips：观看影片之前，若想了解近期影院的优惠活动，可致电或登录中国木偶剧院官网查询

Top4 北京大学

名片

北京大学原名京师大学堂，在中国高等教育史上占有举足轻重的地位。北大是催生中国近代文化的摇篮，孕育了高校中最早的文科、理科、政科等大学学科，并成为各大名校中的佼佼者。它曾以"思想自由，兼容并包"作为校训，培养了一代又一代文化精英。

作为中国的顶级学府，北大见证了中华民族文化的兴起，前身京师大学堂也是中国近代正式设立的第一所大学。早在清政府时期，就培养了众多留学生，此后又招贤纳士，曾有蔡元培、鲁迅等著名学者在此传道授业。

亲子游景点笔记

百余年来，北京大学英才辈出，为民族的复兴与国家的昌盛做出了巨大贡献。漫步在它宽阔的柏油路上，游览矗立在校园内，集纪念价值与教育意义于一身的建筑景观，一定可以使孩子受益匪浅。

百年纪念讲堂：占地面积3 600平方米的百年纪念讲堂，是国务院前副总理李岚清为庆祝北大建校100周年时所建。讲堂内建有观众厅、多功能厅、贵宾接待室等，层次分明、构思精巧。风格独特、典雅庄重的纪念大厅与造型别致、环境清幽的四季庭院一定会让孩子流连忘返。

三一八纪念碑：是对1926年的3月18日北大、清华等各大学校的学生与北京200多个社团共5 000余人齐聚在天安门广场，抗议帝国主义强盗行径的纪念。站在纪念碑前的孩子们，会被学生们的英勇事迹和敢于追求自由、公正的决心所深深震撼，强烈的爱国心与荣誉感将成为孩子心目中最崇高的信念。

博雅塔：1924年，燕京大学为解决水源问题，在此掘了一口深164米的水井。为保持井水的清澈，特地建造了一座塔式水楼，取名博雅塔。和孩子站在水塔前，一起等待水井中喷出十米高的泉水，感受轻松、和谐的北大文化。

亲子游攻略

最佳旅游季节：全年
地址： 海淀区颐和园路5号
门票： 免费
交通： 乘坐302、718、运通114路等公交车至海淀桥北站下车
电话： 010－62751407
Tips： 北大校园面积广阔，景点众多，游客可以在园内租一辆代步车，或骑自行车游览，但要注意控制车速，以免伤人

中关村图书大厦

名 片

中关村图书大厦是北京市一座规模庞大、藏书丰富的大型综合性书城。它位于享有"中国硅谷"美誉的中关村，周围有众多高等学府和国家重点科研单位，文化气息浓郁。

大厦面积近万平方米，陈列了35万多种图书，集高、精、新等特点于一体，可以充分满足读者的阅读需求。

亲子游景点笔记

中关村图书大厦拥有最先进的图书管理设备和最贴心的服务，带孩子在这里选购图书，是个不错的选择。

图书大厦不仅是孩子阅读的天堂，而且是著名的校外基地。青少年读者可以在这里开展内容丰富的社会实践，发挥想象力与创造才能，开发智力、陶冶情操。

大厦紧跟时代的发展，推出了实体、网络、电话购书为一体的营销模式，既方便读者阅读，又拓宽了购书渠道。与孩子一起感受中关村图书大厦高品质的服务，在攀登知识的阶梯上乐此不疲。

亲子游攻略

最佳旅游季节：全年
地址：海淀区北四环西路68号
门票：免费
交通：乘坐374、528、634路等公交车至海淀桥西站下车
电话：010－82676697
Tips：图书大厦的电话会员读者也可以在实体书店内享受优惠，建议关注相关图书信息

老舍茶馆

名 片

老舍茶馆是以人民艺术家老舍先生及其名剧《茶馆》命名的，始建于1988年，现营业面积2600多平方米，是集书茶馆、餐茶馆、茶艺馆于一体的多功能综合性大茶馆。其不仅在国内驰名，而且享誉国外。

亲子游景点笔记

在这古香古色、京味十足的环境里，每天都可以欣赏到汇聚京剧、曲艺、杂技、魔术、变脸等优秀民族艺术的精彩演出，同时可以品用各类名茶、宫廷细点、北京传统风味小吃和京味佳肴茶宴。

演出大厅：装饰古色古香，北京味十足。在这里欣赏文艺表演，给孩子讲述中国传统艺术表演形式的特点，让孩子更深地认知中国文化的博大精深。

茶餐厅：装饰既现代又古典，充满了深厚的民俗特色。为孩子讲讲饮茶的好处，以及中国的茶文化，也是很不错的。

亲子游攻略

最佳旅游季节：全年
地址：西城区前门西大街正阳市场3号楼
门票：综合演出60～180元/(人·天)（含茶点）
交通：乘坐17、22、43、826路公交车至前门站；或乘地铁2号线至前门站下车
电话：010－63036830
Tips：观看综合表演的时候人很多，应看好孩子，避免走失

中国儿童艺术剧院

名片

中国儿童艺术剧院成立于 1956 年，是一座国家级艺术院团。它是国家儿童戏剧发展与创新的源泉，培养了无数儿童戏剧的艺术家，累计推出过 170 多台节目。

剧院历经几十年，发展成一座传承优秀文化、陶冶艺术情操的文化殿堂，并多次赴日本、新加坡、美国巡回演出，发扬了优秀的中华文化，汲取了世界艺术的精华。

亲子游景点笔记

剧院以广大少儿为服务对象，遵循"出好戏，出人才"的理念，创作了无数经典戏剧。它是孩子的精神乐园，是熏陶孩子高雅情操的圣殿。

中国儿童剧场：由宋庆龄同志亲手题字命名，有上、下两层，共 723 个席位。在高科技设备的配合下，孩子沉浸在精彩的戏剧表演中，感受中华文化的博大。

假日经典小剧场：在儿童剧场的四楼，有一间内设 205 个座位的大厅，它就是假日经典小剧场。场内有先进的音响、灯光。当精彩的戏剧上演时，小观众们可以感受到浓厚的艺术气息和强烈的舞台效果。

亲子游攻略

最佳旅游季节：全年
地址：东城区北极阁三条甲32号
门票：50～150元/(人·天)
交通：乘坐104路快车、108路电车等至灯市口路站下车
电话：010－65134115
Tips：晚上与孩子去剧院观赏节目，进出要自觉排队，切忌拥挤，以免发生混乱

清华大学

名片

清华大学建于 1911 年，是中国著名的高等学府，无数学子梦寐以求的精神圣殿。学校的工学、理学成绩卓著，在亚洲和世界学界具有重要地位。

清华大学坐落在风景秀丽的皇家园林—清华园，是世界上最美的大学之一。园内建筑多具西洋端庄、典雅的风格，加之环境清幽，是潜心阅读的胜地。

亲子游景点笔记

清华大学是中国重要的科研基地，践行"行胜于言"的校风，培养出无数科技精英，为中国繁荣做出卓越贡献。带孩子领略高级学府的风采，可以激发他们奋发图强的信念。

图书馆：图书馆由新、老两馆组成，总面积 2.8 万平方米，设有 2 800 个座位，馆藏400 多册中外名书名册。带孩子走进书香飘逸的图书馆，孩子一定会有所感悟。

科学馆：它是清华早期四大建筑之一，位于大礼堂的西南，1917 年由美国著名建筑师墨菲设计而成。与孩子一起观赏馆内端庄古朴的西式建筑，阅读种类繁多的科技图书，增长见识。

亲子游攻略

最佳旅游季节：全年
地址：海淀区双清路30号
门票：免费
交通：乘坐319、320、331、365、375、601路等公交车到清华大学西门站下车
电话：010－62785001
Tips：进入校园需要在门卫处登记。此外，园内景点众多，最好穿平底鞋游览，否则会很累

皮卡书屋

名 片

皮卡书屋是皮卡少儿中英图书馆的简称，是一家由留美的"海归"妈妈们建立的非营利性少儿图书馆。书屋以0～15岁的孩子为主要服务对象，为孩子营造了一个快乐的读书氛围。

皮卡书屋在2012年3月被授予民办非企业证书。致力于"遍地开花"的小书屋，是孩子阅读的乐园，是现代教育的模范。

亲子游景点笔记

皮卡书屋是孩子了解西方文化的窗口，他们在和谐的文化园地里，播种了智慧的种子，激发了阅读的兴趣。

与孩子在皮卡书屋度过一个美好的下午，看孩子在小书架前翻阅色彩明丽的英文读物，或在地上做各种有趣的游戏，轻松和谐的氛围一定会感染他们充满童趣的心。

书屋摆放着各种卡通模型，还有丰富多彩的插图绘本。看孩子在这里边玩边学，让他们体会成长的快乐，是父母最大的收获。

亲子游攻略

最佳旅游季节：全年
地址：海淀区成府路103号蓝旗营社区1号楼1楼
门票：免费
交通：乘坐307、319、331路等公交车至蓝旗营站下车
电话：010-82567276
Tips:皮卡书屋临近闹市区，车辆往来较多，带孩子去书屋的路上要注意安全

墨盒子绘本书馆

名 片

墨盒子绘本书馆是一个以出售绘本读物为生的小店，它位于文化气息浓厚的成府路，是北京文化的地标。店内厅堂宽敞，各种绘本摊放在中央的小台子上。

书馆的最大特色不是包罗万象，而是独树一帜！将书籍归类到极小的范围，正是它专业性的体现。它开创了国内绘本馆的先河，增加了人们对绘本的深层次了解。

亲子游景点笔记

绘本书是传统图书中独特的文化符号，在纸质书店黯然消退的时代，墨盒子绘本书馆绝对是一座宝贵的精神殿堂。孩子会被绘本读物新鲜、活泼的文化形式深深吸引。

书馆内不仅有丰富多彩的童话绘本，还有精致的本子。在此聚集的除了大学生，便是经常光顾书店的孩童与父母。在温馨的氛围中，陪孩子度过一个美好的下午，别具情调。绘本题材的作品虽然是表现小孩子的东西，但是不同年龄的人看后，会有各自独特的感触。孩子在书中不仅可以找到他特有的天真，而且可以培养他读书的兴趣。

亲子游攻略

最佳旅游季节：全年
地址：海淀区成府路289号
门票：27元/(人·天)
交通：乘坐384、482、563路等公交车至海淀公园站下车
电话：010-82618538
Tips：晚上书馆内有电影播放，还可以提供茶水，并免费上网

北京国际雕塑公园

名片

北京国际雕塑公园是北京市最大的以雕塑为主题的文化艺术园区，总面积162公顷。自2002年9月开放以来，至今收藏了国内外180多件优秀的雕塑艺术品。

园内的艺术作品以雕塑、浮雕、壁画为主，是一座集艺术欣赏与观光旅游于一体的综合性园林。高雅的艺术文化与优美的园林环境融为一体，凝聚了现代文化的精髓。

亲子游景点笔记

公园内的作品以"发展""精粹"为主题，独特的视角与精细的做工都给人以美的享受。园内造型独特的雕像、雕刻精美的浮雕，会激发孩子对美的领悟。

设计者本着"以人为本"的理念，将园林建造成一座绿色生态公园，与孩子一起感受国际艺术文化的魅力，在高品位的艺术氛围中，陶冶他们的情操。

雕塑公园的风格独特，东园人文气息浓厚，西园充满乡野情趣，既可以丰富孩子的精神文化，又可以拓宽视野、放松身心。

亲子游攻略

最佳旅游季节：全年
地址：长安街西延长线石景山东部
门票：旺季10元/(人·天)；淡季5元/(人·天)
交通：乘坐337、373、452、728路至玉泉路口西站下车；或乘坐地铁1号线在玉泉路站下车
电话：010－68650422
Tips：在公园举行重要活动时，票价会作适当调整，不妨随时关注

劳动人民文化宫

名片

劳动人民文化宫建于1420年，是明清两代供奉祖宗牌位、庆祝大典的皇室家庙，旧称太庙。1950年5月1日对外开放，是北京市重要的文化交流场所。

文化宫总面积14万平方米，建筑雄伟、布局精巧。琉璃砖门与封闭的围墙对应，巍峨的大殿在古柏的衬托下更加肃穆。

亲子游景点笔记

劳动人民文化宫是中国古代文化的精粹，金碧辉煌的建筑凝聚着古典文化特有的韵味。带孩子游览时，可以为他讲述明清宫廷的事迹，加深孩子对中华文化的认识。

享殿：是文化宫的主体，长68.2米，宽30.2米，高32.46米，殿下是3.46米高的汉白玉。为孩子讲述明、清皇帝祭祖时的盛大场面，这样会激发他对古典文化的兴趣。

中华和钟：钟高3.8米，宽21米，重17吨，以中国古代著名的编钟为设计原型。可以为孩子讲解和钟所蕴含的民族意义，以及56个甬钟代表了中国56个民族的寓意。

亲子游攻略

最佳旅游季节：全年
地址：东城区天安门东侧
门票：2元/(人·天)
交通：乘坐1、4、10路等公交车至天安门东站下；乘坐专1路到皇史宬站下，步行216米。
电话：010－65252189
Tips：文化宫是保存最为完好的明代建筑，游客在此一定要注意保护

中华文化园

名片

中华文化园是一座以弘扬五千年中华优秀文化为主题的公园,总面积500亩,集文化、娱乐、休闲于一体,以"一魂三园四中心"闻名世界。

公园在设计和布局上凸显了"龙脉"和"文脉"精神,将文化的民族性与多元性和谐相融。在这样一个完整的文化空间内,将中华民族的心灵、精神凝聚在一起。

亲子游景点笔记

文化园以九龙山为纽带,将园内的自然景观与人文景观进行升华和再创造,形成气势磅礴、凝练精粹的文化圣地。孩子在这里可以充分地感受博大精深的中华文化,汲取历史文明的精华。

静园:文化园三园之一,总面积62 000平方米,园内山水相依,别具风情。与孩子在

15 000平方米的湖面上划船,是加深亲子感情的好机会。

艺术墙:它位于中华园的中心地带,墙上雕刻着象征着中华文化的精美浮雕。带孩子观赏时,可以重点讲解画中人物的故事。

亲子游攻略

最佳旅游季节:全年
地址:大兴区黄村镇明春苑春泽院2号
门票:68元/(人·天)
交通:乘坐480、967路等公交车至长丰园二区站下车
电话:010－61224628
Tips:旅游旺季时文化园内游客较多,带孩子参观时,一定要注意安全

巴蜀文化园

名片

巴蜀文化园是移植和再现了巴蜀文化的文化名园,它位于密云水库的白河主坝脚下,隐藏在苍松翠柏之中。在北京这座历史名城中,将灿烂的巴蜀文化发扬光大。

园区占地30公顷,有18个著名景点,其中有屈原祠、白帝庙等极具巴蜀文化特色的景观。碑石石刻、楹联雕塑,反映了诗人骚客祈望国泰民安的愿望。

亲子游景点笔记

园内环境清幽、景色秀丽,每个景观都有独特的寓意,陪孩子在碧绿的草地上欣赏小桥流水,启迪他对历史文化的兴趣。

与孩子一起参观园内的上关殿、报恩殿,为他讲解历史典故和神话传说,观赏殿内栩栩如生的人物雕塑,回忆与人物相关的诗词文章。

巴蜀文化园的大部分景点位于山上,因此被称为山顶公园。与孩子一起爬山,探寻神秘的巴蜀足迹,领悟文化瑰宝的魅力,会让此次旅行充满意义。

亲子游攻略

最佳旅游季节:全年
地址:密云区溪翁庄立新村
门票:30元/(人·天)
交通:乘坐密8路支线、密8路等公交车至溪翁庄镇政府站下车
电话:010－89032308
Tips:巴蜀文化园地处相对偏僻的近郊,出行期间,大人一定要注意孩子的安全

北京大观园

名 片

　　北京大观园建于 1984 年，是为拍摄电视剧《红楼梦》而造的仿古园林。园区占地 13 公顷，山水相系、绿树红花、英明烟雾，如世外桃源般清雅脱俗，令人流连忘返。

　　大观园将中华文化中的文学、古典建筑学、造园艺术表现得淋漓尽致，是红楼文化的艺术载体。富丽堂皇的宝殿、辗转曲折的游廊、碧波荡漾的湖水，神游其中，宛如置身天境。

亲子游景点笔记

　　大观园内精品荟萃，珍藏了无数极具红楼

特色的历史文物，是潜在的文化遗产，百年后的艺术瑰宝。带孩子感受红楼文化的魅力，体会古典名著的精深。

　　顾恩思义殿：在气势雄伟、金碧辉煌的大殿内，为孩子讲述元妃省亲时的壮观场面，可以丰富其文化底蕴。

　　潇湘馆：它是林黛玉的闺房。庭院内茂林修竹、环境清幽；室内窗明几净、青灯黄卷，游览这里，会激发孩子对中国古典名著的兴趣。

亲子游攻略

最佳旅游季节：全年
地址：西城区南菜园街12号
门票：40元/(人·天)
交通：乘坐423、56路等公交车到大观园西门站下车
电话：010－63544993
Tips：每年的农历八月十五，园内会举行"北京大观园"的"中秋之夜"，非常热闹

宣武艺园

名 片

　　宣武艺园是一座具有江南园林风格的现代建筑，园内有"丁香书院""静雅园""绿波流音"等著名景区。园林在突出"雅"和"静"特点的同时，又融合了古典建筑中的精华，是旅游、观光的圣地。

　　宣武艺园不仅是一座文化名园，还是一座"绿色公园"。园内装有先进的节水灌溉与浅层地热设施，在欣赏美景的同时，还能感受现代城市花园的特殊功能。

亲子游景点笔记

　　宣武艺园匠心独运的设计与大自然的天然雕饰巧妙融合，形成了人间仙境，孩子畅游其中，既可以感受大自然的自由，又可以体会风景名胜蕴藏的文化韵味。

　　雅静园：它是宣武艺园的五大景区之一，也是"园中之园"。带孩子在三面环水的文静榭观赏苍松翠柏；在鸣禅亭聆听鸟语蝉鸣；走过造型独特的芙蓉桥，体会古代文人的浪漫情怀。

亲子游攻略

最佳旅游季节：全年
地址：西城区槐柏树街12号
门票：免费
交通：乘坐10、18、88路等公交车至槐柏树街东站下车
电话：010－63012158
Tips：宣武艺园夏季最晚21:30关闭，冬季早半个小时，游览时要注意把握时间

北普陀影视城

名 片

北普陀影视城是一座集影视拍摄、培训，旅游观光于一体的大型影视文化中心。其位于北京南郊，是元、明、清时代帝王行宫的所在地，面积30多万平方米，建筑风格独具皇家气派。

影视城内有松、竹、梅三园，景色优美、风光旖旎。无论是高耸的华表，还是古朴清幽的北普陀寺，都展现了中国传统文化中的优雅与自然。

绣球临幸等活动。

北普陀影视城先后拍摄过电视剧《还珠格格》《雍正王朝》《大宅门》等几百部著名剧目，带着孩子游览城内的亭台楼阁时，可以为他介绍曾在剧中出现过的场景。

亲子游景点笔记

北普陀影视城是中国古代文化的缩影，带着孩子在包罗万象的文化园中，体验一下古人的生活环境，对他而言，是一种很美妙的经历。

与孩子一起参观明清时代古色古香的建筑，美丽的红楼梦园、秀丽的北普陀寺都会让他心驰神往；抑或是欣赏丰富多彩的民俗文化，与他一起感受热闹非凡的蒙古奶茶、天桥把式、

亲子游攻略

最佳旅游季节：全年
地址：大兴区南宫村
门票：门市价32元/(人·天)；团体票24元/(人·天)
交通：乘坐526、341、926路等公交车至北普陀影视城站下车
电话：010 – 69279999
Tips：60岁以上的老人与本市的在校学生可凭相关证件预约或现场购买优惠门票

西城区青少年儿童图书馆

名 片

西城区青少年儿童图书馆是北京市规模最大、设施最齐全的综合性少儿图书馆。其馆舍面积6 548平方米，内设报刊、科普、电子等专业性极强的阅览室，电影大厅、录像厅等均装有先进设备。

自1998年5月开馆以来，它一直秉承"读者至上"的理念，将传统阅读与现代文化融合，不断开发新颖的学习形式。在寓教于乐的氛围中，为青少年读者开展了自编报、化妆表演等有趣的活动。

西城区青少年儿童图书馆的地下一层与地上四层环境舒适，非常适合阅读。馆内的玩具乐园、乒乓球厅、电影小厅是孩子休闲、娱乐的好地方，他们在这里可以舒缓疲惫的大脑，尽情地释放天真与热情。

亲子游景点笔记

作为国内首个使用智慧2000数字管理软件的图书馆，它不仅与首都图书馆等多家大型图书馆实现网络联合，而且建立了最能满足读者需求的专题数字库。孩子可以利用最先进的设备，随心所欲地阅读自己喜爱的图书。

亲子游攻略

最佳旅游季节：全年
地址：西城区西直门内大街69号
门票：免费
交通：乘坐105路电车、111路电车至新街口西站下车
电话：010 – 62237666
Tips：图书馆的营业时间为12:00 – 18:00，建议不要太早或太晚去

中国木偶剧院

尤伦斯当代艺术中心

北京大学

北京世界公园

T2航站楼　T3航站楼

望京西

三元桥

芍药居

东直门

朝阳门

呼家楼

团

新街口南

北土城

东四

东大桥

宋家庄

鼓楼大街

雍和宫

建国门

北京站

知春路

平安里

西单

崇文门

海淀黄庄

西直门

公主坟

宣武门

富兴门

北京南站

角门西

国家图书馆

白石桥南

西局

北京西站

大王路

郜公庄

慈寿寺

公主坟

西局

大葆台

郜公庄

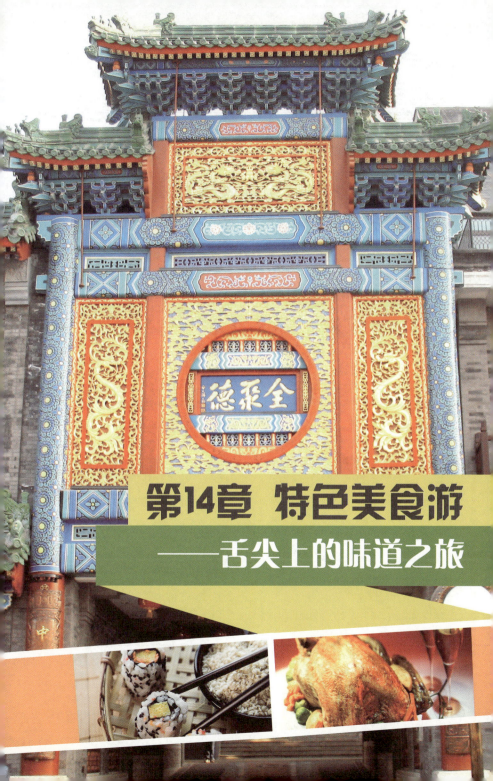

第14章 特色美食游

——舌尖上的味道之旅

Top1 馄饨侯

名片

"馄饨侯"在北京可谓家喻户晓，至今在京的连锁店已经达到了60多家。从1946年建立摊位开始，"馄饨侯"已走过了百年的岁月。在这其中，虽然历经磨难，但"馄饨侯"的名声却一直经久不衰。究其原因，还要得益于其优良的制作手艺。

馄饨侯的创始人侯庭杰，练得一手的擀面绝活，只用一米多长的擀面杖，就能擀出薄如纸的馄饨皮。最初他只是在东安门大街摆了一个馄饨摊，相传郭沫若无意间吃过侯庭杰的馄饨后，大加赞赏。此后，馄饨摊就吸引了众多的文艺界名角光顾，"馄饨侯"的名声也越来越大，一直到今日，吃过的人都是赞不绝口。

亲子游景点笔记

馄饨侯作为一家中华老字号的面店，一直深受北京人的喜欢，香甜劲道的馄饨非常适合孩子食用，所以此店非常受父母和孩子的欢迎。

馄饨：北京人最爱吃也最常吃馄饨，尤其是作为夜宵，馄饨往往成为首选。馄饨的历史也由来已久，而且各地对馄饨的称呼都不统一，四川人把馄饨称为"龙抄手"，广东人则称为"云吞"。劲道的皮加上鲜香的肉馅，无论是父母还是孩子，都会百吃不厌。在品尝的同时，父母再为孩子普及一下馄饨的知识，可谓一举两得。

酥饼：在馄饨侯店内，有特色的酥饼可以搭配馄饨。酥饼的味道有玫瑰、椒盐，以及牛肉等，能满足不同人的口味。金黄色的酥饼，脆而不碎，香而不腻，咸酥适口，是孩子喜欢的味道。父母也可尝试着做，以便为孩子在家制作。

亲子游攻略

最佳旅游季节：全年
地址：王府井东安门大街13号
价格：人均消费30~50元
交通：乘坐59、90内、90外、10、41、99、104快、120路等公交车至王府井站下车
电话：010－65254953
Tips：馄饨侯营业时间为6:00～22:00，因为这是一家中华老字号名店，所以平日顾客较多，需排队用餐。如果不想排长队，建议避开早午餐时间

Top2　门丁李

名　片

　　门丁李，北京著名的连锁小吃店，包括西直门店、团结湖店和工体店等。主要经营北京特色小吃，包括门丁肉饼、爆肚、豆汁儿和羊杂汤等，其中尤以门丁肉饼最为著名。

　　门丁肉饼源自清朝，相传是御膳房为慈禧专门制作的点心，慈禧品尝后大为称赞，询问名字时，御膳房的高厨突然看见宫廷大门上的钉帽，所以就把其称为"门钉肉饼"。也写作"门丁肉饼"。门丁肉饼现在已经成为北京的一道特色小吃，不仅味道极佳，而且有着"吉祥"的寓意。

亲子游景点笔记

　　门丁李汇集了众多的京味小吃，是父母带孩子品尝正宗北京小吃的首选之地。一边品尝美食，一边感受北京源远流长的小吃文化！门丁李绝不容错过！

　　门丁肉饼：肉饼直径约五厘米、高约三厘米，从外形来看，滚圆的形状和古时城门上的门钉尤为相似。门丁肉饼与一般肉饼最大的区别，就是这种肉饼皮薄馅多、汁多咸鲜，吃起来会感到格外的清香润口。肉饼的制作并不复杂，孩子如果很喜欢吃这种肉饼，父母可以询

问制作方法，亲自为孩子做。

　　爆肚：爆肚是门丁李经营的另一种北京风味小吃，属于回族的名吃。爆肚的历史可追溯到清乾隆年间，相传爆肚对于治疗胃病有一定的疗效。爆肚味道鲜脆不油腻，非常适合孩子食用，可以适当让孩子吃一些爆肚，起到养胃的作用。

　　豆汁：在门丁李店内，还有一种久负盛名的北京小吃，即豆汁儿。豆汁儿的历史尤为悠久，最早可以追溯到辽宋时期，在清朝乾隆年间，豆汁儿更是成为宫廷颇受喜爱的饮品。北京民间现今还在流传着："没有喝过豆汁儿，不算到过北京。"所以父母带孩子游览北京，不要忘了带孩子喝豆汁儿，相信浓醇的口感也一定会深受孩子喜欢。

亲子游攻略

最佳旅游季节： 全年

价格： 门丁肉饼3元/个，爆肚10元/份，豆汁儿2元/份

地址： 西城区西直门北滨河路5号（门丁李西直门店）

交通： 乘坐85、375、438路公交车到西直门（北）站下车

电话： 无

Tips： 门丁肉饼讲究趁热吃，冷掉的话，会非常糊嘴。但吃的时候要特别小心，不要一口咬下，因为汤汁会流出，要谨防烫伤

Top3 前门全聚德烤鸭店

名片

北京前门全聚德烤鸭店有着"天下第一楼"的美誉,在"全聚德"的牌匾上,少了一横的"德"字独具特色。相传古代德字就有少一横的写法,所以至今全聚德牌匾还保持着少一横的历史传统。

全聚德是中华著名的老字号,被誉为"中华第一吃",在1864年,由杨寿山创办。1999年1月,"全聚德"被国家工商总局认定为"驰名商标"。无论是传统烤鸭还是特色菜肴,其风味都独树一帜。可以说,全聚德是中华饮食文化的代表。

亲子游景点笔记

全聚德作为北京的特色美食之一,一直深受孩子和家长的喜爱。所以父母们要带孩子游北京,品尝最正宗的中华美食,全聚德可是最佳选择,这也正是把它作为首先推荐的原因。

烤鸭:前门全聚德店的北京传统"挂炉烤鸭"一直闻名于世,相传"挂炉烤鸭"技术最早源自宫廷,这种传统挂炉有炉孔无炉门,烧制时,底火旺盛但无烟。烤出的鸭子颜色鲜红,皮层酥脆,外焦里嫩。走进全聚德,让孩子品尝一下"出自宫廷"的美味,从而亲身感受中华美食的博大精深。

全鸭席:全鸭席是指除了特色烤鸭外,还配有各类鸭菜组成的筵席。它是在原有烤鸭之上的独特创新,曾被周恩来总理赋予"国宴"的美名。父母在带孩子品尝美食的同时,可以重点讲述有关中国筵席的一些知识,让孩子了解中国筵席的特色:用同一种主料烹制各种菜肴。

老门面墙:老门面墙始建于1901年,至今在店内保存完好,它是全聚德百年历史的见证。走进店内,父母可以在孩子观赏门面老墙时,简单讲述一下全聚德的发展历史,使其对烤鸭的发展有一个初步的认识。

亲子游攻略

最佳旅游季节: 全年

地址: 前门西大街14号楼

价格: 套餐分为68元/套、98元/套、108元/套、128元/套 几种

交通: 乘坐17、20、22、48、59、66、67、69、71、120路等公交车至前门站下车

电话: 010 – 63023062

Tips: 在前门全聚德店内,很多物品都是有着百年历史的文物,父母不要让孩子随便在上面乱涂乱画,适当告诉孩子保护文物的重要性

Top4 九门小吃

名片

为了振兴和抢救濒临失传的北京小吃，老北京传统小吃延续发展协会创办了"九门小吃"。九门小吃位于北京什刹海的老式四合院中，其中分布着12家北京老字号小吃，如小肠陈、褡裢火烧、茶汤李、羊头马等。

想要品尝样式齐全的正宗京味小吃，非九门小吃莫属了。在古朴的四合院内，品尝着延续百年的传统小吃，对于了解京城百年饮食文化无疑有着重大意义。除了品尝美食外，九门小吃内还荟萃了各种传统文化的表演，如京剧、相声等，使人们对北京文化有一个从味觉到感官的全面感受。

亲子游景点笔记

九门小吃作为北京小吃的象征，囊括了近300种小吃。不仅是最佳的休闲食品，而且老少皆宜，其中香脆的褡裢火烧最受孩子喜欢，父母不妨带孩子去品尝一下。

羊头马：羊头马有着160多年的悠久历史，最初的创始人是马纪元，从最初的挑筐沿街叫卖到设摊儿经营，羊头马逐渐成为了最具特色的北京小吃。白水羊头是用清水煮出来的羊头，切片后撒上椒盐，味道即鲜美又清香。在孩子品尝时，父母可以讲解一下羊头马的发展史，借由马纪元艰辛的奋斗史对孩子进行正面教育。

褡裢火烧：褡裢火烧在北京小吃中较为常见，因其形状与古代背在肩上的褡裢相似，因此得名。褡裢火烧色泽金黄，焦香四溢，鲜美可口，是一种非常适合午后食用的休闲食品。如果未到正餐时，孩子却想要吃些东西，父母就可以买褡裢火烧给他当作零食。

茶汤：北京茶汤非常有名，因为常用带龙头嘴的壶冲泡，所以又有"龙茶"之称。茶汤味甜香醇，色泽杏黄，非常适合早晨食用。父母可以准备茶汤作为孩子早餐，香甜的口味不仅会增加孩子的食欲，而且也利于清肠润胃。

亲子游攻略

最佳旅游季节： 全年

地址： 西城区德内大街孝友胡同1号

价格： 茶汤7元/份

交通： 乘坐27、55、305、315、380、409、625、872路等公交车至德胜门站下车；或乘坐地铁2号线在积水潭站下车

电话： 010－64026868

Tips： 九门小吃营业时间为10:30－13:30，17:00－21:00。院内的各摊位都不收现金，需要刷卡，进门后需先买一张卡，充入金额

Top5 东来顺饭庄

名片

东来顺饭庄始建于 1903 年，位列中华老字号，由回民丁德山创建。最初以摊位形式贩卖，后来发展为连锁加盟品牌店，在一百多年的发展中，东来顺的清真菜肴已经成为京华菜系重要的一部分，深受人们喜爱。

东来顺饭庄的涮羊肉最为有名，从选料、加工到火力，每一样做工都很精细，而且独具特色。所选羊肉是最正宗的内蒙古绵羊，店内师傅刀工被誉为"薄如纸、匀如晶、齐如线、美如花"，相传肉片入锅一涮即熟，味道嫩香，不膻不腻，是冬日里祛寒的首选食物。

对于祛寒暖胃是很有帮助的。

白汤杂碎：白汤杂碎是一道京华清真传统名菜，主要以羊肺、养肠、羊心、羊头肉等为材料。肉质软烂浓香，汤汁纯白清爽，父母可以让孩子在立秋后食用，起到开胃醒脾的作用。

手抓羊肉：手抓羊肉的历史最为悠久，相传已有千年，它是蒙古族、藏族、回族、维吾尔族等民族最为喜爱的传统食物。据记载，羊肉是一种大补的食物，营养价值堪比人参。手抓羊肉肉味鲜美，不腻不膻，在食用时，给孩子适当讲讲少数民族的生活方式和饮食习惯等，以拓宽孩子的知识面。

亲子游景点笔记

东来顺的发展一定程度上见证了老北京饮食文化的变革，从传统清真名菜到成为大众饮食的火锅文化，东来顺一直都受到人们的喜爱。让孩子感受清真美食，一定少不了光顾这家回族饭店。

涮羊肉：东来顺的涮羊肉不仅以选材出名，其精细的做工更是有口皆碑。切出的肉片不仅薄、匀，而且齐、美，佐料更是丰富多样，几乎能满足每个人的口味。所以，不必担心孩子食用会过辣或过腻。同时，孩子在冬天食用，

亲子游攻略

最佳旅游季节：秋季、冬季
地址：东城区王府井大街198号
价格：100～500元/套
交通：乘坐59、90内、90外、10、41、99、104快、120路等公交车至王府井站下车；或者乘坐地铁1号线至王府井站下车
电话：010－65139661
Tips：东来顺王府井店营业时间为11:00－21:30，其中有7个独立的包厢，包厢最低消费为1500元，需要提前预订

Top6 稻香村

名片

稻香村历史悠久，从1895年建立之初，至今已有100多年的历史。据记载，"稻香村"的名字最先出自于乾隆皇帝，当他品尝完来自江南苏州的糕点后，即刻提笔写下了"稻香村"的匾额，从此稻香村糕点久负盛名。

稻香村的食物之所以一直深受人们喜爱，其实与它的制作工艺是分不开的。稻香村食品的制作讲究用心，不仅严格根据时节制作适宜糕点，而且用料正宗，从核桃仁到玫瑰花，每一种佐料都是选用最好的，人们吃着放心。

亲子游景点笔记

稻香村的许多特色糕点，都非常适合休闲时食用。父母可以给孩子们买些作为零食，这种零食与膨化食品相比，要营养得多，从这一点来看，我们重点推荐稻香村。

蜜三刀：蜜三刀相传起源于苏东坡，后来清朝乾隆皇帝下江南时，偶然吃到蜜三刀，随即把其赞为"徐州一绝"，并封为宫廷御点。就这样，蜜三刀成为著名的北京名小吃。蜜三刀香甜绵软，是大多数孩子喜欢的味道。

牛舌饼：牛舌饼因为形如牛舌故而得名。

制作过程并不复杂，主要以揉面团和烤制为主，其口感清脆，如果搭配一些清粥，食用效果更佳。父母如果不想让孩子吃太甜或太辣的食物，就可以选择牛舌饼。

糖火烧：糖火烧的历史可以追溯到300多年前，最早起源于河北，之后从河北传入北京，成为家喻户晓的小吃。糖火烧是用缸炉烧烤而成，味道香甜醇厚，绵软不黏，是人们非常喜爱的早餐食物。父母在带孩子品尝时，可以简略讲一些糖火烧的制作工艺，使孩子对传统的食物烹制方法有一个大概的了解。

亲子游攻略

最佳旅游季节：全年

地址：北京市东城区东直门内大街19号

价格：蜜三刀18元/斤、牛舌饼20元/斤、糖火烧18元/斤

交通：乘坐106、107、117、635路等公交车至东内小街站下车

电话：010－84043305

Tips：父母在给孩子购买蜜三刀等微甜食物时，一定要注意控制孩子的食用量，不宜让他吃太多，以免损伤牙齿

①1斤=500克。

Top7 月盛斋

名 片

月盛斋全名月盛斋马家老铺，起自清乾隆年间，至今已有 220 多年的历史。1775 年，在衙门看供桌的回民马庆瑞改作了卖羊肉生意，之后经过皇室御厨的指点，又改卖了酱羊肉。相传，月盛斋的酱羊肉，连慈禧太后都爱不释口，不仅每餐必食，而且因此赦免了月盛斋老板的一次失火罪责。

现今，月盛斋已经成为一家专门经营清真酱牛羊肉的老字号，食品类型包括水产品、五香酱鸡、加工制造速冻食品、五香酱牛肉、糕点和牛肉松等 25 种，其中尤以五香酱羊肉和烧羊肉最为有名。

亲子游景点笔记

月盛斋食品的制作采用了宫廷食物烹饪的方法，同时又选用了阿拉伯原料，是流传百年的绝佳美食。父母在带孩子品尝美食之中，又可对中华民族历史文化有所了解，这就是我们介绍月盛斋的缘由。

五香酱羊肉：五香酱羊肉是月盛斋最令人赞不绝口的一道食品，制作过程十分讲究火候，先用大火再慢慢转为小火，以使肉入味。当肉煮熟后，需浇上老汤，这个老汤至关重要，它

是月盛斋有着百年秘方的"陈年老汤"，得益于这个老汤，月盛斋的酱羊肉才一直保持着当年的原汁原味。等到酱肉出锅，那是醇香扑鼻，引人食欲。父母在带着孩子品尝这流传百年的传统美食时，可以讲一讲慈禧太后对此羊肉钟爱有加的传说故事，丰富孩子的历史知识。

烧羊肉：烧羊肉是月盛斋推出的一种夏季特色美食。为了配合夏季清淡的口味，烧羊肉重点讲究汤的调配。用此汤浇过水面，伴以黄瓜丝，即鲜美又清凉，可以说，是夏季不可多得的一道美味。在炎炎夏日，当孩子没有食欲时，父母不妨让孩子尝尝这道美食，保证胃口大开。

亲子游攻略

最佳旅游季节：夏季、冬季
地址：东城区前门大街1号
价格：五香酱牛肉40元/袋，烧羊肉30元/袋
交通：乘坐17、20、22、48、59、66、67、69、71、120路等公交车至前门站下车；或坐地铁2号线到前门站下车
电话：010－63030370
Tips：月盛斋营业时间为9:00－19:00，除了品尝美食，月盛斋的门面装饰也值得一览。它保持了老北京的特色风味，会让人感受到曾经的古色古香皇城氛围

Top8 烤肉季

名片

烤肉季原名"潞泉居"，是一家有着150多年历史的中华老字号。1848年，季德彩在什刹海开办店铺，因烤肉技术独特，肉味鲜美而声名大噪。之后此店一直由季氏家族经营，逐渐成为京城烧烤一绝，与京城另一家烤肉宛并称为"南宛北季"。

烤肉季的店铺建得古朴小巧，飞檐廊柱于精致之中透着老北京殿阁的味道，由此，不难看出此店历史的悠久。相传著名作家老舍先生曾为此店书写匾额，可惜今已遗失。现今看到的牌匾，出自末代皇帝溥仪胞弟溥杰先生之手，娟秀之中难掩大气之风，可谓烤肉季的又一佳话。

亲子游景点笔记

烤肉季不仅烤肉堪称一绝，其厚重的历史文化也相当引人入胜，古典雅致的店铺、优美清丽的景色，正是父母为孩子介绍京城美景的最佳场所，这也是必游此地的重要原因。

烤羊肉：在烤肉季的各类烧烤中，属烤羊肉最为著名。羊肉选用专门的绵羊，以保证肉味鲜嫩，再加上一道独特的工序，据说鲜嫩的肉有着"赛豆腐"之称。之后，切出的肉片长

短相同，薄中透亮，高超的刀工令人不由赞叹。烤出的羊肉香而不腻，柔软可口，非常适合孩子食用。让孩子在食用的同时，欣赏切肉师傅们独特的刀工技艺，对于开阔孩子的视野、领略中华传统技艺都会有所帮助。

银锭桥：银锭桥位于什刹海前海和后海的交汇处，是一座南北朝向的单孔石拱桥，属于老北京的"燕京小八景之一"。坐在烤肉季的二层阁楼上，可以观望到银锭桥的绝美身姿，尤其在夜色渐浓之时，河水的碧波映衬之中，白色的银锭桥更显清丽之美。在欣赏美景时，父母可以为孩子简单介绍一下燕京小八景的知识，身临其境的讲解，一定能加深孩子的印象。

亲子游攻略

最佳旅游季节： 夏季

地址： 西城区地安门外大街前海东沿14号

价格： 烤羊肉为88元/份

交通： 乘坐107、124、204、210、5、60、82路等公交车至鼓楼(南)站下车

电话： 010－64042554

Tips： 烤肉季营业时间为上午6:00－9:00。以及11:00－23:00。需注意，晚上是饭店营业高峰期，如果想晚上前去，一定要提前预订座位

Top9 芭迪熊主题餐厅

名片

芭迪熊儿童主题餐厅创建于2005年1月，是约翰先生建造的一家以儿童为主题的连锁餐厅。餐厅的核心理念是实现父母与孩子之间的一种"互动体验"，以芭迪熊的故事为主轴，实现孩子吃好、玩好和有所学的目的。

芭迪熊的故事讲的是一只名叫芭迪熊的熊猫，他住在美国圣地亚哥的一个动物园里，为了到遥远的中国寻找爸爸妈妈，开始了一段冒险旅程。在这段充满磨难的旅程中，芭迪熊结识了许多朋友，他们一起上演了一场充满友爱和勇敢的励志故事。芭迪熊儿童主题餐厅正是想要通过这个故事，让儿童从中受到教益，在爱中不断成长。

亲子游景点笔记

芭迪熊儿童主题餐厅内部装饰的温馨和卡通，是孩子梦想中的童话世界。在里面，孩子不仅能尽兴地玩耍，而且能在童话剧中受到爱和勇敢的教育。

可爱香烤鸡翼套餐：套餐包括三个鸡翅、薯条、小布丁和橙汁，食物含糖量都不高，适合孩子食用。除此之外，餐厅内的卡通座椅和卡通餐具，也会引起孩子的极大兴趣。父母还可以带孩子在餐厅内坐滑梯，让孩子愉快地去与其他孩子交流和玩耍，在这其中，他们将学会互相友爱和谦让。

童话剧：在就餐过程中，餐厅会不时上演童话剧，届时身着卡通服装的服务员会邀请小朋友一起表演。当海盗船乘风破浪慢慢靠近时，所有的小伙伴们一起制服海盗，那种亲身经历的喜悦足以让孩子了解到团结的重要。表演完，父母可以为孩子具体讲解一下芭迪熊的故事，让孩子去领会故事所蕴含的道理。

亲子游攻略

最佳旅游季节：全年

地址： 海淀区远大路1号金源购物中心B1楼儿童成长天地B-14号

价格： 可爱香烤鸡翼套餐32元/(人·套)

交通： 33、355、360、365、425、539、611、664、992、运通101、运通114、运通118、运通114路等公交车至远大路东口站下车

电话： 010-88895177

Tips： 芭迪熊餐厅营业时间为上午11:00-14:00，下午16:00-21:00。每位进店的小朋友都会免费赠送气球造型小狗一个，此外，如果赶在孩子生日当天前去，另有精美礼品相送

Hello Kitty主题餐厅

名 片

Hello Kitty主题餐厅是经正式授权的以Hello Kitty为主题的餐厅，在2011年，正式在北京三里屯营业。从餐厅开业以来，一直都受到Hello Kitty迷的追捧，店内粉色浪漫的气氛和身穿卡通服饰的服务员，为人们营造出一种童话般的世界。

亲子游景点笔记

Hello Kitty作为经典的卡通形象，是孩子们的最爱，Hello Kitty主题餐厅的出现，正好实现了孩子们的童话梦。

Hello Kitty食物：不仅店内的摆设都是Hello kitty形象，而且每一道菜都能见到Hello Kitty的可爱模样。吃着带有Hello Kitty脸的草莓芝士蛋糕，孩子一定非常高兴。这儿也是父母实现孩子童话梦的最佳场所。

亲子游攻略

最佳旅游季节：全年
地址：朝阳区工体北路3号世贸百货F408室
价格：人均消费142元左右
交通：乘坐 115、118路电车、110、113、120、403、406、431、701、758路等公交车至工人体育场站下车
电话：010 – 84059021
Tips：营业时间为每日11:00 – 21:00。Hello Kitty主题餐厅的厨房为开放式，顾客可以清晰地看见食物制作流程，从而可以放心食用

麦幼优儿童主题餐厅

名 片

麦幼优成立于2006年，是一家专门为儿童创建的餐厅。餐厅占地面积300平方米，内部设置餐饮和儿童娱乐等多项内容。东南亚热带雨林特色的店内装修和完备的娱乐设施为孩子提供了一个自由天地，是孩子娱乐的首选之地。

亲子游景点笔记

麦幼优餐厅在打造娱乐设施的同时，也注重对孩子的教育，同时，安排多种新式的活动来开发孩子的创造力和想象力。

明星小厨师：这是餐厅进行的一种让孩子亲自制作菜品的活动，通过孩子间的比赛，来提高孩子的动手能力。在孩子制作菜品时，父母可以在旁边进行指导，以此实现父母与孩子间的亲密互动，增进感情。

亲子游攻略

最佳旅游季节：全年
地址：海淀区大钟寺中坤广场D座三层
价格：人均消费100元左右
交通：乘坐80、87、88、123、361、367、425、604、 特8内、运通101路等至城铁大钟寺站下车；或乘坐城铁13号线至大钟寺站下车
电话：010 – 52879299
Tips：营业时间为10:00 – 20:00。麦幼优除了餐饮区，还有专门的娱乐区、DIY区、游戏区等深受小朋友喜爱的区域，父母都可以带孩子去看看

逸生活法亚创意美食餐厅

是一种让孩子在玩耍中开发创意潜能的方法，许多父母都喜欢用这种方式来让孩子体验自制食物的乐趣。同时，让孩子学习怎样做食物，也会增强孩子对食物热爱和珍惜的意识，使他们自觉养成节俭的良好习惯。

名片

逸生活法亚创意美食餐厅是一家以经营新派法餐为主的创意餐厅，餐厅最具特色的就是专注于儿童的成长。餐厅店主是一位对孩子成长教育有着丰富经验的父亲，他研发出了多套营养丰富的儿童套餐，非常适合孩子食用。

亲子游景点笔记

逸生活法亚创意美食餐厅是一家能够满足孩子玩乐与学习需求的场所。

趣味动手厨房：让孩子动手制作食物。这

亲子游攻略

最佳旅游季节：全年
地址：朝阳公园南路8号棕榈泉生活广场3楼
价格：人均消费60元左右
交通：乘坐302、406、运通122、650、350、431、682路等公交车至甜水园街北口站下车
电话：010 - 65008070
Tips：逸生活法亚创意美食餐的趣味动手厨房只在每周六、日的中午时间进行，此外，餐厅不教做中餐，只教做西餐

新侨诺富特饭店

如深海鱼生、法式烤牛排、新西兰小羊排、冷切沙拉、上品奶酪、法式甜品等，其中深海鱼生由专业厨师现点现切，保证味道鲜美。由此，孩子将品尝到最高品质的法式大餐，从而对法国饮食文化留下深刻印象。

名片

北京新侨诺富特饭店成立于 1999 年，集餐饮、住宿和商务于一体，现有客房 700 间，餐厅分为中餐厅、西餐厅和咖啡厅等。北京新侨饭店临近故宫、天安门广场和天坛等众多名胜古迹，是旅游住宿的优质场所。

亲子游景点笔记

新侨饭店不仅地理位置优越，其法式自助大餐也十分诱人，值得前去品尝。

自助餐：菜品丰富，都是顶级的法式料理，

亲子游攻略

最佳旅游季节：全年
地址：东城区崇文门西大街1号
价格：套餐148元/(人·套)
交通：乘坐特2、8、60、20、41、44内环路等公交车至崇文门西站下车；或乘坐地铁5号线或2号线崇文门站下车
电话：010 - 65133366
Tips：新侨诺富特饭店24小时营业，通过网上预订或在节假日预订可享受优惠，但烟、酒水、海鲜、燕鲍翅及特价菜无优惠

蕉叶餐厅

名片

　　蕉叶餐厅是一家泰式连锁餐厅，始建于1995年。它的建立，标志着泰国菜首次进入中国，无论从装修还是菜品，人们都能清晰地感受到浓郁的泰国风情。

亲子游景点笔记

　　蕉叶餐厅以咖喱皇炒蟹和冬阴功虾汤最为著名，是孩子品尝泰国菜的首选菜系。再加上店内泰国特色的装潢，带孩子来此领略泰国风情，可谓再好不过了。

　　咖喱皇炒蟹：把新鲜的螃蟹浸在用20种香料秘制的咖喱汁中烹煮而成，肉质鲜甜、汤汁香浓，是品尝泰国菜的首选。在品尝美食时，父母可以带孩子观赏店内从泰国请来的四面佛和椰子树，从而让孩子对泰国建构有一个初步印象。

亲子游攻略

最佳旅游季节：全年
地址：中关村大街15号中关村广场购物中心B区入口南侧
价格：咖喱皇炒蟹128元/份
交通：乘坐运通106、运通205、运通105、683、302、601、365、731、307、320、特6、特4路等公交车至中关村南下车
电话：010－59863666
Tips：营业时间为11：00－14：00，16：00－22：00。如果是在网上团购，需提前1天致电预约

小肠陈

名片

　　小肠陈是一个直营连锁餐饮企业，由陈玉田摆摊发展而来，现今被评为"中华老字号"。其中最有名的卤煮小肠历史悠久，相传起源于清乾隆年间，由宫廷御膳"苏造肉"演变而来。

亲子游景点笔记

　　小肠陈的卤煮小肠历经百年而不衰足以见证其特色，所以，父母不妨带孩子品尝一下。

　　卤煮小肠：卤煮小肠讲究炖制以及用料。小肠陈的卤煮小肠炖得肥而不腻、肉烂而不糟，适合孩子食用。父母可以给孩子讲一讲卤煮小肠由宫廷御膳发展而来的历史典故，扩大孩子的知识面。

亲子游攻略

最佳旅游季节：全年
地址：方庄环岛南方群园三区11号楼
价格：卤煮小肠18元/(人·份)
交通：乘坐12、17、39、51、213、434、650、654、723、741、运通107、运通202路等公交车至刘家窑桥桥东站下车
电话：010－67620251
Tips：营业时间为9：00－22：00，需注意，最好选择午餐或晚餐时间去，有时下午会不营业

便宜坊烤鸭店

烤鸭：便宜坊烤鸭最独特的就是它选用焖炉烤鸭，和全聚德挂炉式烤鸭不同，这种烤鸭不见明火，在鸭膛内灌有特制老汤，从而形成外脆里嫩的好口感。而且这种烤鸭不含致癌物质，是纯正的绿色食品，父母可以放心给孩子食用。

名 片

便宜坊烤鸭店始建于清咸丰年间，即1855年。经过一百多年的经营，该店已经成为中华老字号企业，门上的匾额，也有百年的历史，据说是嘉靖年间的兵部员外郎杨椒山所题写。

亲子游景点笔记

便宜坊烤鸭店以烤鸭而闻名，流传百年的烤鸭工艺，一定会让孩子大开眼界。

亲子游攻略

最佳旅游季节：全年
地址：崇文门外大街3－5号新世界百货青春馆3楼
价格：烤鸭198元/套
交通：乘坐地铁2号线至崇文门站下车
电话：010－67088680
Tips：营业时间为11:00－21:20，节日里顾客会较多，需要排队，建议避开节日光顾

老五四季涮肉

火锅：火锅选用传统的铜锅，汤料为纯正的清汤，只见在噼啪作响的炭火中，新鲜的羊肉引人垂涎。相信不可多见的铜锅一定会引起孩子的兴趣，此时父母就可以为孩子讲一讲铜锅的历史渊源，让孩子充分理解和记忆。

名 片

老北京人历来讲究吃火锅，不仅冬天常吃，而且夏天也爱吃。老五四季涮肉是老北京一家很有特色的传统涮羊肉火锅店，至今已有30多年历史，店内特色风格的装修能瞬间勾起人们对老北京的难忘记忆。

亲子游景点笔记

老五四季涮肉以最正宗的传统火锅而闻名。同时，便宜实惠的价格，也颇有口碑。

亲子游攻略

最佳旅游季节：全年
地址：白纸坊东街17号
价格：人均消费65元左右
交通：乘坐604路公交车至自新路站下车；或乘地铁4号线陶然亭站下车
电话：010－63516164
Tips：营业时间为9:00－21:00，老五四季涮肉的羊肉最为出名，建议多点肉和毛肚等，少点素菜

一条龙羊肉馆

名片

一条龙羊肉馆原名南恒顺羊肉馆，始建于清乾隆年间，即1785年。最初店铺由一位韩姓青年所建，相传光绪皇帝曾光临南恒顺羊肉馆，对涮肉大为称赞，由此店铺兴旺一时，名称也改为"一条龙"。

亲子游景点笔记

一条龙羊肉馆的涮肉一直以清淡著称，所以非常适合孩子食用。

涮羊肉：选用古老的铜锅，新鲜的羊肉下锅即化，入口很嫩，清淡的味道很适合孩子食用。此外，店内的烧饼也非常有名，香酥可口，搭配火锅食用正合适。品尝美味之余，父母不妨给孩子介绍一下与这家店相关的历史故事，相传在店内，至今还保存着光绪帝用过的铜锅。

亲子游攻略

最佳旅游季节：全年
地址：东城区前门东大街8号
价格：人均消费50元左右
交通：乘坐17、20、22、48、59、66、67、69、71路等公交车至前门站下车；或乘坐地铁2号线前门站下车
电话：010 – 63032116
Tips：营业时间为9:30 – 23:30，店内生意火爆，需提前预定

左邻右舍褡裢火烧

北京的特色小吃，早已经成为北京文化的一部分。

名片

左邻右舍褡裢火烧是一家经营多种京味小吃的名店，店铺装潢的古朴别致，四四方方的屋子，再加上传统木凳的点缀，充满着"老北京"的感觉。店内小吃包括褡裢火烧、灌肠、炖板筋、炸咯吱等，其中尤以褡裢火烧最为有名。

亲子游景点笔记

左邻右舍褡裢火烧店内的小吃都比较正宗，价格相对低廉，值得前去品尝。

褡裢火烧：褡裢火烧是北京人非常喜欢吃的一种美食，左邻右舍的褡裢火烧讲究现点现做，而且馅儿足、汁儿多，配上免费粥食用，乃是美味十足。父母在孩子吃褡裢火烧时，不要忘了讲一下褡裢火烧的悠久历史，它作为老

亲子游攻略

最佳旅游季节：全年
地址：马家堡东路88号洋桥大厦旁
价格：褡裢火烧7～10元/两
交通：14、51、66、70、343、603、613、698、957、529路等公交车至马家堡东口站下车
电话：010 – 87265551
Tips：营业时间为11:00 – 23:30，因为店内火烧是现点现做，所以点餐后需要耐心等待

①1两=50克。

丰年灌肠

店铺并不容易，所以丰年灌肠自然成为品尝正宗灌肠的首选之地。

灌肠：灌肠多用淀粉制成，用猪油煎焦后，再浇上蒜汁，可谓别有风味。如果再配份小米粥，可真是勾人食欲。父母一定要让孩子品尝一下这个北京名小吃，要知道，在别的地方可是很难尝到正宗的味儿。

名片

丰年灌肠位于隆福寺街，是一家老字号专营店，至今已有 50 多年的历史。店铺主要以经营灌肠为主，灌肠在中国历史上就是很有名的一道小吃，清朝曾有诗赞道："灌肠红粉一时煎，辣蒜咸汁说美鲜"，由此道出了灌肠的美味十足。

亲子游景点笔记

现今想要在北京找到一家专门经营灌肠的

亲子游攻略

最佳旅游季节：全年

地址：隆福广场前街1号

价格：炸灌肠7元/份

交通：乘坐104、110、113、118、807路等公交车至隆福寺站下车，或乘坐地铁 6 号线东四站下车

电话：010 - 84015384

Tips：营业时间为09:00 - 21:00，店内还卖生的灌肠，可以买回去自己炸后食用

瑞宾楼

的爆肚。

爆肚：爆肚对于北京人来说，是秋末冬初最爱食用的一道名吃。爆肚的历史也尤为悠久，可以追溯到清乾隆年间，新鲜的爆肚质地鲜嫩，口味香脆，相信一定会受到孩子的喜欢，食用时父母可以简单介绍一下爆肚的历史，让孩子知道它也是北京饮食文化的一部分。

名片

瑞宾楼起源于清代光绪年间，曾经的摊主姚氏夫妇做的褡裢火烧焦香四溢，生意异常红火。之后开起了店铺，几经辗转，至今形成了经营各种京味小吃的瑞宾楼。

亲子游景点笔记

瑞宾楼除了以褡裢火烧闻名外，其中的爆肚也是一绝，孩子在店内可以吃到最正宗

亲子游攻略

最佳旅游季节：秋季、冬季

地址：丰台区赵公口 7 号楼

价格：褡裢火烧 5 元 / 两

交通：乘坐特11、525、820、610、69、运通102 路等公交车至赵公口桥南站下车

电话：010 - 87263302

Tips：营业时间为上午 10:30 - 14:00，下午16:30 - 21:00。店内的餐桌几乎都是大的八仙桌，没有小桌，所以顾客可能需要拼桌或排队等候

大顺斋

名片

大顺斋是北京一家驰名中外的老字号，至今已有360多年的历史，最早创建于1637年，由回民刘大顺经营，主要以糖火烧为一绝。

亲子游景点笔记

糖火烧历史悠久，可以说是代表了最早的北京小吃，大顺斋的糖火烧是品尝北京小吃的必备之选。

糖火烧：大顺斋的糖火烧以精工细做、讲究卫生、重视质量而著称，做出来的糖火烧酥松绵软、味道香美、甜而不腻，其中的芝麻酱和红糖等原料对孩子的身体能起到温补作用，所以父母可以适量为孩子买一点。

亲子游攻略

最佳旅游季节：全年

地址：通州区新华大街238号

价格：糖火烧18元/斤

交通：乘坐322、342、435、648、667、通19、通12、666路等公交车至新华大街站下

电话：010 – 69542105

Tips：大顺斋的糖火烧能够保存数月而不变质，因此可以买一些带回去食用。同时，糖火烧的温补作用对老年人也非常好

同春园

名片

同春园是最早建于长安街的"八大春"饭店之一，在1930年，它以江苏菜享誉京城，当时无数的社会名流频频光顾同春园，如著名的画家齐白石和京剧大师梅兰芳等。

亲子游景点笔记

同春园的河鲜类菜肴烹饪得最为地道，在里面可以品尝到最浓郁正宗的苏州风味。

水晶肴肉：水晶肴肉是一道流传300多年的名菜。在民间，一直有着"肴肉不当菜，镇江一大怪"的说法，由此可见肴肉的美味程度。香酥且肥而不腻的肴肉很适合孩子食用，品尝时父母如能再讲一讲关于肴肉的古老典故，相信孩子一定能对这道名苏菜印象深刻。

亲子游攻略

最佳旅游季节：全年

地址：西城区新街口外大街甲14号十月大厦1楼

价格：水晶肴肉42元/份

交通：乘坐16、22、47、331、618、88、635、645、620路等公交车至铁狮子坟站下车

电话：010 – 62003502

Tips：营业时间为10:00 – 14:00 ，17:00 – 21:00。餐厅一楼为散座，二楼为包厢，如果宴请，建议选择包厢

护国寺小吃店

名 片

护国寺小吃紧邻著名的护国寺，起初因庙会小吃而闻名。现今，护国寺小吃汇聚了北京众多名小吃，包括艾窝窝、驴打滚、豌豆黄、馓子麻花、焦圈、面茶、豆汁等80余种，可以说，丰富的品种使它成为名副其实的品尝京味小吃的最佳地点。

亲子游景点笔记

护国寺小吃品种齐全，价格公道，所以，

如果想要一次性品尝多样的京味小吃，这里是很好的选择。

面茶：面茶是清真小吃最具特色的品种，过去有"午梦初醒热面茶，干姜麻酱总须加"的说法。据说老北京人喝面茶是一手端碗沿着碗边转圈喝的，父母可以让孩子学一学这种喝面茶的方法，由此可以更了解老北京人的生活方式。

亲子游攻略

最佳旅游季节：全年
地址：西城区护国寺大街93号
价格：面茶2元/碗
交通：乘坐电车22、88、111电车、409、609路等公交车至护国寺站下车；或乘坐地铁4号线平安里站下车
电话：010 – 66181705
Tips：营业时间为05:30 – 21:00，小吃店店铺较小，所以在就餐点时会特别拥挤，建议避开午餐和晚餐时间

仿膳饭庄

名 片

仿膳饭庄创办于1925年，至今已有80多年的历史，现今主要以经营清官糕点小吃和风味菜肴为主。饭庄坐落于风景秀丽的北海公园，依山傍水、游廊怀抱的景色为饭庄增添了无限魅力。

亲子游景点笔记

仿膳最大的特色就是糕点出自宫廷，室内的华丽装饰也凸显着皇室的气派，想要领略故都皇室的饮食文化，仿膳饭庄不得不去。

豌豆黄：豌豆黄作为北京的一道传统小吃，其中可大有讲究，据说就有农历三月初三吃豌豆黄的古老习俗。浅黄细腻、香甜爽口、入口即化的豌豆黄很难不受到孩子喜欢。在品尝时，父母可以为孩子普及一下习俗知识和古代皇帝用膳的知识，以增加孩子阅历。

亲子游攻略

最佳旅游季节：全年
地址：西城区景山西街北海公园东门内
价格：豌豆黄35元/份
交通：乘坐107电车、111电车、118电车、623、701路等公交车至北海北门站下车；或乘坐地铁6号线至北海北站下车
电话：010 – 64042573
Tips：营业时间为11:00 – 14:00，17:00 – 20:30。豌豆黄非常适合夏天食用，能起到防暑祛热的作用。仿膳饭庄位于乾隆年间建造的漪澜堂等一组古建筑群中，父母应注意不要让孩子乱涂乱画，保护古建筑

砂锅居

名 片

　　砂锅居本名和顺居，因店内煮肉常用一口直径四尺的明代特大砂锅，所以逐渐被称为"砂锅居"。饭店历史悠久，最初创办于清乾隆六年，有着"名震京都三百载"的美誉，现今主要以经营砂锅菜肴而闻名。

亲子游景点笔记

　　砂锅居在百年的历史变迁中，见证着北京食俗文化的发展变化。了解北京饮食文化，就应先研究砂锅居。

　　砂锅白肉：它是砂锅居的招牌菜，白水出锅的肉，再配以蘸料，鲜润可口，香味四溢。对于这样一家老店，有很多故事可以讲给孩子听。

亲子游攻略

最佳旅游季节：全年

地址：西城区西四南大街60号

价格：砂锅白肉55元/份

交通：乘坐22、38、603、102电车、109电车等公交车至缸瓦市站下车；或乘坐地铁4号线至灵境胡同站下车

电话：010－66021126

Tips：营业时间为周一至周日11:00－22:00。砂锅温度较高，父母要细心照看孩子，小心被烫伤

馅老满

名 片

　　馅老满成立于2003年，在北京有5家分店，店内菜品丰富，包括宫廷菜、北京小吃和家常菜等，其中尤以宫廷御膳和老满饺子最为有名。

亲子游景点笔记

　　馅老满的宫廷菜是继承正统的宫廷御膳而来，纯正的口味一直深受大众喜爱，如赛螃蟹火爆腰花和葱烧海参等等。

　　老满饺子：相传老满饺子是受慈禧太后钦点入宫的佳肴，馅老满为了让人们吃到最新鲜的老满饺子，一直重视现点现做。父母不妨带孩子来品尝一下这道老佛爷喜爱的佳肴，顺便也可以为孩子普及一下中国传统美食——饺子的知识。

亲子游攻略

最佳旅游季节：全年

地址：东城区安定门内大街252号

价格：老满饺子7元/份

交通：乘坐104电车、108电车、124电车、特11路等公交车至方家胡同站下车

电话：010－64046944

Tips：营业时间为11:00－21:30，店内除了供应正常的午餐和晚餐外，还备有下午茶和夜宵

老磁器口豆汁店

豆汁儿：豆汁儿最早在民间流传，后来逐渐成为宫廷御膳，是北京人春、冬季的流食小吃。

豆汁儿味道独特，味酸且微甜。在孩子喝豆汁儿的同时讲一讲它的悠久历史。

名片

老磁器口豆汁店改自锦馨豆汁店，主要以经营豆汁儿而闻名，据说，老磁器口豆汁儿每天能卖出近千碗，是一些北京老年人早餐的首选食物。除了豆汁儿，店内还经营有螺丝转、墩饽饽、焦圈、糖火烧等多种京味小吃。

亲子游景点笔记

老磁器口豆汁店的豆汁儿一直有着良好的口碑，想要喝道最纯正的豆汁儿，可以带孩子来这儿。

亲子游攻略

最佳旅游季节：全年

地址：旧宫镇庑殿路6号楼傢合园小区南4号

价格：人均消费10元左右

交通：乘坐324、341、504、524、680、729、736、826、950、运通115路等公交车至庑殿路南口站下车

电话：010－87973134

Tips：营业时间为6:00－20:00，店内顾客较多，需要排队点餐

天兴居炒肝

炒肝：炒肝原料为肥肠，但制作出来后却肥而不腻，晶莹透彻得引人食欲。光听炒肝的名字，大多数人都会误以为炒肝是炒出来的，但其实它是煮出来的。父母可以给孩子讲一讲炒肝的做法，让孩子对中华美食的独特烹饪手法有所了解。

名片

天兴居炒肝店成立于1956年，由会仙居与天兴居合并而成。相传炒肝为会仙居首创，独特的风味一直众口争赞，不仅被评为"北京名小吃"，而且列入了"非物质文化遗产"。而合并后的天兴居，据说还由会仙居的老师傅掌灶，以使炒肝保持最正宗的风味。

亲子游景点笔记

说到正宗炒肝，恐怕非天兴居莫属。

亲子游攻略

最佳旅游季节：四季

地址：西城区前门外鲜鱼口街95号

价格：炒肝8元/份

交通：乘坐2、特7、特11、20、48、59路等公交车至大栅栏站下车；或乘坐地铁2号线至前门站下车

电话：67023240

Tips：营业时间为08:30－19:30。品尝炒肝时，搭配包子味道更佳

北平楼

名 片

北平楼主要经营北京菜系，相传它荟萃了南北名馐佳肴之精华，形成了自己的独特风味。店内不仅有官廷菜、官府菜、清真菜，而且有各类知名小吃，如麻豆腐、炸酱面、豆汁、灌肠、芥末墩、豌豆黄、卤煮、炒肝和奶油炸糕等。

习俗中，它是过年时必备的小菜，清爽、利口及香辣的口感相信也会博得孩子的喜爱。

亲子游景点笔记

北平楼环境优雅，菜品齐全，小吃丰富，能够满足父母和孩子不同的饮食口味。

奶油炸糕：奶油炸糕主要由白糖、香草粉、鸡蛋和面粉做成，营养十分丰富，且易于消化，适合孩子食用。此时，父母可以为孩子普及一下八大菜系的知识。

芥末墩：芥末墩是一道北京传统风味小菜，主要以白菜为原料制作而成。在老北京的

亲子游攻略

最佳旅游季节：全年

地址：海淀区牡丹园西里16号

价格：人均消费62元左右

交通：乘坐22、641、653、939、21、658、611路等公交车至牡丹园西里站下车；或乘坐地铁6号线至牡丹园站下车

电话：010 – 82082197

Tips：营业时间为10:00 – 14:00，17:00 – 21:00。餐厅预订只限于包间，人数不低于5人，最低消费400元

四季民福

名 片

四季民福主要经营北京传统菜式和烤鸭，价格相对较低。位于灯市口的四季民福分店，店铺装修别具一格，青砖墙面、灰色瓦房、朱红色牌匾，都透着浓浓的老北京味道，使人印象深刻。

亲子游景点笔记

古色古香的店铺，加上正宗的京味菜肴，足以成为家长带孩子光顾的理由。

炸酱面：炸酱面是北京人经常食用的一种当家饭，尤其在烈日炎炎的夏天，吃上一碗炸酱面，既凉爽又开胃。炸酱面的做法并不复杂，如果孩子喜欢吃，父母可以学着去做。

亲子游攻略

最佳旅游季节：全年

地址：东城区灯市口西街32号东华饭店1楼

价格：烤鸭188元/套，炸酱面10元/份

交通：乘坐103电车、104电车、108电车、111电车、420路等公交车至灯市西口站下车

电话：010 – 65135141

Tips：营业时间为9:00 – 22:30。节假日时店内顾客较多，需耐心等待。附近有著名的老舍故居，可以顺便去游览

白记年糕

名片

白记年糕历史悠久，是北京的一家老字号。主要经营各色清真小吃，如艾窝窝、驴打滚、紫米年糕、豌豆黄、切糕、糖耳朵、芝麻卷、椰蓉卷等，其中以白记的年糕最为有名。

亲子游景点笔记

年糕是中国一道传统美食，春节讲究吃年糕，想必孩子对此一定不会陌生。而白记年糕口味多样，向来颇受欢迎。

年糕：年糕在我国有着"年年高""吉祥如意"的寓意，是农历年的必备食物。白记的年糕品种多样，风味独特，相信能满足孩子不同口味的需求，品尝的同时，父母再讲一讲年糕的悠久历史，以使孩子对中华传统饮食文化深入了解。

亲子游攻略

最佳旅游季节：全年
地址：西城区牛街5号牛街清真超市1楼
价格：驴打滚10元/斤，年糕12元/斤
交通：乘坐88、10、48路等公交车至牛街南口站下车
电话：010－63511544
Tips：白记年糕营业时间为10:30－14:00，16:30－22:00。白记年糕保质期不长，所以不要一次性购买太多

同和居

名片

同和居开办于清代道光年间，以经营鲁菜为主，店名寓意"同怀和悦"，力求让顾客有"宾至如归"之感。同和居最初聘请御膳房的袁祥福担任厨师，从而名声大震，著名作家鲁迅、国画大师齐白石等都曾光临此店。

亲子游景点笔记

同和居作为经营鲁菜的一家中华老字号，一直以优质的菜品和一流的服务而著称，是值得惠顾的名店。

"三不粘"：又名桂花蛋，是同和居的镇店名菜。因为吃时一不粘盘、二不粘匙、三不粘牙而被称为"三不粘"。软滑甜嫩的口感一直深受小孩子的喜爱，父母可以带孩子重点品尝。

潘鱼：潘鱼烹饪手法来源于清朝名流潘炳年，故此得名。它的主要特色为用羊肉汤烧鱼，由此鱼滴油不粘、鱼整汤清、口味鲜美。父母可以给孩子介绍一下潘炳年，他作为清朝的国史协修，其过人的才学很值得孩子学习。

亲子游攻略

最佳旅游季节：全年
地址：西城区月坛南街乙71号
价格：人均消费50元左右
交通：乘坐13、21、32、65、68路等公交车至三里河东口站下车
电话：010－6852291
Tips：营业时间为9:30－21:30。同和居的海鲜菜品非常有名，如果想要品尝螃蟹宴，则提前两天预订

海底捞火锅牡丹园店

名 片

　　海底捞是一家大型跨省直营餐饮品牌火锅店,成立于1994年,主要以经营川味火锅为主。海底捞不仅以地道的川味火锅而出名,它的服务更是有口皆碑,免费茶水、美甲等服务瞬间能让客人有宾至如归之感。

亲子游景点笔记

　　绿色、健康、营养、特色是海底捞一直奉行的宗旨,想要舒心地品尝正宗的川味火锅,海底捞可谓是最佳选择。

　　海底捞锅底:海底捞锅底独具特色,有10种之多。其中的蹄花锅底、黄辣丁锅底都别具风味。父母不妨带孩子尝一尝这种特色火锅,可以给孩子讲一下中国独一无二的火锅文化。

亲子游攻略

最佳旅游季节: 全年

地址: 海淀区花园东路2号

价格: 人均消费80元左右

交通: 乘坐21、22、84路电车, 或579、611、641、653、658、939路等公交车至牡丹园西站下车

电话: 010 – 62033112

Tips: 海底捞24小时营业,所有菜品都可以叫半份,价格也随之半价;此外,店内常常位满,需要排队等待

花家怡园

名 片

　　花家怡园成立于1999年,总店位于簋街的一个四合院内,这个四合院是北京保存相对完好的官府风格四合院,曾是雍正首席御厨邬思道的宅院。花家怡园经营各大菜系,以其特色风味名震北京餐饮界。

亲子游景点笔记

　　在游廊环绕的四合院内就餐,不得不说是一种难得的享受,想要一边欣赏老北京文化,一边品尝美食,首推花家怡园。

　　霸王鸡:它是花家怡园很有名气的一道凉菜,鸡肉鲜嫩,黄瓜清脆,香菇香滑,味道微辣酸甜,可以说是老少咸宜。就餐之余,父母可以领孩子参观四合院,使其对北京这种特色建筑有所了解。

亲子游攻略

最佳旅游季节: 全年

地址: 东城区东直门内大街235号

价格: 霸王鸡49元/斤

交通: 乘坐117、106路等公交车至东内小街站下车; 或乘坐地铁5号线至北新桥站下车

电话: 010 – 51283315

Tips: 营业时间为10:30至第二天04:30。花家怡园很适合晚上去就餐,夜晚的簋街热闹非凡,在花家怡园内还有表演可以观看

安吉德来蛋糕房

名片

安吉德来蛋糕房英文名"Angel's Delight"，寓意蛋糕将给人带去天使般的愉悦。安吉德来成立于 2005 年，由两位来自美国和中国台湾的姐妹创办，这是中国惟一一家代理迪士尼蛋糕的蛋糕店，也是一家主要以儿童为主的蛋糕店。

亲子游景点笔记

迪士尼的卡通形象，历来受到孩子们的喜爱，而安吉德来蛋糕房所呈现的卡通形象蛋糕

正好满足了孩子的需要。带孩子游北京，不可错过此店。

迪士尼系列蛋糕：这是一组以迪士尼卡通形象为内容的蛋糕，包括小熊维尼、仙蒂瑞拉、三超人、蜘蛛人、四公主等。光是看着这些卡通蛋糕，孩子就会很开心，更不用说吃起来的愉悦之感了。届时父母再为孩子讲一讲迪士尼动画温暖励志的小故事，以实现寓教于乐的目的。

亲子游攻略

最佳旅游季节：全年
地址：朝阳区东三环中路建外SOHO十三号楼1351
价格：人均消费30元左右
交通：乘坐28、43、120、126、403、639路等公交车至永安里路口北站下车，或乘坐地铁1号线至永安里站下车
电话：010 – 58693161
Tips：蛋糕房24小时营业，在六一期间会有促销优惠活动

红太阳美食生态园

名片

红太阳集团最早成立于 1996 年，2003 年正式入驻北京，它是一家以自然生态、绿色环保为主题的大型餐饮企业，餐厅占地面积 15 000 平方米，能容纳 3 000 人就餐，主要以经营东北菜为主。

亲子游景点笔记

红太阳的绿色生态就餐环境是其一大特色，

绿树、流水和小鱼都能让孩子实现贴近大自然、尽情玩耍的美好愿望。

璃钢大棚式建筑：红太阳的大棚内，不仅栽种着繁茂的绿树，而且潺潺的流水中鱼儿在嬉戏，透明的玻璃缸内更养着鲜活的海鲜。到过此店的孩子们都对四处游弋的小鱼很有兴趣，父母不妨带孩子来此体验一把室内郊游的乐趣，顺便为孩子普及一下鱼的知识。

亲子游攻略

最佳旅游季节：全年
地址：朝阳区东坝乡驹子房村东 8 号
价格：人均消费 75 元左右
交通：乘坐 650 路公交车至康各庄路站下车
电话：010 – 52070866
Tips：营业时间为 09:30 – 21:00。餐厅内设有公园可以闲逛，但要注意四处走动时要带好随身物品，以防丢失

意味空间意大利餐厅

名　片

意味空间是一家颇受推崇的意大利餐厅，经理是一名叫罗密欧的外国人，他不仅精通意大利文和英文，普通话也说得相当流利。店内主要经营正宗意大利美食，包括比萨、意大利面、牛排和甜食等，其中尤以比萨最有名。

也能锻炼孩子的能力，父母可以尝试一下。

亲子游景点笔记

在意味空间不仅能吃到正宗的意式比萨，而且能教小朋友做比萨。

比萨：意味空间自制的比萨堪称一绝，是餐厅的主打菜系，芝士、香肠再加上蘑菇经过烘烤后，香气扑鼻，十分诱人。让孩子自己动手去学这样一道美味菜肴，既能引起孩子的兴趣

亲子游攻略

最佳旅游季节：全年
地址：朝阳区望花路甲1号
价格：人均消费80元左右
交通：乘坐 701、416、404、420、656、657、707、983、运通101路等公交车至花家地北里站下车
电话：010－84712757
Tips：营业时间为11:00－23:00。店内餐具、海鲜和酒水无折扣。在做比萨前一定要让孩子先洗手，注意卫生

祖母的厨房

名　片

祖母的厨房是经营美式食品的连锁店，2003年入驻北京，目前有五家分店。其中一家店位于北新桥一个不大的小巷内，店内布置得温馨别致，墙上挂着别致的风景画，台上摆着精美的花瓶，随处可见的花草使店内充满着田园般的气息。其中店内的墨西哥卷饼和烤土豆皮都是首推的美食。

主要由薄饼将肉馅、蔬菜等卷成。祖母厨房的墨西哥卷饼味道正宗，分量很足，父母可以只点1份与孩子一起尝尝味道。细细品尝中，让孩子说说墨西哥卷饼与中国卷饼的区别。

亲子游景点笔记

在祖母的厨房，可以品尝到最正宗的美国家常菜，而且菜的分量都很足，是品尝美国菜的首选店铺。

烤土豆皮：这是祖母厨房最经典的一道招牌菜，外酥里嫩的口感令人回味无穷，赞不绝口。在品尝过了各色京味小吃后，父母可以让孩子尝一尝美式食物，使其对多元饮食文化都有所了解。

墨西哥卷饼：卷饼是墨西哥的传统食品，

亲子游攻略

最佳旅游季节：全年
地址：海淀区成府路28号五道口购物中心5楼
价格：人均消费86元左右
交通：乘坐86、307、331、375、630、656、731路等公交车至五道口站下车；或乘坐地铁13号线至五道口站下车
电话：010－62666105
Tips：营业时间为10:00－22:00，除了招牌菜，店内的主厨沙拉和烤奶酪卷也非常美味，可以品尝一下

安妮意大利餐厅丽都店

乐的儿童玩具区。所以，家长带孩子前往就餐是一个很好的选择。

安妮比萨：安妮比萨的制作选用精良的香肠和瘦肉，保证营养又健康。比萨酥脆可口、分量很足，适合全家人食用。食用时，父母可以给孩子普及一下比萨的知识，使孩子对异国文化也有所了解。

名片

安妮意大利餐厅是一家主要经营意式菜肴的品牌餐饮企业，目前在北京已经拥有五家连锁店。餐厅以环境优雅、食品醇正和服务优质而著称，曾连续三年获得"北京最佳意大利餐厅"称号。店内的安妮比萨、奶油蘑菇汤、提拉米苏和意大利面都颇有口碑。

亲子游景点笔记

在安妮意大利餐厅内，设有专门供孩子玩

亲子游攻略

最佳旅游季节：全年
地址：朝阳区将台商业街4号楼2楼
价格：安妮比萨46元/份，奶油蘑菇汤28元/份
交通：乘坐408、983、运通107、701、420路等公交车至高家园站下车
电话：010－64363735
Tips：营业时间为10:00－24:00。餐厅门口有免费停车位，店内有免费无线网络可以使用，也提供送餐服务

禾绿回转寿司中化大厦店

回转寿司：回转寿司由日本人白石义明开创，这种寿司讲究现点现做，以保证寿司的新鲜口感。在日本，寿司是一种高级食物，一定程度上代表了日本的饮食文化。在孩子品尝寿司时，父母可以针对寿司的起源做一个简单说明，从而让孩子对日本寿司文化有一个初步认知。

名片

禾绿回转寿司全称禾绿回转寿司饮食有限公司，它成立于1997年，第一家店开办在深圳，之后在全国建立起分店，目前分店已达到100多家。禾绿回转寿司产品多达200多种，以低热量、低脂肪、高营养而广受好评。

亲子游景点笔记

寿司作为日本饮食文化的重要组成部分，孩子应该予以了解，由此建议父母带孩子去品尝一下日本寿司。

亲子游攻略

最佳旅游季节：全年
地址：西城区复兴门外大街A2号中化大厦首层
价格：人均消费55元左右
交通：乘坐公交1、52路公交车至南礼士路站下车；或乘坐地铁1号线至南礼士路站下车
电话：010－68569209
Tips：营业时间11:00－22:00。在禾绿回转寿司店内，寿司可以选择在回转台上吃，也可在餐桌上单点

东来顺饭庄
东来顺饭庄 羊来 Dong Lai Shun Muslim Restaurant

门丁季

芭迪熊主题餐厅
芭迪熊 主题 餐厅

九门小吃
九门小吃

烤肉季

稻香村
北京 稻香村 Daoxiangcun Foodstuff Co., L

馄饨侯
馄 饨 侯 HOU WON TON

前门全聚德烤鸭店

慈寿寺
公主坟
大里桥
北京西站
西局
宋家庄
富武
宋家庄

国家图书馆
白石桥南
车公庄
西单
西直门
定黄庄
知春路
鼓楼大街
城
平安里
积水潭
惠新西街南口
安和宫
建国门
东四
东单
朝阳门
东直门
呼家楼
四惠
四惠东
国贸
北京站
建国门
芍药居
三元桥
望京

T2航站楼
T3航站楼

附录：

北京周边地区旅游景点

丰宁坝上草原 ·····

景点概览

在蒙古语中，坝上草原被称为"海流图"，意指一个水草丰美的地方。草原平均海拔高度为1 487米。站在高处仰望苍天。会有云欲擦肩的感觉。举目远眺，沼泽和滩地组成的无边原野，青草摇曳，繁花铺地，更有神骏的马儿欢快地奔驰。

草原歌舞：坝上草原生活的游牧民族能歌善舞，他们的歌声浑厚、豪迈，往往给人一种"弯弓射大雕"豪情。坝上草原的当地女性会跳一种盅碗舞。跳舞的人会头顶瓷碗，手持双盅，伴随着音乐，按盅子碰击的节奏，两臂不断地舒展屈收，身体或前进或后退，表现出蒙古族妇女端庄娴静的性格气质。

摔跤：摔跤是坝上草原周边蒙古族人民特别喜爱的一种体育活动。蒙古族青年摔跤的时候会穿上特有的服装，坎肩多用香牛皮、鹿皮制作，皮坎肩上有镶包，用铜或银制作。最吸引人的地方是，摔跤手的皮坎肩中央位置上饰有龙、鸟等图案，给人古朴庄重之感。

亲子互动

坝上草原随处可见蒙古风情的旅游纪念品，不妨给孩子购买一个作为纪念，让孩子在今后的生活中留住这美好的时光。在游玩的时候，可以给孩子讲一下蒙古族人民的生活习性和饮食特点，丰富孩子的民族知识，开阔孩子的视野。

乘车线路

乘车：北京北火车站乘坐1456、2559、K274次列车四合永站下车，火车站广场有直接去坝上草原（红山军马场）的直达车

自驾：北京出发，沿S244行驶12.8千米，直行进入喇嘛山口大桥，沿喇嘛山口大桥行驶50米，过喇嘛山口大桥约260米后直行进入S244；沿S244行驶57.4千米，右转，行驶230米，左前方转弯，行驶5.3千米，在前方转弯，行驶2.6千米，到达终点（在道路右侧）

住宿指南

坝上草原鱼羊酒店
地址：丰宁坝上草原内
坝上草原农家院
地址：丰宁坝上草原内
坝上草原丰阜农庄
地址：丰宁县大滩镇大滩村

餐饮推荐

坝上草原涮羊肉：这道美食的原料选自大尾绵羊的外脊、后腿等部位，将羊肉切成薄片，然后放入火锅沸汤中轻涮，再取备好的麻酱、腐乳、韭菜花、葱花等作料。涮出来的羊肉鲜嫩可口，是到坝上草原的必品名菜。

烤全羊：把羊处理干净之后，人们在羊的胸腔内放入各种作料，然后将整只羊用铁架子吊起来，放在炉上烘烤。等到全羊半熟的时候，对着羊身改花刀、撒调料，直到羊全身烤成焦黄色为止。这样烤出来的羊肉，味道鲜美，口感外酥里嫩。

承德避暑山庄 .....

景点概览

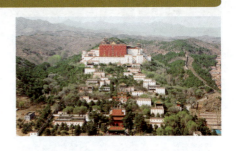

承德避暑山庄，是清代皇帝避暑和处理政务的行宫。它坐落在河北省承德市市区北部，为中国现存的三大古建筑群之一，中国四大名园之一，1994年被列入世界文化遗产名录。

承德避暑山庄最大的特色就是"山中有园，园中有山"。其中山区面积占据了整个园林面积的4/5。山庄内地形比较复杂，从西北部的高峰到东南部的沼泽和平原，相对落差达到了180米。这样的地形造就了山庄群峰绕绕的壮丽景观，山谷中幽泉潺潺，林深树茂，空气优良。

正宫：为避暑山庄宫殿的主体建筑，占地面积10 000平方米。其分为九进院落，由丽正门、午门、阅射门、澹泊敬诚殿、四知书屋、十九间照房、烟波致爽殿、云山胜地楼、岫云门以及一些朝房、配殿和回廊等组成。

普宁寺：全寺占地约2.3万平方米，主要建筑有钟鼓楼、碑亭、天王殿、大雄宝殿、大乘阁等。大乘阁高36.75米，外观六层重檐。阁内置木雕千手千眼观音贴金立像，高22.23米。用松、柏、榆、杉、椴五种木材雕成，是国内现存的最大木雕佛像之一，已经被录入《吉尼斯大全》。

亲子互动

承德避暑山庄周围的寺庙建筑带有浓厚的民族气息，其历史和社会意义影响非常深远。在游览的时候，不妨给孩子讲讲中国的56个民族，以及民族团结的重要性。这样可以让孩子明白在中国多民族的大家庭中，只有各民族相互尊重，才能更好地发展。如此一来也就培养了孩子的民族团结意识，对孩子爱国观念的形成也非常有帮助。

乘车线路

乘车：北京火车站乘坐K7711、K7717、K7742次列车承德火车站下车，承德市内乘5、7、11、15路公交车到火神庙下车即到。

自驾：京承高速全程，出承德高速口即为承德市区南端，一直前行，可直达避暑山庄

住宿指南

承德避暑山庄蒙古包度假村
地址：避暑山庄万树园景区内
承德天宝假日酒店
地址：承德市双桥区新华路1号
承德云山饭店
地址：承德市半壁山路2号
承德盛华大酒店
地址：承德市双桥区武烈路22号

餐饮推荐

承德特色风味小吃有烧卖、油酥饽饽、八宝饭、二仙居碗坨、一百家子白荞面、糕凉粉、驴打滚、烙糕、煎饼盒子、莜麦面小吃、八沟烧饼、羊汤、鲜花玫瑰饼、南沙饼、果丹皮等，别具地方特色，可一一品尝。

张北坝上草原 •••••

景点概览

张北草原位于河北省张北县的中部，是锡林郭勒草原的一部分。这里有苍茫辽阔的原始草原，有坝上最大的天然湿地，也有绵延不断的原始次生林。天蓝、云白、草绿、花艳、牛羊成群、百鸟欢歌，一派塞外风情，可以尽情感受回归大自然的情趣。

中都湖原始草原：是张北坝上最具原始的大草原，拥有华北第一大高原内陆湖。湖畔草原面积23万亩，水域面积10万亩。这里水草丰美，鹅雁栖息，一直是皇家游猎、避暑胜地，也是中都的赛马场。

狼窝沟：古时叫野狐岭，它南接古长城遗址，西邻苏蒙联军烈士陵园，是坝上和坝下的分水岭。它以古朴、粗犷的草原风情和华北最大的风能电站为基调，以常年不低于4级的风力及崇山峻岭为背景，是华北地区夏季最凉爽的旅游避暑胜地。

亲子互动

张北坝上草原是国内罕见的原始草原，在这里可以驰骋在一望无际的大草原，享受最原始的草原风貌，还可以欣赏蒙古风格的歌舞娱乐。游玩的同时，不妨给孩子讲一些关于蒙古族的民风、民俗，培养他们民族团结的意识。

乘车线路

乘车：从北京站乘坐1711、K23、K3、K1111次列车，到张家口站下，从火车站乘坐101路公交车，到张家口汽车站，再坐去张北的汽车即可到达

自驾：沿京藏高速行驶178千米，从张北北口出；进入张石高速公路，行驶69.9千米，从郝家营口出；前行3.8千米，左转即可到张北坝上草原景区

住宿指南

张北草原宝力格蒙古大营
地址：张北坝上草原内
张北草原巩俐绿色农家院
地址：位于张北中都原始草原度假村南500米处的三宝营盘村东道路西边
张北坝上草原恋农家院
地址：位于张北县三宝营盘

餐饮推荐

荷叶鸡：源于叫花鸡，传到草原后，选用坝上的柴鸡，草原的黄土，坝下的荷叶做原料。制作时，将柴鸡清水洗净后，用荷叶包好，再用黄土泥糊好，放在火上烧。熟后摔开泥土，吃时用餐刀割成小块，味道鲜嫩可口，伴有荷叶的幽香，独具草原风味。

莜面窝子：将莜面用温水和成(最好用坝上的水)，揪成小面筋儿，用大拇指在小石板上搓成卷，放在笼屉上蒸熟，装盘后再浇上调好的卤汁即可。口味独特，营养又丰富。

木兰围场 •••••

景点概览

承德木兰围场位于河北东北部，紧邻辽阔优美的内蒙古草原。这里从古至今就是一处水草丰美、禽兽繁衍生息之地，曾是辽帝狩猎的"千里松林"，又是清代的皇家猎场。清帝北巡的重要活动场所。

广袤草原：木兰围场被广袤的大草原所环绕，这里绿草如茵，放眼望去坦荡无际，风起之时，但见成群的牛羊在草丛中若隐若现，极富浪漫情调。站在高处，极目远眺，草原、蓝天、白云和牛羊构成了一副唯美的画卷，令人沉浸其中，流连忘返。间或传来的马嘶声和牧羊人的吆喝声，则给画卷增添了无尽的生气，令人心旷神怡，浮想联翩。

连绵山丘：木兰围场不仅草原辽阔，周围的坝下为冀北山地，属于阴山山脉和大兴安岭的交汇之处。这里山坡比较陡峭，沟壑纵横，奇峰林立，怪石嶙峋。坝上为整个蒙古草原的南麓，中部地势低矮浑圆，在这里我们能够领略到山地、高原、丘陵等不同地形风貌，体会不同的景物风韵。

亲子互动

广袤的大草原以及遍地的牛羊，这些都是孩子们的兴趣所在。在欣赏美景、品味美食的同时，可给孩子讲解木兰围场设立的作用：清政府练兵和展示武力的处所，以震慑当时诸部落，维护国家安定统一的局面。通过深入讲述，可培养孩子的民族团结意识，陶冶孩子的爱国情操。

乘车线路

乘车：北京北火车站乘坐1456、2559、K274次列车四合永站下车，下车后坐接站坐小巴士到达围场县城，再打车到围场汽车北站，换乘围场——御道口牧场的长途汽车木兰围场下车即到。

自驾：三元桥——京承高速——承德西(双滦区高速出口)——三岔口(承围西线入口)——隆化县城(外环)——围场县城(外环)——道坝子(隧道)——牌楼——御道口——草原森林公园收费站（山门）——御道口、塞罕坝草原森林风景区

住宿指南

承德围场龙脉山庄度假村
地址：承德红山军马场
围场利百家快捷宾馆
地址：围场县木兰南路308号(围场镇政府对面)
承德双城宾馆
地址：承德围场县金峰街老皮毛场前电力局对面
围场党校宾馆
地址：承德围场县党校院内

餐饮推荐

坝上的特产有贡品蕨菜、金针菜、山兔、松鸡、细鳞鱼、牛羊肉，最有特色的还是烤全羊和手扒肉。不过大多数人都会选择在机械林场里专门的餐馆进餐。

清西陵 •••••

景点概览

清西陵位于河北易县城西15千米处的永宁山下，距离北京120多千米。其面积达800多平方千米，周界约100千米，这里生长着华北地区最大的古松林，众多的古松古柏将这一带装点得古朴而又清秀。

清西陵是清代自雍正时期4位皇帝的陵寝之地，一共有14座陵墓，其中4座帝陵为最主要建筑，包括雍正的泰陵、嘉庆的昌陵、道光的墓陵以及光绪的崇陵。另外清西陵中还有3座后陵，王公、公主、妃嫔园寝7座。

泰陵：泰陵是雍正帝的陵墓，是清西陵中建筑最早、规模最大的一座皇陵。泰陵的神道由三层巨砖铺成，两边是苍翠的松柏，从南往北分布着40多座大大小小的建筑。进入泰陵看到的第一个建筑物是一座联拱式五孔桥，形态优美。五孔桥桥北有三座巍峨的石牌坊，全

部由珍贵的青花石建筑而成，上面雕刻有山、水、花、草以及禽兽等图形，极为传神，看起来非常庄重、美观，是清西陵中最具代表性的建筑。

昌陵：清嘉庆帝陵墓，其建筑形式和布局和泰陵基本一致，陵寝内装饰的豪华程度也不亚于泰陵。昌陵主殿隆恩殿大柱包裹着金饰云龙，看起来极为奢华；地面则是用贵重的花斑石铺成，黄色的方石板上，带有紫色花纹，光滑耀眼，好像满堂宝石，别具特色。另外在这座陵寝中建有清朝最后一座圣德神功碑亭，此后的清朝帝王陵墓都不再建造圣德神功碑亭。

亲子互动

参观这里的时候，可重点给孩子讲述一下有关清朝雍正皇帝即位的传统，历史上对这位皇帝如何登上帝位存在着诸多的猜测，不妨和孩子聊一聊。这样可以增加孩子参观的兴趣，也能丰富孩子的历史知识。

乘车线路

乘车：北京西站乘坐T5681、K279、K261、K471次列车到高碑店站下车，然后在高碑店汽车站乘坐到易县的汽车在易县汽车站下，之后乘坐9路公交车清西陵站下车即到

自驾：沿京石高速公路南行，过涿州收费站后转京昆高速，易县出口下，经易县县城，沿112国道西行可达清西陵

住宿指南

清西陵行宫宾馆 地址：易县清西陵景区
明珠宾馆 地址：易县县城阳元街125号
天泰度假村 地址：崇陵景区内

餐饮推荐

清西陵所在的易县美食远近闻名，在游览之时不妨品尝一下这里的满族饽饽、燕窝酥、糖火烧、扇子饼、茴香饼等名吃，绝对能给我们带来味觉上的极致享受。

清东陵 •••••

景点概览

清东陵位于唐山遵化市境内，占地面积为78平方千米，是我国现存规模最宏大、体系最完整、布局最得体的帝王陵墓建筑，被誉为"东方金字塔"。清东陵以其宏大的规模和巨大的历史价值被列入世界文化遗产名录，现为国家4A级旅游景区。

清东陵是一块难得的风水宝地。这里北有昌瑞山作为后靠，像一座翡翠屏障，南面则有金星山做前朝如持笏朝揖，中有影壁山做书案可凭可依，东有鹰飞倒仰山如青龙盘卧，西有黄花山似白虎雄踞。东、西两条大河环绕夹流似两条玉带，这样的景色和地理环境可谓浑然天成。

裕陵：为乾隆皇帝陵墓，坐落在胜水峪，地上建筑非常壮美，在整个清东陵中建造得最为精湛。裕陵建有神道、神功圣德碑亭、华表、神路桥、牌楼门、神道碑亭、神厨库、朝房、班房、下马牌。隆恩门内又建有东西配殿、隆恩殿、焚帛炉、玉带桥。陵寝门内建有二柱门、石五供、方城、明楼、宝城、宝顶、地宫。这些建筑中地宫和隆恩殿尤其不同凡响，令人大开眼界，叹为观止。

定东陵：这里埋葬着咸丰皇帝的两位皇后，即西太后和东太后。这两位太后各自建陵，最初大小和规模都相同，后来慈禧掌握政权后将自己陵墓重新修建，特别是隆恩殿前的丹陛石非常有名，一改皇帝陵龙在上凤在下的形式，雕成凤在上、龙在下。周边雕刻缠枝莲花，中心为丹凤展翅凌空，穿云俯首向下，蛟龙曲身出水，腾空向上。这块浮雕全部采用高浮雕和透雕的手法，凤、龙都雕刻得欲飞欲跃，玲珑剔透，十分生动。

亲子互动

景区内售卖的纪念品比较精美，购买一两件，让孩子回去之后留下这段美好的旅游记忆。可重点给孩子讲述慈禧太后在中国历史上的功过，让孩子了解历史上那段国耻，培养孩子正确的历史观和爱国情感。

乘车线路

乘车：地铁1号线到四惠下车，向东走到四惠长途汽车站，然后购买到遵化的长途车，在石门收费站下车，向北走到1 000米即到。

自驾：从北京市区上机场高速，一路向东，至机场南线/3号航站楼/平谷出口，走京平高速(津蓟高速)到蓟县；从蓟县县城向东，沿S302邦喜线向遵化方向行驶约27千米，在遵化石门镇左转，沿路标前行约4千米即到清东陵

住宿指南

唐山新华大酒店
地址：河北省唐山市新华东道 105 号
唐山海澳大酒店
地址：唐山市唐海县桥西街长丰路北
唐山顺天龙商务酒店
地址：唐山市北新西道 107 号
唐山金槟酒店 地址：唐山市建设南路48—8号

餐饮推荐

清东陵所在的遵化满族美食闻名全国，所以来这里旅游必须品尝一下。当地美食中最引人注目的就是宫廷火锅炖甲鱼、牛腕骨、炖牛肉、鲫鱼贴饼子、宫廷八大碗，相信能满足全家人的口腹之欲。

白洋淀 •••••

景点概览

　　白洋淀坐落在河北中部，距离保定市区45千米，大清河从中穿过，贯流东西。整个白洋淀是由大小不等的143个淀泊和3700多条沟壕组成的湖泊的统称。在这些湖泊之中，较大的有白洋淀、烧车淀、藻荷淀、捞王淀、马棚淀等，因为白洋淀的面积最大而得名。整个白洋淀淀区主要位于保定市的安新县境内，其余部分则处于沧州市，涉及安新、容城、雄县、任丘、高阳等市县。

　　荷花：淀中的荷花都为野生，生命力极强，不管大淀干涸多长时间，只要一有水，莲马上就会破土而出，向前来游玩的人们一展自己的风采，所以在白洋淀有"千年鱼籽，万年莲籽"的说法。荷花是整个白洋淀的象征，可称之为白洋淀的"淀花"了。

　　休闲岛：位于白洋淀鸳鸯岛的南侧，四周被无边的芦苇所环绕。淀中凉风习习，碧波荡漾，白天站在岛上极目远望，但见水天一色，芦苇连天，令人心旷神怡；夜晚，渔家社火，皓月当空，流露出别样的风情，如诗如画。

亲子互动

　　在乘船游览白洋淀的时候，可以给孩子背诵一下孙犁先生那篇有名的散文《白洋淀》，让孩子对白洋淀有一个更深刻的认知。如此一来，既培养了孩子的爱国情感，又能让孩子认识到环境对人类生存的重要性。

乘车线路

　　乘车：北京西站乘坐T167、T175、T69、K49次列车到保定站下车，保定站附近乘坐1路公交车到客运中心买票乘车抵达安新县汽车站，然后乘坐出租车到达白洋淀码头，乘船前往白洋淀景区。

　　自驾：京珠高速杜家坎收费站——涿州收费站——京珠高速至津保高速交汇处上津保高速——容城下道口——右转驶入安新县高速公路引线——高速公路引线和迎宾路交口左转——迎宾路和新北街交口左转——直行至旅游路交口右转——安新县白洋淀停车场——步行到白洋淀码头乘船

住宿指南

新宇大厦
地址：安新县县城新北街
白洋淀温泉宾馆
地址：白洋淀旅游码头
九州大酒店
地址：安新县东关码头北
王家寨民俗村
地址：白洋淀景区内

餐饮推荐

　　白洋淀美食闻名全国，在这里游览时一定要品尝一下这里的全鱼宴、一锅鲜、卤煮野鸭、卤河蟹、圆鱼和熏鱼，这样才不虚此行。

北戴河 ·····

景点概览

北戴河在河北秦皇岛市区西南15千米处，它东至鹰角石，西起戴河口，是一处天然海滨浴场。整个北戴河风光秀丽，既有苍翠的青山，又有浩瀚的大海，山海相映，再加上精致的别墅和葱郁的林海，使得这里成为国内知名的游览胜地。

北戴河最令人称道的就是沙滩了，其海岸线曲折漫长，海滩平坦缓和，沙滩柔软，海水清澈，是我国境内规模较大、设施较全的海滨避暑胜地，每年都吸引着成千上万游客前来。

鸽子窝公园：鸽子窝公园位于北戴河区海滨东北角，在那里因为底层断裂而形成了一处20米的临海悬崖，其上有一块参差巨石，好像雄鹰展翅一般屹立在海边。因为这里曾经栖息着无数只野鸽子，所以得名"鸽子窝"。与这块巨石比肩而立的崖顶上，建有一座具有民族特色的亭子——鹰角亭。该亭始建于1937年，几经翻修，现亭上挂有全国人大常委会副委员长胡厥文1983年的题匾。亭南的大理石卧碑上，镌刻着毛泽东1954年秋在这里构思赋就的《浪淘沙·北戴河》。在鸽子窝的南面还有一座望海长廊，长廊的南北两头分别由四角亭和散亭组成。

别墅区：最著名的要数吴家楼等八栋风格各异、保存完好的名人别墅。在这些别墅中，曾经居住过康有为、徐世昌、朱启钤、顾维钧、张学良、傅作义等在中国历史上留下深刻影响的名人。

亲子互动

毛泽东那首著名的《浪淘沙·北戴河》与这里的景色相得益彰，不妨为孩子朗诵一段，一来丰富孩子的文学知识，二来也能让孩子体会到伟人博大的胸怀和豁达的人生态度，对孩子的成长是很有帮助的。

乘车线路

乘车：北京站乘坐D4517、D4515、T5699、T5697次列车到北戴河站下车，然后乘坐5路公交车在海滨汽车总站下车即达。

自驾：从北京东四环上京沈高速路，直到北戴河出口出高速，根据路标指示直行15千米即到

住宿指南

北戴河Sala私人酒店
地址：秦皇岛市北戴河区北五路4号
北戴河海天一色海景酒店
地址：皇岛市北戴河区海滨东坡路1号
北戴河北华园观海酒店
地址：秦皇岛市北戴河区东海滩路1号
北戴河东海滩海景酒店
地址：北戴河区东海滩路8号

餐饮推荐

秦皇岛是海滨城市，海产品丰富，到了这里一定要品尝一下烤大虾，领略下这座城市的味道。另外，长城桲椤饼、回记绿豆糕、老二位麻酱饼、四条包子等都很有特色，是不可错过的美食。

山海关 •••••

景点概览

　　山海关自古以来就有天下第一关之称，古代因为濒临古渝水而得名为"榆关"。山海关位于河北省的最东部，和辽宁省相邻，处于燕山山脉和渤海之间，在1990年以前一直被认为是万里长城的最东端，和万里之外的"天下第一雄关"——嘉峪关遥相呼应，名闻天下。

　　山海关地理位置的重要性只是它雄踞天下的原因之一。它的关城和周围的防御工事建筑也非常坚固雄伟，令人震撼。整个山海关防御体系拥有10座关隘、30座敌楼、62座城台、18座烽火台、16座墩台。这些关隘和敌楼等组成了山海关庞大的防御工事，使得整个山海关成为一座险要牢固的军事要塞。

　　山海关城：平面呈现为四方形，城墙外部用青砖包砌，内填夯土，高约14米，宽7米。关城有4个城门，东城门名为"镇东门"，西城门名为"迎恩门"，南城门名为"望洋门"，北城门名为"威远门"，其中东门即为现在的"天下第一关"，保存最为完整。城门台上有著名的天下第一关城楼，上面覆盖灰瓦单檐歇山顶。楼分上下两层，东、南、北三面开箭窗68个，从下面看起来非常庄严精美。

　　老龙头：坐落在山海关城南4千米外的渤海之滨，为明代长城的起点。老龙头地势高峻，建有明代蓟镇总兵戚继光设计的"入海石城"，雄伟异常，犹如神龙之首探入大海，舞波弄涛，给人一种深深地震撼，因而得名"老龙头"。

亲子互动

　　在山海关游览时，可以给孩子讲讲它自建成后经历的第一场大战——山海关石河大战，农民起义领袖李自成和当时镇守山海关的大将吴三桂之间的恩怨，丰富孩子的历史知识，培养孩子正确的历史观。

乘车线路

　　乘车：北京站乘坐D9、D73、D27、D29次列车到山海关站下车，然后乘坐25路公交车在老龙头站下车即达。

　　自驾：从北京东四环上京沈高速路，直到山海关出口出高速，沿G102国道前行3千米左右专向关城东路，一直前行即到

住宿指南

秦皇岛山海假日酒店
地址：秦皇岛市山海关区古城北马道
秦皇岛御临山海酒店
地址：山海关区新兴隆街47号
秦皇岛罗罡宾馆
地址：山海关区古御路59号
山海关谊合宾馆
地址：山海关区南海西路4—1号

餐饮推荐

　　山海关的清真美食回记绿豆糕，原料用当地所产绿豆以及白糖，依秘方调制而成，吃起来油而不腻，松软香甜，口味醇正。另外，四条包子、冰糕、对虾和皮皮虾等也非常有名。

野三坡 ·····

景点概览

野三坡是我国北方著名的旅游胜地，国家级重点风景名胜区。野三坡风光迤逦奇特，生态环境优美，且分布着为数众多的历史建筑，具有浓郁的民族风情。自从1986年开发旅游业以来，野三坡就以其独特的"险、雄、幽、奇"魅力吸引着国内外游人，成为众人眼中的"世外桃源"。

整个野三坡地势由南向北逐渐增高，差异很大，分为上、中、下三部分。据《涿洲志》载："上坡与下坡因山脉之障蔽，气候亦有不同，寒暖相差半月许。每逢春令，下坡核桃已结实，上坡始花。雨降稍迟，耕者亦随之转移。"由此可见，野三坡之名是由这三个部分地形、气候的不同而产生的。

百里峡景区：由三条峡谷组成——海棠峡、十悬峡、蝎子沟。整个峡谷形如鹿角，全长52.5千米，景点非常多。峡谷内岩石耸立，绝壁万丈，多熔岩壮景，汇聚雄、奇、险、幽于一体，构成了一幅浓墨重彩的百里画廊。有一首诗堪称对百里峡的真实写照："京畿胜景在三坡，三坡魅力数沟各。幽峡三道藏绝景，虎嘴天桥一银河。"

百草畔景区：这里山势挺拔，处处奇峰怪石，满山遍野鲜花盛开，动植物资源极为丰富，堪称太行"绿色明珠"。在这里可以攀登石城岭，观赏奇美的日出云海，可以探索蚂蚁岭上的红蚂蚁巢穴，看千亩杜鹃花开，听万亩松涛阵阵。

亲子互动

拒马河三面环绕，白、傣、苗、侗等各个民族风格的竹楼、木楼错落分布在山坡上，寨门、锣鼓坪、祭坛等全部按原居式样建成。可给孩子实地讲解各民族的风俗习惯，购买一些带有民族色彩的纪念品，增强孩子的民族团结意识。

乘车线路

乘车：北京西站乘坐6437、Y595次列车到野三坡站下车，野三坡火车站无公交车到景点，可直接租车前往。

自驾：京石高速——琉璃河出口——韩村河——张坊——十渡——野三坡镇——苟各庄(百里峡)

住宿指南

野三坡百里峡富豪宾馆
地址：野三坡百里峡景区内
保定野三坡金桥宾馆
地址：保定市野三坡大街238号
野三坡映月楼宾馆
地址：河北涞水野三坡下庄村
保定野三坡庄园
地址：河北保定涞水县三坡大街77号

餐饮推荐

在野三坡，我们可以吃到这里特有的河菜、水芹菜、木兰芽、山蘑菇等地道的野菜，这些野菜不仅口味佳，而且极富营养，堪称山中极品。另外，这里的烤全羊也名声在外，吃起来酥嫩喷香。

平遥古城 •••••

景点概览

　　平遥古城坐落于山西省中部，是我国保存最为完整的四大古县城之一，至今已经有2 700多年的历史。平应古城是我国唯一以整座古城申报世界文化遗产获得成功的古县城，是汉民族在明清时期城市建筑的典型，在我国历史发展中，为现代人展示出了一幅完美的文化、社会、经济发展的画卷。

　　城隍庙：坐落于古城东南的城隍庙街，是一组建筑群，建有城隍庙、财神庙、灶君庙三座庙宇。城隍神是汉民族文化中的重要神灵，大都是由当地的英雄充当。古代有"皇帝有难上天坛，县官有难到此来"的说法，所谓的"到此来"就是指到城隍庙。明朝的时候，朱元璋下诏各地方必须修建城隍庙，位置要与县衙署对称，表现出"阴阳各司其职"的思想。

　　日升昌票号：历经百年沧桑，业绩辉煌，曾经在全国金融系统中独占鳌头，是中国民族银行业的始祖。全盛时一度掌握清王朝的经济命脉，分号遍及全国30多个城市和商业重镇，并开设到了欧美和东南亚国家。现存遗址占地2 324平方米，用地紧凑，功能分明。

亲子互动

　　平遥古城房子大都为单坡落水，关于这一点，流传最广的说法为"四水归堂"或"肥水不流外人田"，因为山西的气候比较干旱，风大沙多，所以把房子建成单坡的话，能增加房屋临街外墙的高度，而临街又不开窗户，则能够有效抵御风沙和提高安全系数。这样的房屋建筑布局也被称为"平遥十大怪"之一。可以给孩子讲讲这个奇怪之处，增长孩子的见识。

乘车线路

　　乘车：北京站乘坐K609、K603、L697、2602次列车到平遥站下车，乘坐出租车前往古城。

　　自驾：从六里桥上京石高速公路，向西经杜家坎收费站出城到达石家庄，转入石太高速，过娘子关，进入山西境内，抵达太原市；从太原往榆次方向，上108国道，出乔家大院之后，再沿着208国道大约开70千米就是平遥古城

住宿指南

平遥安家小院
地址：平遥古城内安家街10号
平遥福旺居客栈
地址：平遥县北关大街27号
平遥春旺客栈
地址：平遥东郭家巷27号
平遥福泰家庭旅馆
地址：山西平遥古城内雷家园19号

餐饮推荐

　　平遥牛肉是平遥久负盛名的特产，历史悠久，早在明代中期就开始驰名四方。它选用优质的小牛腿肉煮熟后腌制而成，肉质鲜嫩、肥而不腻、瘦而不柴、香酥可口。

昌黎黄金海岸 •••••

景点概览

昌黎黄金海岸位于河北省秦皇岛市，北依碣石，东临渤海。这里的风光奇特，不仅有优质的沙滩和清澈的海水，而且有绿色的森林以及新鲜的空气，海岸的沙滩细软，平缓，水质清洁，夏无酷暑，空气清新凉爽，自古以来就是闻名遐迩的旅游胜地。

海水浴场：昌黎黄金海岸最令人称奇的就是这里的海水浴场。它和北戴河海滨不同的地方是，这里并没有北戴河那种优美的峰峦和礁石，有的只是在大西北才能一见的沙漠风光。碧海、黄沙、绿林，使得昌黎黄金海岸显

得越发美丽，成为了众多游人心中向往之地。

海滩：这里的海滩平坦而又开阔，柔软的西沙令人心情舒适，平静的海水则带来了浪漫的气息。在昌黎黄金海岸南侧有个"金沙湾沙雕大世界"。在那里可以看到史前恐龙和童话美人鱼等巨幅沙雕作品，一一排列在绿色掩映的海滩，成为黄金海岸的又一项特色。

亲子互动

昌黎黄金海岸自古以来就是闻名遐迩的避暑胜地。盛夏时节父母带着孩子来到海边，可以感受夏日的清凉，坐在沙滩上一边欣赏这秀丽的风光，一边给孩子讲关于"七里海"的传说，这样能使孩子丰富知识。

乘车线路

乘车：从北京站乘坐2601、1713、K1113、K7751次列车到昌黎站下车，出火车站广场北走100米有直接去黄金海岸的景区车

自驾：北京出发，沿京沈高速公路行驶256.6千米，从曹妃甸口出；进入沿海高速行驶9.6千米，南戴河口出；进入抚南连接线，行驶10.7千米，右转，进入364道，行驶11.1千米，穿过团林林场焦庄林区，左转进入Y116，行驶0.5千米；左转一直前行即可到昌黎黄金海岸景区

住宿指南

昌黎黄金海岸半岛假日公寓酒店
地址：昌黎黄金海岸中心广场南20米
昌黎黄金海岸金和宾馆
地址：昌黎县黄金海岸邱营大蒲河(镇政府东200米)
昌黎黄金海岸听海农家院
地址：昌黎县大蒲河镇西苏撑子村(近364省道)

餐饮推荐

炭烤生蚝：将活生蚝撬开，将蚝肉和一边蚝壳用清水洗净，蚝肉沥干水分备用。将洗净的半边蚝壳放在炭火上，每个蚝壳上放一粒蚝肉，边烤边加上述汁，原味的只在蚝肉上刷点油，撒少许盐。听到吱吱响后将蚝肉翻面再加汁，烤一下即可。味道鲜美，营养丰富。

烤大虾：秦皇岛是海滨城市，海产品丰富。烤大虾是以北戴河所产大虾为原料，烤制而成，再辅以适量汤汁即可食用。特点是色泽艳丽，香味醇厚，肉质细嫩，营养丰富。

云冈石窟 •••••

◉ 景点概览

云冈石窟位于山西省大同市。这座中国佛教艺术第一个巅峰时期的经典杰作，上承秦汉时期的现实主义艺术风格，下启隋唐浪漫主义艺术先河，与甘肃敦煌莫高窟、河南龙门石窟并称"中国三大石窟群"，为闻名遐迩的石雕艺术宝库。

上地位。

昙曜五窟：提及北魏佛文化，就不得不提太武帝灭佛事件，它是历史上著名的"三武一宗"灭佛事件之一。现存的云冈第16~20窟——昙曜五窟，就是在太武帝灭佛15年之后开凿的。这五窟不仅揭开了云冈石窟雕凿佛像的序幕，更是造就了云冈石窟"外交官"的无

雕塑艺术：云冈石窟其人物造型别具风格，雕塑先是采用秦汉时期艺术手法，后来又吸收了犍陀罗艺术成分，形象记录了印度及中亚佛教艺术向中国佛教艺术发展的历史轨迹。这里不仅是石窟艺术"中国化"的开端，更是开启了"云冈模式"的先河，也成为中国佛教艺术发展的转折点。

◉ 亲子互动

云冈石窟是石窟艺术"中国化"的开始，它是由当时一代代、一批批的能工巧匠创造出的一座佛国圣殿，不仅外观精美华丽、内容丰富，还有着70余年的历史。父母可以闲暇时间带孩子来此看看，给他们讲一些与"云冈石窟"有关的历史，这样孩子会更兴趣。

◉ 乘车线路

乘车：从北京站乘坐K1111、K1114、K23A次列车，大同站下车，出火车站，乘坐4路公交车，到新开里下车，再坐3路公交车，即可到云冈石窟景区

自驾：沿京藏高速公路行驶139千米，过顾家营镇1000米左右，左转进入宣大高速，行驶174.4千米，从大同东口出，进入得大高速，行驶20.5千米，从云岗口出，进入5501国道，行驶9.4千米，右转进入云岗路，行驶8千米，在转穿过校尉屯村即可到达云冈石窟景区

◉ 住宿指南

大同云岗建国宾馆
地址：大同市迎宾东路21号（近南关南街）
大同今日塞北快捷酒店
地址：大同市城区御河西路98号（城区，近大同市委）
大同云岗美高大酒店
地址：大同市城区迎宾东街19号（城区，近南关南街）

◉ 餐饮推荐

大同刀削面：大同刀削面，被称之为"面食王中王"。它的和面技术要求严格，一般是一斤面三两水，打成面穗，再揉成面团，在案板上醒半小时后再揉，直到面的表面光滑有弹性，这样做出来的面条吃起来才有劲道、味道鲜美、易于消化等特点。

云岗啤酒：云岗啤酒是大同市的特产，它采用优质麦芽为原料，经过糊化、发酵、过滤、杀菌等一系列酿制而成，酒质呈浅黄色，清亮透明，醇厚爽口，具有明显淡淡的麦芽香味。

五台山 •••••

景点概览

　　五台山，中国最佛教四大名山之一，千年盛名不衰，环绕的五峰诉说着这座心灵圣地的无上地位。这里是千年名山，文殊菩萨的道场，佛光扬名天下。同时，9 位皇帝的 18 次造访，更是为这里平添了许多帝王之气。

　　菩萨顶：菩萨顶是五台山 10 座黄庙（喇嘛庙）中的第一庙，是由前院、中院、后院三个部分组成的。站在山中向上仰望，阳光下皇庙飞檐斗拱，相托红墙琉璃瓦殿顶，金碧辉煌，富丽堂皇，和西藏拉萨的布达拉官极为神似。

　　山门的石阶中间雕刻九龙吸水，精工细刻，活灵活现，体现了古代劳动人民卓越的才能。

　　天王殿：走进寺院的山门，迎面伫立的就是天王殿。它由前院和中院构成。这里古木参天，石碑如林，有着难得的优雅。在中院内有康熙帝御笔"五台圣境"石坊一座，极具意义。

亲子互动

　　五台山是我国四大佛教圣地之首。这里最美的季节莫过于冬天，虽然寒冷，但宁静而美丽。寒假时家长带着孩子，穿上厚一点的衣服，边欣赏美景，边给孩子讲佛教有关的知识，也别有一番情趣。

乘车线路

　　乘车：从北京站乘坐 2602、2603、K601、K603 次列车，五台山站下车，出火车站有直接去五台山景区的车

　　自驾：沿京石高速公路行驶 65.6 千米，从廊坊口出，进入廊涿高速，行驶 32.8 千米，从石家庄口出，进入京昆高速，行驶 80.5 千米，从五台山口出，进入 310 省道，行驶 1.1 千米，穿过中国邮政储蓄银行石咀支行约 100 米后左转，进入 311 省道，一直前行即可到五台山景区

住宿指南

五台山灵峰山庄
地址：位于五台山风景名胜区山咀
五台山银海山庄
地址：五台山景区内
五台山仰华山庄
地址：位于五台山台怀镇杨柏峪后街灵峰寺旁，邻近临近五爷庙、殊像寺

餐饮推荐

　　高粱面鱼鱼：高粱面鱼鱼是普通高粱经过淘煮漂晾，碾磨成面，用开水和好，人工搓成的。看忻州的农家妇女们搓鱼鱼，可以说是一种艺术享受。高粱面鱼鱼蒸熟后，配以羊肉或西红柿汤调和，清爽利口，别具风味。

　　保德碗坨：保德县盛产荞麦，所制荞面碗坨，观之晶莹光亮，质地精细，清香利口，风味独特，为忻州地区风味小吃之上品。荞面碗坨宜凉调，宜热烩，或浇以素汤，或拌以肉酱，是待客佳肴。

乔家大院 •••••

景点概览

乔家大院位于山西省祁县乔家堡村，又名"在中堂"，为清代全国著名的商业金融资本家乔致庸的宅第。这座宅院始建于清代乾隆年间，在民国初年，成就了这样一座宏伟的建筑群体，它汇集了江南河北之大成，着重体现了我国清代北方民居的独特风格。

书房院：书房院靠近西北院，是乔家的家塾。院内的假山，据说是乔家当时从当地一个破落大户家买的，至今仍然完好的伫立在这里，在书院内还可以看到当年乔家生活的影子，它也成为乔家大院中一颗璀璨的明珠。

偏院：偏院是乔家大院最早的院落，也称"老院"。偏院的建筑特点就是墙壁厚，窗户小，坚实牢固，传说偏院外原来有个五道祠，祠前有两株槐树，长的奇离古怪，人们称为"神树"，为偏院增添了一丝神秘。

亲子互动

乔家大院集中反映了以山西晋中一带为主的民情风俗，假期的时候，带着孩子来这里，游玩的同时，也给孩子普及一下晋中的民风、民俗，这样既能丰富孩子的知识，身心又得到了愉悦。

乘车线路

乘车：从北京站乘坐2602、2603、K602、K603次列车，到太谷站下车，出太谷火车站，有到乔家大院景区的直达车

自驾：沿京石高速公路行驶252.9千米，从中华北大街口出；进入绕城高速，行驶14千米后，从太原口出；进入G5，行驶191.3千米，从祁县口出；进入榆祁高速，从东观口出，一直前行即可到乔家大院景区

住宿指南

祁县海龙王宾馆
地址：位于晋中祁县乔家大院国道208与国道108交汇处东，东观村广场北侧，祁县第二人民医院旁
乔家宾馆
地址：乔家大院景区208国道旁
乔氏大酒店
地址：山西省晋中市祁县东后街

餐饮推荐

祁县红星苹果：产于祁县峪口乡，又称峪口苹果，是山西省名特产之一。峪口苹果含糖量高，汁水多，吃起来甜脆爽口，营养十分丰富。具有补心益气、润肺化痰的功效；长期食用，对消化不良、口干咽燥、便秘、高血压等症有一定的疗效。

隆州果脯：隆州果脯出产于北团柏村，位于祁县东南20千米处的峪口乡。它的主要产品有桃脯、杏脯、瓜条、青杏梅、果丹皮、金丝蜜枣等。由于产品加工精细，注重质量，是老百姓信赖的商品，逢年过节更是走俏的食品。

悬空寺 · · · · ·

景点概览

悬空寺坐落在山西浑源县，处于北岳恒山金龙峡翠屏峰的悬崖峭壁间，这座神奇的寺院于北魏后期建造，迄今已有1 500多年的历史。它以巧、奇、险闻名海内外，在明代，被旅行家徐霞客誉为"天下巨观"。悬空寺千百年来一直披着一层神秘的面纱，让人心驰神往。

殿楼：悬空寺的殿楼自然不同于平底之上的寺院建筑，殿楼的分布都对称中有变化，分散中有联络，依据山势逐步升高的格局，依崖壁的凹凸走势而审形度势，顺其自然把建筑镶嵌在山间岩石之上。远远望去，其形态小巧玲珑，曲折回环，虽不以结构宏大为追求，但精巧足以震惊世界。

翠屏峰：在翠屏峰的峭壁上，将人悬空吊在半山腰进行悬空作业，这座建筑巧借岩石为暗托，在陡崖上凿洞眼，然后再插入飞梁为基础，在此基础上建成殿阁楼台，使悬空寺上载危岩，下临深谷，成为一座悬在半山腰的空中楼阁。

亲子互动

悬空寺是国内仅存的佛、道、儒三教合一的独特寺庙。在感受这里奇特建筑物的时候，还可以向孩子传播一些关于佛教方面的知识，这样可以让孩子对佛教有个浅显的认识，为游玩增加乐趣。

乘车线路

乘车：从北京西火车站乘坐1133、K217、K597、K573次列车，到大同站下，再从大同火车站附近乘坐到浑源县的汽车，下车即可到悬空寺景区

自驾：沿京藏高速公路行驶139千米，过顾家营镇，左转，进入宣大高速，行驶162.8千米，从天镇口出；进入45国道，行驶42.9千米，从浑源口出，朝洗马庄方向行驶；进入303省道，从环岛的第一个口离开；进入2032省道，行驶4.8千米，即可到达景区

住宿指南

大同浑源县恒山国际酒店
地址：地处浑源中心商业街，距离悬空寺2千米
浑源恒吉利大酒店
地址：山西省浑源县永安镇恒山南路
浑源佰禾精品酒店
地址：山西省浑源县迎宾东街法院对面

餐饮推荐

山药饺子：山药饺子也叫莜面饺子。将莜面小剂子用两个手掌揉成有波纹的椭圆小皮子，内包山药丝或萝卜叶子等馅儿，捏成饺子。此为山西特有的面食，一般蒸熟后吃或在火盖上炕成焦黄色再吃，也可蘸腌菜汤或肉汤吃。

浑源凉粉：是山西著名的小吃。它的好吃全在调味汁和配料上，透明的凉粉、香辣的辣椒油、香脆的莲花豆、劲道的卤豆腐干，少一样都不行；而自制辣椒油的水准，更关系到浑源凉粉的味道。

翡翠岛 •••••

景点概览

翡翠岛是我国七个国家级海洋类型自然保护区之一，坐落在河北秦皇岛市昌黎县黄金海岸南部沿海。在翡翠岛的周围，环绕着渤海和七里岛，岛上分布着金黄色的细沙和绿色植被，沙山连绵起伏，形态各异，沙山最高为44米，方圆约7平方千米，素有"京东大沙漠"之称。

七里海：又叫"大苇海"，这里长满了苇叶，形成了苇海，是一种壮观之美。除此之外，这里还是鸟类的天堂，在浓密的芦荡中栖息着200多种鸟类。漫步其中，青翠欲滴的芦苇，悦耳的鸟叫，是拥抱大自然的最佳之地。

沙山：在翡翠岛放眼望去，高大起伏的沙山连忙不绝，犹如金色的卧龙一般，壮丽而又瑰美。行走其间仿如置身大漠，金色的沙丘，绵软如绸，像极了艺术家手中的雕塑，娴静曲折。

亲子互动

美丽的七里海、国内罕见的沙山、秀丽的自然风光，将翡翠岛构成了一幅美丽的山水画卷。在这里可以看到200余种的鸟类，在沙山上画沙，也别有一番情趣。游玩的同时，可以给孩子讲讲关于鸟类迁徙方面的知识。

乘车线路

乘车：从北京站乘坐1713、2601、K1113、K7752次列车，秦皇岛站下，出火车站后，有直接去翡翠岛景区的车

自驾：沿京沈高速行驶154.5千米，从唐津口出；进入唐津高速，行驶23.3千米，从乐亭口出；进入唐港高速，行驶66.3千米，从昌黎口出；进入沿海高速，行驶31.1千米，从昌黎口出；右转进入261省道，行驶10.1千米，左转进入昌黎南连接线，即可到翡翠岛景区

住宿指南

秦皇岛宝宫酒店
地址：位于昌黎县黄金海岸二纬路
昌黎时代海岸海景酒店
地址：位于昌黎县黄金海岸一纬路1号
秦皇岛黄金海岸昆谕农家院
地址：位于河北秦皇岛昌黎县大蒲河镇邱营村

餐饮推荐

十里铺葡萄：昌黎是全国闻名的"葡萄之乡"，主栽品种为玫瑰香、巨峰、龙眼、红提。昌黎玫瑰香葡萄穗紧、粒大，外形美观，晶莹剔透，嫣红透紫，玫瑰香味浓郁，鲜食香甜可口，营养丰富，长时间鲜食，具有健身补气的功效。

两山蜜梨：昌黎蜜梨栽培历史悠久。碣石山东麓的两山乡是集中产地。昌黎蜜梨是昌黎县的特产鲜果，果实色泽金黄，大小均匀，具有核小皮薄、肉细汁多、甜脆爽口、含糖量高、耐贮藏等特点，窖存半年仍味浓色鲜。

抱犊寨 •••••

景点概览

抱犊寨，原名抱犊山，位于河北石家庄市鹿泉西郊，是一处集历史人文和自然文化风光于一体的名山古寨。抱犊寨山顶非常平坦。整个山顶上草木繁盛，异境别开，如同令人神往的世外桃源一般，所以，这里自古以来就有"天下奇寨"和"抱犊福地"之美誉。

南天门：进入南天门，眼前豁然开朗，只见寨顶犹如平地，庙宇殿堂错落有致，天池里的荷花竞相开放，花香袭人。南天门的壁面全部用汉白玉装饰，彩绘为河西画法。内外绘色古香，庄重雅致。门顶金色的琉璃瓦，在阳光的照耀下金碧辉煌。站在南天门举目远眺，抱犊寨的美景尽收眼底。

观日出：由于抱犊寨东面是广袤的华北平原，无遮无挡，登高远眺，一览无余，从而形成了观日出的绝佳位置。每当天朗气清的早晨，站在山顶，会目睹天微微红直至光芒四射的全过程。

亲子互动

抱犊寨是石家庄观日出的最佳之地，游览抱犊寨美景的同时，早晨早起一会儿，全家一起来到抱犊寨山顶，观看日出的全过程，孩子一定会非常喜欢，再讲讲关于太阳"东升西落"的知识，让孩子在欣赏美景的同时，又能开阔眼界。

乘车线路

乘车：从北京西火车站，乘坐 K219、K7725、K599、G2001、G501 次列车，到石家庄站下，出火车站，有直接到抱犊寨的车

自驾：沿京石高速行驶 252.9 千米，从中华北大街口出；进入绕城高速，行驶 14 千米，从昆明口出；进入京昆高速，行驶 15.6 千米，从植物园口出；右转进入张石连接线，行驶 2.4 千米，右转进入北斗东路，一直前行即可到达

住宿指南

抱犊寨宾馆
地址：抱犊寨景区内
抱犊寨客栈
地址：抱犊寨景区内
鹿泉宾馆
地址：鹿泉中心街附近

餐饮推荐

牛肉板面：这是一种来自安徽的小吃，石家庄人在此基础上，进行制作工艺上的改变，现今已成为石家庄当地的特色小吃。做法是把干红椒用温油炸至半糊，然后把卤牛肉、卤过牛肉的汤一直倒进辣椒和油里，大火煮开后慢火焖 10 分钟，盛入碗里即可食用，口味独特，味道鲜美。

缸炉烧饼：该烧饼原是唐山市的特色小吃，传到石家庄后，融入了当地的特色风味，颇受人们的欢迎。它是用火炉烧缸烧制出来的一种饼，因缸里呈凹形，所以烧出来的烧饼不会糊，吃起来香、酥、脆，被称为烧饼中的一绝。

景点索引↘

景点索引 ↘